suhrkamp taschenbuch 5231

Lorenz Maroldt
Susanne Vieth-Entus

KLASSEN
KAMPF

Was die Bildungspolitik
aus Berlins Schuldesaster
lernen kann

Suhrkamp

Dieses Buch wurde klimaneutral produziert.

Erste Auflage 2022
suhrkamp taschenbuch 5231
Originalausgabe
© Suhrkamp Verlag AG, Berlin, 2022
Alle Rechte vorbehalten.
Wir behalten uns auch eine Nutzung des Werks
für Text und Data Mining im Sinne von § 44b UrhG vor.
Umschlagabbildung: Glasshouse Images / Getty Images
Umschlaggestaltung: zero-media.net, München
Druck und Bindung: CPI books GmbH, Leck
Printed in Germany
ISBN 978-3-518-47231-6

www.suhrkamp.de

INHALT

Teil III
Auswege aus dem Bildungsdesaster

TEIL I

Ein Parforceritt durch
die Berliner Bildungslandschaft
Das kann ja wohl nicht wahr sein!
Doch. Alles, was hier steht, ist wirklich passiert.

Es wäre eine schöne Aufgabe für den Deutschunterricht: »Welcher Gattung ordnen Sie das Drama ›Berliner Schule‹ zu: Komödie, Tragödie, Tragikomödie oder Trauerspiel? Begründen Sie Ihre Entscheidung anhand von Beispielen aus der Praxis.« Andererseits wäre das aber auch eine ziemliche Gemeinheit. Wo sollten die Opfer des Berliner Klassenkampfs da anfangen?

Vielleicht bei dem vergammelten Fenster, das dem Lehrer einer der berüchtigten Berliner Schrottschulen mitten im Unterricht auf den Kopf fällt? Oder lieber bei den Freunden, die während ihrer gesamten Schulzeit nicht einen einzigen ausgebildeten Mathelehrer erleben? Bei dem Schulleiter, der einen neuen Kollegen mit den Worten »Ihre Schüler werden zum Großteil kriminell, arbeitslos oder landen auf der Straße« begrüßt? Oder bei der Meldung »Berliner Lehrer zündet aus Frust Rohrbomben«?

Die Stimmung ist jedenfalls explosiv – und die Bilanz verheerend: Bei allen Vergleichstests in Deutsch und Mathe landen die Berliner Schülerinnen und Schüler seit Jahren auf den schlechtesten Plätzen. In der neunten Klasse erreicht ein Drittel von ihnen nicht mal die Mindeststandards. Jeder fünfte Schüler hat am Ende so wenig gelernt, dass er oder sie wegen völlig unzureichender Fähigkeiten beim Rechnen, Lesen und Schreiben nicht berufsbildungsfähig ist. Und mehr als zehn von hundert Jugendlichen verlassen die Sekundarschule ganz ohne Abschluss. Dabei gibt Berlin inzwischen mehr Geld aus für Bildung als alle anderen Bundesländer. Aber das Resultat ist erbärmlich. Geradezu zynisch wirkt da die Eigenbeschreibung der Bildungsverwaltung auf ihrer Website: »Viele Wege führen zum Ziel.«

Tausende Eltern sind Jahr für Jahr auf der verzweifelten Suche nach einer geeigneten Schule. Nach offiziellen Angaben fehlen Lehrkräfte für Mathe, Deutsch, Englisch, Biologie, Physik, Chemie, Informatik, Wirtschaft, Technik, Musik und Sport – Geografie unterrichteten auch mal Reisekaufleute. Auf die Frage, welche seiner Schulen sanierungsbedürftig seien, sagte der Bürgermeister von Neukölln nur: »Alle.« Ein Stadtrat der Partei, die hier seit mehr als einem Vierteljahrhundert die Bildungspolitik bestimmt, gibt unumwunden zu: »Man kann sich bei den Schulen in Berlin nur noch entschuldigen.«

Versprochen hatte der Senat 2016, »die personelle Ausstattung der Schulen zu verbessern und damit einen entscheidenden Schritt zu gehen, um Unterrichtsausfall und Überlastung der Lehrkräfte deutlich zu reduzieren«. Daran glaubten nicht mal die Schulbuchverlage – im Mathe-Arbeitsheft für Klasse 5 druckten sie folgende Schätzaufgabe: »Wie viele eurer Unterrichtsstunden fallen diese Woche aus?« Tatsächlich verzweifeln auch fünf Jahre später überlastete Kollegien an ihrer Arbeit. Auf ihre Hilfe-Schreiben bekommen sie nicht einmal mehr eine Antwort. Und sogar Studierende werden akquiriert, Motto: »Unterrichten statt kellnern«. Na, dann Prost.

Eine Bildungsetage höher dagegen feiert sich die Berliner Politik für ihre vermeintliche Exzellenz: Die Wissenschaftslandschaft blüht, Berlin ist attraktiv für Forscherinnen und Forscher, für Lehrende und Lernende aus aller Welt, die Universitäten gehören zur Spitzenklasse. Und während die einen verkniffen die Schulmängel verwalten, tragen die anderen stolz das »World University Ranking« des britischen Magazins *Times Higher Education* mit sich durch die Gegend: Demnach gehören die Berliner Unis zu den besten 15 Hochschulen in Deutschland – und zu den 150 besten weltweit.

Im Penthouse der Berliner Bildungspolitik sind die Aussichten prächtig. Doch unten haust das Schulprekariat. Hier gibt es Schimmel statt Schampus. Als hätten Hochschule und Schule nichts miteinander zu tun, hat die Feiergesellschaft die Leiter nach oben gezogen und merkt dabei nicht, dass sie sich selbst aushungert. Denn die Schülerinnen und Schüler von heute sind die Studierenden von morgen – oder eben auch nicht. Und weil der Senat den Unis lange Zeit freie Hand bei der Studiengestaltung gab, blieb auch die Lehrerausbildung in Berlin auf der Strecke. Als Berlin 2016 für die Grundschulen tausend neue Lehrerinnen und Lehrer brauchte, schlossen hier gerade mal 175 ihr Studium ab – schlimmer plante kein anderes Bundesland am eigenen Bedarf vorbei.

Dazu verließen junge Lehrerinnen und Lehrer die Stadt in Scharen. Der Senat hatte Jahre zuvor entschieden, sie nicht mehr zu verbeamten, zur Freude der Gewerkschaft: So konnten sie wenigstens noch streiken. Der Finanzsenator hatte nicht nur die enormen Pensionslasten im Blick, sondern hielt die Verbeamtung offenbar auch für gesundheitsgefährdend. Die Statistik gibt ihm recht: Beamte sind 42 Tage im Jahr krank – Angestellte zehn Tage weniger.

Auch andere Bundesländer strichen anfangs die Verbeamtung, doch schon bald kehrten sie dazu zurück, um die Abwanderung der Lehrkräfte zu verhindern. Am Ende war Berlin das einzige Bundesland ohne verbeamtete Lehrerinnen und Lehrer – ein enormer Konkurrenznachteil, zumal die Stadt immer teurer wurde.

Die Bildungsverwaltung begann 2014, um Quereinsteigende zu werben. 2018 reichten dann nicht mal mehr die, um die 400 000 Schülerinnen und Schüler der Stadt zu unterrichten. Jetzt waren der Bildungsverwaltung wirklich alle willkommen: Pensionäre, Studierende, Logopäden … einzige Voraussetzung: »Aufgeschlossenheit gegenüber fachlichen und didaktisch-methodischen Entwicklungen.« Aber wer sich melden wollte, fand keinen Anschluss: Die »Service-Stelle« war nur an neun Stunden in der Woche besetzt. In Bayern, wo kein Lehrermangel herrscht, ging schon immer selbst am Freitagnachmittag noch jemand ans Telefon. »Eine Selbstverständlichkeit«, sagt die freundliche Dame in schönstem Bayerisch am Telefon.

Es fehlen Lehrer – und es fehlen Schulplätze, zehntausende. Als das im Sommer 2019 bekannt wurde, war die Stadt schockiert. Die Zahlen basierten auf einem Bericht der »Taskforce Schulbau«. Die Linken sprachen von einer »sehr beunruhigenden Information«, die Grünen von »alarmierenden Zahlen«. Der Berliner Landeselternausschuss attestiert der Senatorin in einem offenen Brief eine insgesamt katastrophale Bilanz. »Schönreden und Intransparenz helfen hier nicht weiter!«, schrieb der Vorsitzende Norman Heise (den die Senatorin zuvor für »seine ruhige Art, seine Gelassenheit« gelobt hatte). Heises Forderung: ein Krisengipfel. Auch die damalige GEW-Vorsitzende Doreen Siebernik unterstützte die Forderung des Landeselternausschusses. »Wir haben seit 2012 darauf hingewiesen, dass Plätze fehlen. Seitdem wird immer nur an der Oberfläche gekratzt. Ich erkenne keine Strategie«, sagte sie dem Newsletter Checkpoint, und: »Das ist schlimmer als ein Vulkanausbruch, das ist eine Explosion.«

Doch eine Bildungskrise vermochte die Senatorin nicht im Ansatz zu erkennen: »Sehe ich nicht«, sagte sie im selben Jahr in der Martin-Niemöller-Grundschule in Hohenschönhausen, wo sie das erste kostenlose Schulmittagessen als Erfolg verschenkte. Hätte sie ihr Paralleluniversum für einen Moment verlassen, wäre ihr vielleicht eine Umfrage unter fünfzig Schulleiterinnen und Schulleitern staatlicher Berliner Gymnasien aufgefallen – das Ergebnis: Mehr als die Hälfte von ihnen hatte fest eingeplante Lehrkräfte kurzfristig verloren. Siebzig voll ausgebildete

Lehrkräfte hatten ihren Wegzug in ein anderes Bundesland angekündigt. Nahezu alle Gymnasien waren in den vergangenen drei Jahren von Abwanderungen aus Berlin betroffen. Achtzig Prozent der Wechsler begründeten ihren Fortgang mit einer Verbeamtung anderswo, wie die Umfrage der Vereinigung der Berliner Oberstudiendirektoren ergab. Von sieben Zielbundesländern war Brandenburg das beliebteste. Alle der nach Brandenburg abgewanderten Lehrerinnen und Lehrer wurden in Berlin ausgebildet, und alle unterrichteten mindestens ein Fach, das in Berlin als Mangelfach gilt.

Als zum Ende des Schuljahrs 2021 wieder 846 Lehrkräfte Berlin verlassen hatten, insgesamt waren es seit 2017 damit 3270, erklärte Staatssekretärin Beate Stoffers: »Die Gründe werden nicht statistisch erfasst, sind jedoch grundsätzlich bekannt.« Die Folgen jedenfalls sind schlimm, die Überforderung ist allgegenwärtig: Es macht sich mehr und mehr Fatalismus breit – und das in einer Stadt, in der Leistung ohnehin schwer verdächtig ist. So stellten Berlins Schulinspekteure den Schulen trotz niedrigster Schülerkompetenzen massenhaft hervorragende Zeugnisse aus, und die Voraussetzungen für den Übergang in die gymnasiale Oberstufe wurden einfach gesenkt, damit es wieder passt: Selbst mit einer Fünf in Mathe kommt man seitdem irgendwie durch.

Dass es nicht so genau darauf ankommt, das lebt die Verwaltung vor, auch und ausgerechnet bei Mathe und Deutsch. Monatelang gab die Bildungsbehörde auf ihrer Website bei der Beispielrechnung für eine Durchschnittsnote die Summe von »3 + 3« mit »5« an. Erst als jemand das schriftlich infrage stellte, wurde noch einmal nachgerechnet und dann geändert. Auf der Serviceseite der Bildungsverwaltung zu den Corona-Testzentren für Schulen sind drei von zwölf Straßennamen falsch geschrieben. Und die Senatspublikation »Grundwortschatz Deutsch«

ging unkorrigiert mit dem Hinweis »1. und 2. Jahrgangssufe« in Druck, was sich nicht einmal mit der Berliner Begeisterung für das Pädagogik-Konzept »Schreiben nach Gehör« erklären ließ. Wegen des großen Erfolgs erschien der »Grundwortschatz Deutsch« dann in einer anderen Version auch für die etwas Älteren, und selbstverständlich lautete der Hinweis auf dem Titelumschlag hier: »3. und 4. Jahrgangssufe«.

Dass auf Berliner Zeugnissen zuweilen »Grunschule« steht, findet die Bildungsverwaltung aber nicht so lustig: »Grundsätzlich hat jedes Kind einen Anspruch auf ein formal korrektes Zeugnis«, teilt die Behörde dazu mit. Allerdings hat auch jedes Kind einen Anspruch auf eine formal korrekte Grundschulausbildung. Und eben die ist nicht gesichert, wenn weniger als die Hälfte der neuen Lehrkräfte eines Jahrgangs eine pädagogische Ausbildung hat.

In einem grotesken Missverhältnis zu den Zuständen an den Schulen stehen die politischen Versprechen und Absichtserklärungen. Die Koalitionsverträge, alle fünf Jahre aufs Neue verfasst, sind Dokumente des Scheiterns und der Hilflosigkeit, und das seit mehreren Schülergenerationen. »Bildung hat Priorität!«, heißt es da im Jahr 2001, und »Wir wollen die beste Bildung für alle« 2011. Doch in den zehn Jahren dazwischen wurde die Bildung in Berlin vor allem kaputtgespart. Priorität hatte die Haushaltskonsolidierung, nichts wurde besser. Wie zum Hohn erklärte der Senat dann 2016 auf den Trümmern seiner eigenen Politik: »Wir wissen: Wirtschaft, Wissenschaft, Bildung (…) sind die Stärken Berlins.«

Drei Jahre später wurde die Bildungssenatorin von einem Stadtmagazin zur peinlichsten Berlinerin gekürt, die Begründung: »Seit mehr als zwei Jahrzehnten ist die SPD in Berlin für die Bildung zuständig. Die auch schon acht Jahre unter Sandra Scheeres reihen sich nahtlos ein: Vollfrust.«

Vermutlich handelte es sich dabei um ein Missverständnis: So richtig zuständig ist in Berlin für Missstände niemand. Schriftliche Beschwerden von Eltern etwa über einstürzende Schulbauten ihrer Kinder werden von der Bildungsverwaltung rigoros abgebügelt: »In der Sache muss ich Ihnen leider mitteilen, dass Frau Senatorin Scheeres die falsche Adressatin für Ihre Anliegen ist«, heißt es beispielsweise in einem Antwortschreiben, und: »Insofern bitte ich von der weiteren Versendung von Postkarten abzusehen.«

Es ist das größte Verdienst der damaligen Senatorin, dass sie noch im selben Jahr, in dem sie zur unbeliebtesten Berlinerin gekürt wurde, eine unabhängige Expertenkommission zur Schulqualität damit beauftragte, die Missstände zu analysieren und Wege aus dem Bildungsdesaster zu weisen. Es bleibt ihr Geheimnis, warum sie das erst im achten Jahr ihrer Amtszeit tat und nicht gleich zu Beginn. Aber sie erwies damit nicht nur der Berliner Schule einen letzten Dienst, sondern der gesamten deutschen Bildungspolitik.

Was in Berlin passiert ist, das passiert im Kleinen und in Teilen auch anderswo in der Republik. Nur bündelt sich eben in Berlin all das, was auch anderswo schiefläuft. Das Berliner Bildungsdesaster ist deshalb Warnung und Lehrstück zugleich. Hier lässt sich erkennen, was geschieht, wenn Bildungspolitik zum Klassenkampf wird. Hier lässt sich aber auch ableiten, wie es besser geht – und was es zu verhindern gilt. *Das* eine Vorbild, *das* eine Land, das alles richtig macht, gibt es nicht. Aber Berlin scheint alles, na gut: fast alles falsch anzugehen – und wird so unfreiwillig für alle, die es ernst meinen mit besseren Bildungschancen, mit einer besseren Schule, zum »Anti-Role Model« einer modernen Fehlerkultur: Nur aus der Beschäftigung mit dem Falschen erwächst das Wissen um das Richtige. Was in Berlin passiert, im Guten wie im Schlechten, kann deshalb allen helfen: von der Bestandsaufnahme über die Analyse bis zur Schlussfolgerung.

Die Qualitätskommission, die den Anfang machen sollte und fulminant an die Arbeit ging, bestand aus zwei Gruppen: einer wissenschaftlichen Expertenkommission und einer Praxiskommission. Zu Letzterer gehörten relevante Akteure im Bildungsbereich sowie Praktikerinnen und Praktiker aus Kindertagesstätten, Schulen, Instituten und der Bildungsverwaltung, die der Expertenkommission regelmäßig Rückmeldungen gab. An deren Spitze stand Olaf Köller vom Leibniz-Institut für die Pädagogik der Naturwissenschaften und Mathematik. Die Kommission setzte sich zusammen aus hochrangigen Vertreterinnen und Vertretern aus Wissenschaft und Forschung, unter anderem vom Leibniz-Institut für Bildungsforschung und Bildungsinformation, der Alice Salomon Hochschule Berlin und des Kölner Mercator-Instituts für Sprachförderung und Deutsch als Zweitsprache. Als Berater und Moderator fungierte der Hamburger Staatsrat a. D. Michael Voges. Kompetenter konnte eine Bildungskommission kaum besetzt sein. Im Oktober 2020 lag das 101 Seiten umfassende Gutachten vor.

Wer die Berliner Zustände kennt und beginnt, das Gutachten zu lesen, meint, in einer anderen Welt zu leben. Kaum zu fassen, was dort steht – es klingt ja auch wirklich märchenhaft: In Berlin, so die Erkenntnis der Kommission, wird nach den Jahren der Knappheit heute nicht nur mehr Geld in die Bildung gepumpt als überall sonst in Deutschland, nein: Auch verfügt die Stadt »über Ressourcen und Potenziale für die Gestaltung des Schulsystems, die in anderen Ländern nicht im selben Ausmaß vorhanden sind«. Und das beginnt laut Gutachten bereits dort, wo der weitere Verlauf der Schulkarriere maßgeblich angelegt wird: in den Kitas. Berlin habe auch dort »große Erfahrung und besitzt eine vergleichsweise gut ausgebaute institutionelle Infrastruktur für die Betreuung von Kindern unter drei Jahren«. Geradezu vorbildlich ist nach Auffassung der Expertinnen und Experten, was die Stadt in den Kitas zu bieten hat. Demnach gilt Berlin für viele Bundesländer sogar als Referenzmodell.

Auch was die Hochschulausbildung künftiger Erzieherinnen und Erzieher betrifft, sieht die Kommission das Bild eines Bildungsmusterlandes: Die Frühpädagogik spielt hier bereits seit vielen Jahren eine wichtige Rolle, zudem sind wissenschaftliche Forschung und Praxis eng verknüpft. Sogar die Kontrolle erscheint absolut vorbildlich, jedenfalls auf dem Papier: »In Berlin existiert ein gesetzlicher Rahmen zur Qualitätssicherung.« Es gibt interne und externe Evaluationsverfahren, auch hier war Berlin wieder einmal schneller als alle anderen Länder.

Wow … Wer das so liest, reibt sich verwundert die Augen: Meckert Berlin da einfach nur auf sehr hohem Niveau? Haben die Eltern Wahrnehmungsstörungen? Sind die Kita-Beschäftigten und die Lehrkräfte zu faul, oder die Schüler zu doof? Ist die politische Opposition in einem beständigen, destruktivem Wahlkampfmodus? Sind da Berlinhasser am Werk? Werden die Zahlen, Daten und Fakten von Fans Rühmann'scher Feuerzangenpädagogik absichtlich heruntergerechnet und fehlinterpretiert? Ist die Diskrepanz zwischen Schein und Sein das Ergebnis eines Klassenkampfes, der ausgetragen wird auf dem Rücken der Schwächsten? Und, nicht zu vergessen: Machen die Medien in Wahrheit alles nur schlecht?

Das jedenfalls gehörte zur Botschaft von Mark Rackles. Sieben Jahre führte der von vielen geschätzte Staatssekretär die Bildungsverwaltung. Sein Idealbild von Bildung war streng theoretisch, Abweichler waren ihm ein Graus; fast eine Dekade lang war er Sprecher der SPD-Linken in Berlin. Anfang 2019 zog er sich aus dem Amt zurück, »im gegenseitigen Einvernehmen«, wie es hieß – und um zu »verstehen, was ich selbst falsch gemacht habe, woran ich gescheitert bin«, wie er zwei Jahre später in einem Interview sagte.

Bei seinem Abschiedsempfang im Juni 2919 trug Rackles in der Bruno-Taut-Schule zu den Klängen von Wolf Biermanns *Lass dich nicht verhärten* seine Sicht der Dinge vor und verteilte dazu ein Thesenpapier. Rackles beklagte darin eine zunehmende Empörungskultur und Beschleunigung, dazu Aggressivität, Empathieverlust, Vereinzelung, Entsozialisierung, Populismus, institutionelle Delegitimation, Entwertung von Bildung und soziale Segregation.

Daran ist einiges richtig. Rackles beschrieb auch die Diskrepanz zwischen dem politischen Willen und der Wirklichkeit in der Bildungspolitik. Aber eine Verantwortung für die Probleme, gar eine Schuld daran sah Rackles nicht etwa in einer ideologisch überfrachteten und zugleich überforderten Politik, nein: Schuld waren für ihn die Medien, die Eltern, die Schüler, Ex-Politiker, grundständige Gymnasien, Privatschulen, soziale Netzwerke, TV-Serien und das Internet. Keine Rolle spielten bei seiner Rede dagegen fehlende Lehrer, marode Gebäude oder eine mangelnde Ausstattung. Um die Schulen besser davor zu schützen, zum »Gewächshaus für Empörungsrituale« zu werden, schlug Rackles unter anderem vor, eigene Redaktionen für die Verwaltung aufzubauen, den Pressekodex zu verschärfen, Anfragen von »Skandaljournalisten« zu verschleppen und über alle Schulakteure ein »Mäßigungsgebot« zu verhängen.

Tatsächlich hatte die Verwaltung unter seiner Führung bereits damit begonnen, die Kommunikation besser zu »kontrollieren«, und das bedeutete konkret: eine heilere Welt zu simulieren. So warnte Senatorin Scheeres in einem internen Newsletter die Schulleitungen davor, als »Kronzeugen gegenüber den Medien ihre eigene Schule zur Schrottimmobilie zu erklären«. Das sei eine »Frage des Stils«. Abgesehen von der Frage, dass es »manchmal schon zum Selbstschutz der Schule angezeigt ist, Drehtermine und Presseanfragen an die Pressestelle der Senatsverwaltung zu melden«, gehe es hier um »die Haltung«: Schulleiter sollten »Eltern und Kollegium eine wie immer geartete motivierende Perspektive anbieten, die ihre Schule interessant macht«. Das sei Teil der Führungsverantwortung.

Als *Der Tagesspiegel* die Schulleiterschelte publik machte, schickte die Senatorin für Bildung und Bruchbuden ein weiteres, etwas kleinlauteres Schreiben als Lesehilfe hinterher: Es habe sich bei ihren Worten nicht etwa um einen »Maulkorberlass« oder eine »Tagesparole der preußischen Verwaltung« gehandelt, sondern nur um einen »Meinungsbeitrag zur bildungspolitischen Positionierung«.

Als Anfang 2018 pünktlich zum ersten Schultag nach den Winterferien die Ergebnisse der Drittklässler-Vergleichsarbeiten (Vera 3) auf dem Pult lagen, zeigte sich, dass an den Berliner Grundschulen mal wieder nichts besser geworden war: 24 000 Drittklässler hatten an den Arbeiten teilgenommen, knapp die Hälfte blieb bei der Rechtschreibung unter den Minimalanforderungen, in Mathe schaffte mehr als ein Drittel nicht einmal die einfachsten Aufgaben. Die Reaktion der Bildungssenatorin: Sie beschied, die Ergebnisse nicht mehr zu veröffentlichen – eine Abkehr von der Linie ihres sozialdemokratischen Vorgängers Jürgen Zöllner.

Vermeintliche »Internationale Klassen« entpuppten sich als wohlklingender, aber irreführender Euphemismus: Hier war nicht Papa in der Botschaft und Mama im Businesskostüm, hier saßen ausschließlich Flüchtlingskinder zusammen. Eigentlich hatten die nach dem kurzen Besuch der »Willkommensklassen« in die Regelklassen wechseln sollen. Doch dort gab es für sie gar keinen Platz – Integration fand nur auf dem Wunschzettel der Politik statt. In 16 Schulen wurden solche Klassenverbunde versteckt. Sogar die Koalitionspartner der SPD nannten dieses Vorgehen der überforderten Bildungsverwaltung »Segregation«.

Staatssekretär Rackles selbst wiederum zeigte sich als Meister der organisierten Unzuständigkeit, neben dem beliebten Behörden-Pingpong die Lieblingsbeschäftigung von Politik und Verwaltung in Berlin. So bügelte er naheliegende Fragen des oppositionellen CDU-Politikers Mario Czaja nach der offenkundigen Überlastung von Lehrkräften mit einem gekonnten Griff in den Satzbaukasten ab: »Entsprechende Daten werden statistisch nicht erfasst und liegen daher nicht vor«, »… werden nicht zentral erfasst und liegen daher nicht vor«, »… unterliegt den Schulleitungen«.

Wenn es denn überhaupt Schulleitungen gibt: Jede sechste Schule war 2019 ohne vollständige Leitung, dreißig offene Stellen waren länger als drei Monate unbesetzt. Der Ausnahmefall wurde zum Dauerzustand. Es hatte sich offenbar herumgesprochen, dass die offizielle Aufgabenbeschreibung in den Stellenausschreibungen mit der Wirklichkeit wenig zu tun hat. Ehrlicherweise müsste dort stehen: Gesucht wird ein/e Facility-Manager/in mit Erfahrungen in Bauleitung, Sanierung, Umzügen, Provisorien und Notfällen aller Art sowie Orientierungsgeschick im Ämterdschungel. Pädagogische Kenntnisse wären schön, sind aber kaum erforderlich.

Das erklärt vielleicht auch, warum die Bildungsverwaltung selbst völlig ungeeignetes Führungspersonal im Amt hält. An einer Marzahner Schule fiel die Leiterin durch massives Missmanagement und fehlende Kommunikationsfähigkeit auf. Eltern, Schüler und auch die Kollegen rebellierten, protestierten und schrieben Beschwerdebriefe an die Senatorin. Dort wurde abgewiegelt: Man möge der Kollegin eine zweite Chance geben, bisher sei sie unauffällig gewesen.

Das war eine Falschauskunft, wie bereits ein Blick in den Inspektionsbericht ihrer Vorgängerschule zeigte, von der sie sogar suspendiert worden war. An der Marzahner Schule wurde es noch schlimmer. Sie sei »unorganisiert«, »unkoordiniert«, »überfordert«, »desinteressiert«, lauteten einige der Beurteilungen und Vorwürfe, die dort erhoben wurden. Für eine Versetzung oder gar Entlassung reicht nichts von alledem, denn das öffentliche Personalrecht schützt Schulleitungen. Um wiederum eine Schule vor einer schlechten Führung schützen zu können, müsste die Schulaufsicht der Bildungsverwaltung ihre Arbeit tun und schwaches Personal schon in der Probezeit identifizieren. Das aber ist nicht die Regel, sondern eher die Ausnahme in einer Behörde, in der gute Schulaufsichtsbeamte ebenfalls zur Mangelware gehören.

Genau das aber machte die Expertenkommission zur Schulqualität anders, ganz anders. Denn die Bestandsaufnahme der wirklichen Wirklichkeit, nicht der theoretischen, vorgelegt im Herbst 2020, fiel trotz der anfangs lobenden Worte am Ende tatsächlich verheerend aus – zumal vor dem Hintergrund der Möglichkeiten und Voraussetzungen, die so vorbildlich, so märchenhaft klangen. Und erst recht musste die Bilanz eine Politik beschämen, die für sich in Anspruch nahm, sich besonders um die Schwächsten zu kümmern.

Die Kommission stellte in ihrem Gutachten jedenfalls fest, »dass es in Berlin nicht hinreichend gelingt, die Kompetenzen von Kindern in den vorschulischen Bildungseinrichtungen zu fördern und soziale sowie herkunftsbedingte Disparitäten zu reduzieren«. Ein politischer Killer-Satz. Dabei hatte der Senat doch noch 2016 ein Bildungssystem versprochen, »das zur Entkoppelung des Bildungserfolgs von der sozialen Herkunft beiträgt«. Und jetzt das! Stets bemüht sei die Politik, befand die Kommission wohlwollend, aber: »Einer Vielzahl der politischen Maßnahmen zur Weiterentwicklung der Qualität früher Bildung fehlt es an Verbindlichkeit und Effizienz.«

Und es kam Satz für Satz schlimmer. Trotz vorhandener Ressourcen und teilweise beachtlicher Anstrengungen sei es nicht gelungen, die Leistungen der Berliner Schülerinnen und Schüler in Mathematik und Deutsch substanziell zu verbessern. Ebenfalls hatte es die Politik dem Bericht zufolge nicht geschafft, die große Zahl an Schülerinnen und Schüler zu reduzieren, die die Mindest- beziehungsweise Regelstandards in diesen Fächern nicht erreichen. Genau das aber war seit Jahren das erklärte Ziel der Berliner Bildungspolitik, eben daran wollte sich der Senat messen lassen. Was für eine Verschwendung von Möglichkeiten, was für eine verprasste Chance. Und dann räumte die Kommission auch gleich noch eine Verteidigungslinie, ja: einen Selbstbetrug ab: »Diese Schwierigkeiten lassen sich nicht allein darauf zurückführen, dass Berlin als Stadtstaat mit besonderen Herausforderungen konfrontiert ist.« Mit anderen Worten: Die Misere ist selbstverschuldet – und das bei besten Möglichkeiten.

Zwar attestierte die Kommission den Verantwortlichen, einen engagierten Eindruck zu machen. Aber ihre Schulpolitik sei am Ende nicht ausreichend wirksam und fokussiert, sondern oft »von der Ad-hoc-Suche nach Lösungen für aktuelle Problemlagen geprägt«. Was dagegen fehle: »eine zielgerichtete und selbstreflexive Steuerungsstrategie«.

Dass es schlimm kommen würde, hatten die meisten Bildungsexperten und -expertinnen erwartet. Aber so schlimm? Die große Frage lag nun klar auf dem Tisch: Was ist da bloß los? Warum schafft es Berlin nicht, das umzusetzen, was als richtig erkannt wird? Wer kämpft da gegen wen? Liegt es an den Schülerinnen und Schülern, an den Eltern, den Lehrkräften, den Schulleitungen, der Bildungspolitik? Hatte etwa Rudi Carrell recht, und schuld daran ist nur die SPD?

Wer sich auf die Spuren des Berliner Bildungsdesasters macht, stolpert zwangsläufig über die allgegenwärtigen Schlingpflanzen des Berliner Verwaltungsgestrüpps. Wo vier Senatsverwaltungen mit dem Einbau eines Schulklos befasst sind, wo acht Stellen zuständig sind für die Genehmigung eines Kinderflohmarkts, wo vierzehn Behördenstufen vor einem neuen Zebrastreifen zum Schutz von Kindern vor rasenden Elterntaxis liegen, da ist das Schicksal eines großen Bildungsprogramms klar: Es dauert alles doppelt so lange und wird doppelt so teuer – aber es funktioniert einfach nicht.

Andere Dinge werden nicht angefasst, weil sie unbequem sind. So darf jede Lehrkraft an einem beliebigen Tag pro Jahr zusätzlich frei nehmen. Eine sachgerechte Vertretung ist aber kaum möglich, der freie Tag wird damit zu einem weiteren Faktor in der ständigen Zufuhr für die Ausfallstatistik. Die Bildungsverwaltung lässt das seit 2003 zu: als schwachen Ausgleich, weil damals die Arbeitszeit der Lehrkräfte deutlich heraufgesetzt worden war. Mithin handelt es sich um einen Deal zwischen Senat und Gewerkschaft auf Kosten der Berliner Schülerschaft. Ein Deal, der unbefristet ist und sich bereits über vier Legislaturen erstreckt hat. Die fünfte hat begonnen.

Zu solchen faulen Kompromissen kommt bei der Berliner Bildungspolitik pädagogischer, ja ideologischer Trotz: Deutsch schlecht, Mathe mies – aber die Parteilinie wird mit aller Entschlossenheit weiterverfolgt. Nicht einmal die grundlegenden Aufgaben bekommt die Bildungsverwaltung in den Griff, also verlegt man sich darauf, Traumschlösser zu bauen. So sollen künftig alle Schülerinnen und Schüler, deren Erstsprache eine andere als Deutsch ist, »Angebote für ergänzenden Unterricht in ihrer Erstsprache« erhalten. Von wem, wird nicht gesagt. Aber das per Gesetz festgeschriebene Angebot soll »in Kooperation mit dem frühkindlichen Bereich (...) durchgängig bis zum Schulabschluss gestaltet sein«. Und weiter: »Es wird insbesondere von immersiven Sprachlernmethoden sowie von der Möglichkeit, Sachfachunterricht in einer Zweit- beziehungsweise Fremdsprache zu erteilen, Gebrauch gemacht.«

Sicher, das ist gut gemeint. Doch wie soll das gehen? In Berlin gibt es ungefähr 190 verschiedene Herkunftssprachen, aber nicht mal genug Lehrerinnen und Lehrer für die Alphabetisierung im Deutschen. An Schulen, wo es am Nötigsten fehlt – vor allem an qualifizierten Lehrkräften für die Basisfächer –, führt das allenfalls zu bitterer Heiterkeit. Viele von ihnen haben seit Jahren keinen einzigen ausgebildeten neuen Pädagogen dazubekommen. Mark Twain hatte recht: »Ich glaube nicht, dass es irgendetwas auf der ganzen Welt gibt, was man in Berlin nicht lernen könnte – außer der deutschen Sprache!«

Strikt verteidigt die SPD auch ihre pazifistischen Werte. So beschloss die Partei 2019, dass sie die Bundeswehr nicht mehr an Schulen um Nachwuchs werben lassen will. Die Begründung: Die Schüler wären noch anfällig »für militärische Propaganda und Verharmlosung der realen Gefahren eines militärischen Einsatzes«. Parteifreund Thomas Oppermann, damals Fraktionschef der Bundestagsfraktion, schrieb dazu: »Wer so einen Unsinn beschließt, sollte sich selbst von unseren Schulen fernhalten.«

Aber wo immer es geht, zieht der Senat seine Linie durch, koste es, was es wolle. Nach dem alten Fußballermotto »Wenn wir hier schon nicht gewinnen können, treten wir ihnen wenigstens den Rasen kaputt«, versucht die Bildungsverwaltung, ihre weitgehend erfolglose Politik auch dort durchzusetzen, wo mit anderen, der offiziellen Linie entgegengesetzten Mitteln erstaunlich gute Ergebnisse erzielt werden. Das trifft unorthodoxe Eigeninitiativen, das trifft Freie Schulen – und das trifft ambitionierte Schulleitungen, wie folgendes Beispiel zeigt:

Dem neuen Leiter der Friedrich-Bergius-Schule, die als hoffnungsloser Problemfall galt, war es gelungen, ein kleines Wunder zu vollbringen. Bevor er kam, gab es hier eine hohe Quote an Schuldistanz, viel Gewalt und schlechte Noten. Kurzzeitig stand die Schule sogar vor der Schließung. Der neue Schulleiter krempelte alles um. Er führte eine strenge Disziplin ein, ab 7.30 Uhr, mit Unterrichtsbeginn, wurde die Schultür für Zuspätkommer geschlossen, aus Respekt vor den Pünktlichen. Mützen und Handys wurden verboten, bei Verstößen mussten die Schüler den Hof fegen und einiges mehr. Mit anderen Worten: Hier zog ein Schulleiter das exakte Gegenmodell zur modischen Wunschvorstellung des Senats auf – streng und autoritär.

Er schaffte es, seine Schule zu einer übernachgefragten, erfolgreichen Instanz zu entwickeln. Das vermerkten in ihrem Bericht zunächst auch die Schulinspektoren, die im Auftrag der Bildungsverwaltung vorbeischauten: Das Klima: »zu 100 % freundlich«. Die Arbeitsatmosphäre: »konzentriert und störungsfrei«, »niemand wird ausgegrenzt«. Die Lernatmosphäre: »angstfrei«. Auch Pünktlichkeit und Wissensvermittlung wurden positiv hervorgehoben. Das Beste kam zum Schluss: »Tatsächlich schaffen hier überdurchschnittlich viele Schüler einen Abschluss« – fast die Hälfte sogar einen MSA mit Gymnasialempfehlung. Also genau das, wonach die SPD-geführte Bildungsverwaltung sich seit langem sehnte.

Aber weil das richtige Ergebnis aus Sicht der von der Schulverwaltung entsandten Inspekteure mit den falschen Mitteln zustande kam, lautete ihre Bilanz: »Schule mit erheblichem Entwicklungsbedarf« – im Klartext: eine Vollkatastrophe. Die Schulinspektion, so wurde mitgeteilt, sähe hier gern mehr »andere Werte« vermittelt, und auch mehr Bürokratie: »Zu wenige Teams, zu wenige Gremien, zu wenig Verschriftlichung schulischer Prozesse«, lautete das vernichtende Urteil. Auch seien andere Schulen ebenfalls erfolgreich, und zwar »auf die richtige Art und Weise«. So wurde eine wirklich erfolgreiche Schule genauso erfolgreich niedergemacht.

Dass die Ideologie einen zu starken Einfluss auf Berlins Schulen hat, sagen selbst der Senatspolitik grundsätzlich wohlgesonnene Experten. Die Bildungsverwaltung steckt voller Ex-Lehrerinnen und -Lehrer – der Senat schätzt ihren Anteil auf achtzig Prozent – und die versuchen, die Pragmatiker an den Schulen auf die reine Lehre einzuschwören; oder sie ihnen im Zweifel überzustülpen.

Der Sozialdemokrat Wilfried Seiring, lange Zeit Leiter des Landesschulamts, hat im Laufe seiner Berufszeit sieben Senatorinnen und Senatoren erlebt und weiß, wie der Klassenkampf an den Schulen verläuft. Rückblickend sagt er: »Die Ideologie hat einen zu starken Einfluss in Berlins Schulpolitik.« Mit Beginn der sozialdemokratischen Ära im Bildungsressort, also seit Mitte der neunziger Jahre, habe der Einfluss der Sozialpädagogen zugenommen, der Leistungsaspekt sei dagegen mehr und mehr in den Hintergrund geraten. »Elite gilt hier schon lange als böses Wort, im Grunde ist es tabu«, bilanziert Seiring. Der Anspruch an die Schülerinnen und Schüler wurde immer stärker relativiert, besonders im Fach Deutsch, wenn es um die Rechtschreibung ging. Die Fehlertoleranz wurde größer, es wurde von den Schülern immer weniger gefordert. Für Seiring war das auch ein Ausdruck mangelnder Achtung den Schülerinnen und Schülern gegenüber. Gesellschaftliche Diskussionen wie nach der »Ruck-Rede« des damaligen Bundespräsidenten Roman Herzog, der sich gegen Lähmung, Bürokratismus und für Leistungsbereitschaft ausgesprochen hatte, gingen an der Berliner Schule spurlos vorbei. »Das war eine meiner großen Berufsenttäuschungen«, sagt Seiring.

Anstatt pragmatische Wege zur Verbesserung einzuschlagen, wird weiter eine vermeintliche Gerechtigkeit angestrebt, die in der Konsequenz zur Verschlechterung führt. »Das Mantra, dass keiner lernen darf, was nicht alle lernen können, hat sich wie Mehltau auf die Stadt gelegt«, sagt Sybille Volkholz, Bildungsexpertin und frühere Berliner Schulsenatorin der Grünen, auch wenn sich in den letzten Jahren bei der Begabtenförderung einiges getan habe. So bremsen Sozialneid und missionarischer Eifer diejenigen aus, die es besser machen wollen. Deshalb werden Gymnasien und Freie Schulen bekämpft, selbst dann, wenn sie sich gezielt um die Aufnahme und Förderungen benachteiligter Schülerinnen und Schüler kümmern. Leistung darf sich nicht lohnen – da wiegt die angebliche »Vernachlässigung des Schulprogramms« natürlich schwerer als das Erreichen des Ziels, mehr Schüler als anderswo zu einem Abschluss zu führen.

Anstatt die staatlichen Schulen zu stärken und Fluchtorte wie Freie Schulen oder Ausnahmeschulen dadurch weniger attraktiv erscheinen zu lassen, machte der Senat diesen das Leben schwer. Am liebsten wäre es der regierenden Schulpolitik, es würde die Freien Schulen gar nicht erst geben. Zu dramatisch sind die Unterschiede, und es drängt sich die unangenehme Frage auf: Wenn es dort geht, warum geht es dann nicht überall?

Zum Beispiel die Klassengröße: Viele der Expertinnen und Experten sind der Ansicht, dass der Schulerfolg maßgeblich abhängig ist vom Betreuungsschlüssel, vor allem in Brennpunktgebieten – mit anderen Worten: je kleiner die Klassen, desto größer die Chancen. Aber in der Hauptstadt gilt das offizielle Motto des Senats: »Berlin bleibt anders.« Zeitweise lernen etwa 30.000 Kinder und Jugendliche an Grund- und Sekundarschulen in Klassen mit mehr als 26 Mitschülern – die Anzahl, die Bildungsfachleute für maximal vertretbar halten. Doch Staatssekretärin Beate Stoffers sagt: »Dem Senat sind keine Erkenntnisse bekannt, dass allein eine Verringerung oder Erhöhung der Klassenstärke im Rahmen der geltenden Regelungen die Qualität des Lernens der Schüler/innen einschränkt oder befördert.«

Es ist schon erhellend, was der Senat alles nicht weiß. Noch interessanter ist nur, was der Senat alles zu wissen verlangt. So fragte die Wiener Sigmund-Freud-Universität im Auftrag der Bildungsverwaltung die Berliner Lehrerschaft: »Was ist Ihre sexuelle Orientierung?« Die Pädagoginnen und Pädagogen sollten detailliert Auskunft geben über die Adresse ihrer Schule, ihr Alter, ihre Dienstjahre … ihren Namen brauchten sie da gar nicht mehr anzugeben, den bekommt der Leistungskurs Informatik selbst in Berlin noch vor der kleinen Pause heraus. »Die Teilnahme ist freiwillig, wird aber von der Senatsverwaltung ausdrücklich gewünscht«, hieß es noch. Nicht nur hier wirkt die versprochene Bildungsoffensive etwas … nun ja: orientierungslos.

Die Probleme beginnen in der Kita. Viele Kinder haben den Anschluss schon verloren, wenn sie in die Grundschule kommen, vor allem diejenigen, die eine besondere Sprachförderung brauchen. Denn ausgerechnet der Sprachförderunterricht in den ersten Klassen konnte zuletzt lediglich zu 5,9 Prozent durch ausgebildete Fachkräfte erteilt werden. Und trotz der Millionensummen, die sich das Land die anspruchslose Gebührenfreiheit Jahr für Jahr kosten lässt, besuchen in einigen Bezirken bis zu vierzig Prozent der über Dreijährigen mit Migrationshintergrund gar keine Kita. Oft mangelt es hier allerdings nicht nur am Willen der Eltern, sondern wieder an Kapazität: Im Jahr 2020 hatte die rot-rot-grüne Koalition entschieden, tausende zusätzliche Kitaplätze vorerst nicht zu fördern.

Wie eine Untersuchung zeigte, sind deutschstämmige Familien vom Kitaplatzmangel kaum tangiert. Sie müssen zwar mitunter ebenfalls lange suchen und zur Not mit Klage drohen, finden aber letztlich einen Platz. So weist die Kinderbetreuungsstudie des Deutschen Kinder- und Jugendinstituts für Kinder ohne Migrationshintergrund einen nahezu hundertprozentigen Kitabesuch nach. Berlinweit gehen demnach aber nicht einmal 85 Prozent der mindestens drei Jahre alten Kinder aus migrantischen Familien in die Kita oder zur Tagesmutter.

Zur Wahrheit gehört: Es gäbe für alle auch gar keinen Platz. Schuld daran sind, wen wundert's, unter anderem bürokratische Hürden. So kappen viele Betreiber die Zahl ihrer Plätze bei 25, weil sie die Auflagen für eine höhere Belegung nicht erfüllen können. Sie wären sonst zum Beispiel verpflichtet, einen eigenen Open-Air-Spielplatz anzulegen, selbst wenn in der Nähe ein öffentlicher ist; das geht aber beim besten Willen vor allem in der engen Innenstadt kaum. Ein paar weitere Beispiele: Eine Mini-Kita in Wedding sollte ein teures Behinderten-WC einbauen, obwohl die Klos im Hochparterre liegen und nur per Treppe erreichbar sind; andere Kitas scheitern aus Platzgründen an der Auflage, einen WC-Vorraum anzubieten, und ohne eigene Dusche für den Koch geht auch nichts. Da verzichten manche lieber gleich auf eine Kita-Gründung, zu Lasten der Eltern, die können sich dafür Seite 69 des Koalitionsvertrags von 2016 ins Kinderzimmer kleben: »Die Koalition wird zudem die Kitas ausbauen und deren Qualität sowie das Angebot verbessern durch die Senkung des Kita-Leitungsschlüssels und einen Rechtsanspruch auf eine siebenstündige Unterbringung.«

Und so sieht es in der Praxis aus: Eine Mutter schrieb auf der Suche nach einem Platz für ihre Tochter vergeblich hundert Kitas an, dann startete sie eine Online-Petition auf change.org. Innerhalb weniger Wochen wurde sie von 30 000 Leuten unterstützt. Dabei gibt es in Berlin den gesetzlichen Anspruch auf einen Kitaplatz, aber eben nicht genug Plätze.

Es gibt in Berlin nicht nur das Recht auf einen Kitaplatz,

sondern auch, ab dem 5. Lebensjahr, eine Kita- oder Förder-kurspflicht für Kinder, die kein Deutsch sprechen. Aber weil die mangels Plätze nicht glaubwürdig durchzusetzen ist, wird sie auch nicht verfolgt, wie so vieles in Berlin. Offizielle Zahl der Bußgeldverfahren in dieser Sache: 0.

Und mitten im Mangel herrscht dann noch der Irrsinn, der aus der Übernachfrage resultiert: So bekam eine ZDF-Reporte-rin bei der Suche nach einem Kita-Platz für ihre Tochter folgen-de Antwort: »Das tut uns sehr leid, wir haben bereits eine Ella. Aus Erfahrung gestaltet es sich im Alltag sehr schwierig mit zwei gleichnamigen Kindern.« Und weiter: Es wäre »für zwei Ellas nicht zu verstehen, wer angesprochen worden ist. Daher können wir nur ganz viel Erfolg bei der Suche nach einem Be-treuungsplatz wünschen!«

In einer Ebay-Immobilienanzeige bot ein Paar »in Leitungs-funktion« gegen die Vermittlung einer Wohnung (vier Zimmer für 1500 Euro Miete) »einen Kitaplatz in fast allen Stadtteilen von Berlin«. Und ein Radiosender verlost im Rahmen einer »Happy Hauptstadt«-Kampagne Kitaplätze eines gemeinnützi-gen Charlottenburger Kinderladens.

Helfen sollte ein »Kita-Navigator«, aber der war zur Orientie-rung so gut zu gebrauchen wie ein Sextant unter Wasser; dem einen fehlen die Sterne, dem anderen die Plätze. »Es war für viele Eltern ärgerlich, dass Kitas trotz der Informationen vor dem Starttermin des Navigators ihre Daten nicht aktuell gemel-det hatten«, stellte selbst die Jugendsenatorin fest. Erst danach kam heraus, dass viele Kitas gar nicht informiert worden waren. Wie viele Plätze tatsächlich fehlten, blieb somit offen. Die Ver-waltung wusste es jedenfalls nicht zu sagen.

Nach der Methode Pi mal Daumen wurde auch der Bau neu-er Kitas betrieben, Hauptsache, sie waren ökologisch korrekt.

Und so wurden im Jahr 2017 rund 3300 Kitaplätze aus Holz geplant, 2019 sollten die ersten Kinder in die rund dreißig modularen Kitabauten (»Mokibs«) einziehen. Unterwegs verteuerte sich das Projekt der Senatsverwaltung für Stadtentwicklung und Bauen allerdings derartig, dass die 74 Millionen Euro aus dem Sondervermögen Infrastruktur nur noch für neun Kitas mit 1224 Plätzen reichten. Zum Richtfest einer der Mokibs im Jahr 2021 war von den alten Zielen natürlich keine Rede mehr. Mitten im Wahlkampf wollte sich die Politik lieber noch einmal selbst feiern. Der Gesamtpreis war inzwischen auf über achtzig Millionen Euro gestiegen. 65 000 Euro pro Platz anstatt der anvisierten 25 000 Euro.

Ähnlich lief es bei der Schulbauoffensive des Senats: 2017 sollte das Super-Bauprogramm noch 5,5 Milliarden Euro kosten, vier Jahre wurde bereits mit 14,2 Milliarden Euro gerechnet. Es stellte sich heraus, dass die 5,5 Milliarden von Anfang an viel zu tiefgestapelt waren. Höhere Ansprüche und massive Preiserhöhungen taten ein Übriges. Der Landesrechnungshof verriss das Programm: Weder die Struktur noch die Aufgabenzuweisung entspreche wirtschaftlichen Lösungen. Seither sind die Kosten noch einmal um drei Milliarden Euro gestiegen. Womöglich orientierte sich der Senat ja am früheren SPD-Chef Sigmar Gabriel, der hatte 2016 gesagt: »Nicht Bankentürme, sondern Schulen sollten Deutschlands Kathedralen werden!« Ja, manchmal hilft wirklich nur beten. Im weitgehend gottlosen Berlin funktioniert aber auch das meistens leider nicht.

Die Baufälligkeit der Berliner Schulen ist legendär, über Jahrzehnte wurden sie kaputtgespart, ebenso legendär war lange Zeit der Unwillen der Politik, daran etwas zu ändern. Die Bildungsverwaltung verbreitete stattdessen lieber die Beruhigungstheorie, Schülerinnen und Schüler interessierten sich gar nicht für den Zustand ihrer Schulen, ja, sie nähmen ihn nicht einmal wahr.

Abgesehen davon, dass auch noch ein paar vielleicht sensiblere Erwachsene in diesem schrottreifen Umfeld ihren Dienst versehen und beim Anblick von Schimmel und Verfall ganz zu Recht den wenig motivierenden Eindruck haben, auf der Prioritätenliste des Senats nicht gerade ganz oben zu stehen. Müll sammelt sich bekanntlich am ehesten dort, wo bereits welcher liegt. Mit schönen Dingen gehen auch Kinder sorgsamer um als mit alten, verbrauchten. Und wer hilft schon dabei, mit fröhlichen Farben eine Wand zu bemalen, die erwartungsgemäß kurz darauf umfällt? Lernklima wird von vielen Faktoren bestimmt. Schulfenster, die verschraubt werden müssen, damit sie nicht herausfallen, tragen jedenfalls nur zu dicker Luft bei.

Zur ganzen Wahrheit gehört, dass in Berlin nicht nur Schulbauten verfallen, sondern auch die dazugehörigen Verwaltungsgebäude. So warteten Eltern im Bezirk Mitte vor dem Schuljahr 2018 vergeblich auf den Einschulungsbescheid für ihre Kinder. Die Erklärung: Ihre Unterlagen waren im Schulamt verschimmelt. Ein »professioneller Dienstleister« musste, mit Schutzanzügen ausgerüstet, die Papiere scannen. Das Gute daran: Die Eltern wurden schon mal auf den Zustand der Schulen vorbereitet.

Die rot-rot-grüne Koalition von 2016 hatte sich als Erste langsam darangemacht, am Zustand etwas zu ändern. Nach einer Bestandsaufnahme wurden die geplanten Maßnahmen der »Berliner Schulbauoffensive« auf Papier gedruckt, ein 2,6 Kilogramm schweres und 744 Seiten umfassendes Dokument des Schreckens. Ein Bestseller wurde es nicht, die Auflage betrug hundert Exemplare, und der Finanzsenator teilte mit: »Es handelt sich nicht um die Bibel, sondern um ein Arbeitsdokument.« An den Folgen der radikalen politischen Verfallspolitik werden die Berliner Schulen noch jahrelang zu leiden haben, zumal die Arbeiten nicht überall richtig in Schwung kommen.

Natürlich im Gegensatz zu den Kosten, die sich zum Teil schon verdoppeln, bevor der erste Handwerker angerückt ist.

Die Gründe dafür sind, wie zumeist in Berlin, »vielschichtig und komplex«, so die offizielle Erklärung. Am Beispiel der Rheinhold-Burger-Oberschule in Pankow lassen sich einige davon nachvollziehen. Seit mehr als zehn Jahren wird dort versucht, eine neue Sporthalle zu bauen, die alte ist längst abgerissen. Der Stadtrat zählt die »unendlichen Unwägbarkeiten« auf: Die Planungs- und Genehmigungsphase dauerte sechs Jahre, dann gab's leider schwere Bodenverhältnisse, unvollständige Leitungspläne, die Kündigung des Auftragnehmers, die Aufhebungsvereinbarung des Generalplanervertrages, keine Angebote für die Leistung Wasserhaltung, die Nachprüfungsverfahren bei der Leistung Erd- und Verbauarbeiten und die Erstellung einer neuen Ausführungsplanung, weil die alte aufgrund massiver Änderungen nicht mehr gültig war. Fazit: Derzeit kann »noch kein konkretes Fertigstellungsdatum« benannt werden.

Mehr als zwanzig Jahre hatten die Schüler und Lehrer der Fuchsberg-Grundschule in Biesdorf in Containern ausharren müssen, weil ihre Schule verschimmelt war. Dann war der Neubau fertig – aber zu klein. Die Planer hatten offenbar nur die Baumschule besucht. In die Container zurück ging's aber auch nicht: Der Bezirk hatte vergessen, rechtzeitig neue zu bestellen. Wie soll unter solchen Umständen ein auch nur halbwegs sinnvoller Unterricht funktionieren? Als endlich alles fertig war, spendierte die Stadt der Schule zum Dank für so viel Geduld ein bisschen Kunst am Bau: Das »Goldene Nest« des Künstlers Thorsten Goldberg kostete inklusive Material, Honorar und Sicherheitstechnik 92 500 Euro. Auffallen tat es erst, als das Nest geklaut worden war.

Bei einer kleinen Reise durch die Bildungslandschaft von Deutschlands Hauptstadt fällt tatsächlich so einiges aus dem

Rahmen, nicht nur das Fenster in der Spandauer Eichenwald-Grundschule, das den Vize-Rektor erheblich verletzte. Im Carl-Friedrich-von Siemens-Gymnasium wurde endlich eine barrierefreie Toilette eingebaut, allerdings im 1. Obergeschoss; einen Aufzug aber gibt es hier nicht. In der Grundschule Mahlsdorf wurde in die neue Behindertentoilette ein Pissoir angedübelt, das Bezirksamt wollte es wieder herausreißen lassen.

Am Gesundbrunnen wurde die schrottreife und verschimmelte Carl-Kraemer-Grundschule komplett geräumt, die Leiterin musste Schüler und Lehrer auf drei Standorte verteilen. Nur eine Woche nach der Sperrung der hoch frequentierten Sporthalle der Charlotte-Pfeffer-Schule krachte ein Betonteil aus der Fassade. Ein Jahr später, im Dezember 2020, teilte die Schule auf ihrer Homepage mit: »Der Abriss der Turnhalle hat leider unser Schulgebäude so erschüttert, dass weitere Räume nicht mehr nutzbar sind und andere keinen zweiten Fluchtweg mehr haben – wir können die Klassen vorerst nur noch im 14-tägigen Wechselmodell beschulen.«

Die Kurt-Schumacher-Grundschule in Kreuzberg war im Dezember 2012 nach einem Routinebesuch der Brandschutzkontrolleure überstürzt geräumt worden. Seitdem gibt es hier einen provisorischen Schulbetrieb im Hort. Die Wiedereröffnung wurde mehrfach verschoben, die ganz aktuelle Prognose lautet: Aufnahme des Schulbetriebs 2022, aber nur für den ersten Bauabschnitt. Der Zustand heute: Auf dem Pausenhof haben sich schmale Birkenstämme zwischen die Seile der Kletterspinne geschoben, die Fahrradbügel sind dornröschengleich von Ranken umschlossen, und durch die trüben Fenster sieht man Kabel aus den Decken der verstaubten Klassenräume hängen. Hier kommt alles zusammen, was Berlin auszeichnet: Schlamperei, Desinteresse, Insolvenzen, Bürokratismus … das volle Programm. An den Zaun haben Eltern ein Transparent mit der Aufschrift »BER Kreuzberg« gehängt, auf Twitter schrieben sie: »Wir sind die Eltern von Kindern, die seit sieben Jahren keine richtige Schule haben. Es passiert nichts. Wir sollen die Klappe halten. Uns wird gedroht, sollten wir mit der Presse sprechen.«

Mehr als zehn Jahre schimmelte die Anna-Lindh-Grundschule vor sich hin, bevor knapp die Hälfte aller Räume gesperrt wurde. In den sechs ignorierten Schadensmeldungen zu den verschleppten Investitionsanträgen seit 2010 steht immer wieder »Gefahrenabwehr«, »Gesundheitsgefährdung«, »Es besteht Unfallgefahr«. Als »unbedingt notwendig« wurde die Sanierung bezeichnet, und weiter: »keine erkennbare Alternative vorhanden«. Doch Senat und Bezirk zogen es vor, in wechselnden Besetzungen Behörden-Pingpong zu spielen – allerdings nicht in der Sporthalle, die wurde bereits 2015 zur No-go-Area erklärt.

Das sind nur ein paar schon äußerlich erkennbare Beispiele dafür, welche Bedeutung Berlins Politik der Bildung jenseits von Absichtserklärungen in Koalitionsverträgen seit Jahrzehnten beimisst. Und als dann 2016 mit dem großen Schulbauprogramm die Wende eingeleitet werden sollte, bekam der Senat das Schiff nicht durch den Wind. Das Problem wurde selbst aus offizieller Sicht so beschrieben: »Die Komplexität der Akteure auf politischer und operativer Ebene sowie die grundsätzliche Arbeitsweise der Verwaltung.« Mit anderen Worten: Es sind zu viele Leichtmatrosen an Bord, die sich für Kapitäne halten.

Die Berliner Schulbauoffensive war das größte Investitionsvorhaben des rot-rot-grünen Senats zwischen 2016 und 2021. Deshalb wollten auch fast alle mitreden. Am Desaster der vorherigen Jahre waren »die Umstände« schuld und vielleicht auch noch Finanzsenator Thilo Sarrazin. Nunmehr ging es darum, Teil der Erfolgsgeschichte zu werden. Und so trat alsbald ein

»Staatssekretärsgremium Schulbauoffensive« an, andere Gremien folgten, aber nichts ging so richtig voran.

Wenn also eins immer funktioniert in Berlin, dann ist es die organisierte Unzuständigkeit – oder auch unorganisierte Überzuständigkeit: Selbst die Verwaltung beklagt das und fordert, »zuerst klare Zuständigkeiten zu schaffen«. Und »zuerst« bedeutet: Das kann dauern. Denn vor der Neuordnung der Zuständigkeiten hatte die Politik nach der letzten großen Reform 2001 kapituliert: zu kompliziert, zu viele unterschiedliche Interessen, zu viele untergründige Machtkämpfe. Der 2021 gewählte Senat will nun einen neuen Anlauf zu einer Verwaltungsreform versuchen, um Senats- und Bezirkszuständigkeiten effektiver zu regeln.

Bisher verwies die Bildungsverwaltung bei Problemen mit der Schulbauoffensive konsequent auf die Bezirke. »Aber wenn mal wider Erwarten was klappt, kommt nicht nur die Senatorin persönlich, sondern bringt auch gleich noch ihr Filmteam mit«, stellte Marco Fechner vom Pankower Bezirkselternausschuss 2021 verärgert fest. Da wundert es dann schon niemanden mehr, dass am stillgelegten Heinrich-von Kleist-Gymnasium in Tiergarten seit über zehn Jahren ein Gerüst steht. Ein alter Aktenvermerk belegt, dass dort eine kleine Skulptur einen Arm eingebüßt hatte: Das sei eine »Folge der späten Reaktion auf die Meldung, dass dort ein Baum wuchs«. Offenbar hatte sich zwischen Skulptur und Fassade ein Birkensamen festsetzen können und Nahrung zum Wachsen gefunden. Der Rest der Geschichte versendet sich zwischen wechselnden Zuständigkeiten von Bezirk und Senat sowie ein paar Rechnungen für das Gerüst, das inzwischen mindestens 50 000 Euro gekostet haben dürfte.

Dass Berlin, wie vom Senat stolz postuliert, »anders« ist, zeigt sich besonders am Verhältnis der Hauptverwaltung zu den zwölf Bezirksverwaltungen: es ist weitgehend ungeklärt.

Keine andere Stadt von ähnlicher Größe, erst recht kein anderes Bundesland, würde sich ein solches intransparentes Durcheinander von Verantwortung leisten, weil es eben ins Gegenteil führt: in die kollektive Verantwortungslosigkeit. Wann immer es unangenehm wird, erklären sich die einen wie die anderen für unzuständig und ahnungslos. »Entsprechende Kenntnisse liegen nicht vor«, ist eine beliebte Antwort auf missliebige Fragen. Dennoch widmet sich das Abgeordnetenhaus, also das Landesparlament, mit Hingabe Fragen der Funktion einer Ampelanlage an einer abgelegenen Kreuzung, während die Verordneten der Bezirke darum bemüht sind, per Beschluss den Weltfrieden und das Klima zu retten. Da bleibt für Banalitäten wie Bildung oft keine Zeit.

Hinzu kommt, dass die Bezirksverordneten Politik zumeist als Hobby betreiben und die Stadtratsposten der Bezirke nach Proporz mit verdienten Parteidienerinnen und -dienern besetzt werden, oft ungeachtet fachlicher Qualifikation. So kommt es immer wieder zu völliger Überforderung, wie beispielhaft ein Fall aus Tempelhof-Schöneberg zeigt. Der schulverantwortliche Stadtrat war zugleich zuständig für Jugend, Umwelt, Gesundheit und Sport und hatte offenbar irgendwann den Überblick verloren, sein Schulamt litt unter Personalflucht. Im Herbst 2021 beschwerten sich sämtliche Leitungen der Gymnasien und ein Teil der Sekundarschulen des Bezirks in einem Brief an die Bürgermeisterin über die Zustände im Schulamt: Telefone klingeln ins Leere, Mails bleiben unbeachtet, Anträge werden nicht beschieden. Die Schulen stellten in der Folge die »Handlungsunfähigkeit« fest: ihre eigene, aber auch die des Stadtrats.

Zu dieser Zeit waren im Amt des Stadtrats nicht nur etliche Leitungspositionen unbesetzt, die Leitung des Schulamts seit mehr als einem Jahr, sondern auch im Jugendamt war die Quote der »vorhandenen Stellen/anwesenden Personen« auf

66 Prozent gefallen. Bei der Wahl trat der Stadtrat dennoch wieder an – für eine Verlängerung seiner Amtszeit, mit Unterstützung seiner Partei, der SPD.

Und so blieb Berlins Bildung fünf Jahre nach dem von Rot-Rot-Grün versprochenen Aufbruch marode wie ein Großteil der Gebäude, in denen sie haust. Am Ende der Amtszeit des Senats, der mehr Geld zur Verfügung hatte als jede Berliner Landesregierung vor ihm, war der Sanierungsstau der wenig beachteten, aber so wichtigen Oberstufenzentren um ein Drittel gewachsen. Allein um unmittelbare »Gefahren für Leib, Leben und Sachwerte« abzuwenden, waren inzwischen fast 100 Millionen Euro Soforthilfe erforderlich, von Modernisierung ganz zu schweigen. In 54 von 55 Oberstufenzentren wurde im Sommer 2021 Sanierungsbedarf festgestellt – fünf Jahre, nachdem die damals neue Koalition versprochen hatte: »Die Koalition wird die Schulen zu guten Lehr- und Lernorten entwickeln und die notwendigen Sanierungen und Neubauten realisieren.«

Corona, das gehört zur Wahrheit der Geschichte, hat manches zusätzlich erschwert. Aber schuld am Berliner Bildungsdesaster ist die Pandemie nicht. Besonders die Digitalisierung, oder besser gesagt: die verschleppte Digitalisierung der Schulen hat das auf quälende Weise gezeigt. Rückwirkend rächte sich, was zwischen Größenwahn und Kleingeisterei in den Mühlen der Bürokratie zermahlen worden war.

Ohnehin tut sich Berlin schwer damit, die analoge Welt zu verlassen. Das Faxgerät spielt auf den Ämtern noch immer eine bedeutende Rolle. Und wer regelmäßig per Mail mit der Verwaltung kommuniziert, kennt folgende Antwort nur zu gut: »Das Postfach des Empfängers ist voll und nimmt keine Nachrichten an.« Falls die Mail doch eine Lücke erwischt und durchkommen sollte, ist auch diese Antwort hier durchaus üblich: »Aufgrund von begrenzten Speicher- und Druckkapazitäten bitten wir Anträge und Unterlagen per Briefpost (nicht per E-Mail) zu übersenden oder in den Hausbriefkasten (Rathaus) einzuwerfen.« An den Berufsschulen laufen die Computer mitunter so schlecht, dass nicht einmal der Prüfungsstoff der IHK digital geladen werden kann. Da weiß dann jeder, was zu erwarten ist, wenn die Politik mal wieder großspurig einen »Innovationsimpuls« verkündet, so wie 2019 – gemeint war damit der Ankauf von Tastaturen und Computermäusen.

Wer danach fragt, wer im Berliner Verantwortungsdschungel für das digitale Durcheinander zuständig ist, bekommt auch hier von jeder beteiligten Stelle eine andere Antwort. Die Staatssekretärin der Bildungsverwaltung meint, bei den Themen Digitales und Schulbau hauen die Bezirke dazwischen. Eine gesicherte Erkenntnis ist jedenfalls, dass niemand eine gesicherte Erkenntnis hat. Die Koalition würde die Schulen mit schnellen und leistungsfähigen Breitbandanschlüssen ausbauen, versprach Rot-Rot-Grün 2016. Aber bis zur Halbzeit der Legislaturperiode konnte kein einziger Bezirk auf die Frage nach dem Wann eine konkrete Auskunft geben. Immerhin wurden ein Jahr nach dem Beginn der Pandemie, also im Frühjahr 2021, provisorisch 10 000 mobile WLAN-Router für die Schulen angeschafft.

Abstimmungsprobleme gibt es aber nicht nur zwischen Haupt- und Bezirksverwaltungen, sondern auch zwischen den einzelnen Senatsverwaltungen, von denen für ein und dieselbe Sache immer mindestens zwei, manchmal aber auch vier oder sogar mehr zuständig sind. So stellte das Land Berlin Mitte 2021 fest, dass in den Verwaltungen insgesamt 11 000 Laptops fehlen. Die zuständige Staatssekretärin aus der Innenverwaltung betonte in einer Mail die Bedeutung einer zentralen Beschaffung: »Mehrere hundert Laptops gibt es auch nicht bei Saturn im Lager. Und eine Preisfrage: Gehen kleinere Einzelbestellun-

gen von über zwanzig Verwaltungen schneller oder eine Großbestellung des Landes Berlin? Wir sind sicher, dass die zentrale
Großbestellung Priorität hat.« Am Tag darauf schrieb die Bildungsverwaltung die Beschaffung von zwanzig Laptops aus.

Bei Verzögerungen einzelner Maßnahmen läuft es verlässlich so: Die Innenverwaltung, formal und zentral zuständig für
die IT im Land Berlin, verweist an die Bildungsverwaltung; die
Bildungsverwaltung verweist an die Datenschutzbeauftragte;
die Datenschutzbeauftragte erklärt, sie warte auf Informationen der Bildungsverwaltung; die Bildungsverwaltung teilt mit,
sie warte auf das ITDZ, das Dienstleistungszentrum des Landes
Berlin für Informationstechnik, angesiedelt bei der Innenverwaltung; das ITDZ verweist zurück an die Bildungsverwaltung,
von der es angeblich keinen Auftrag zur Verbesserung gibt;
die Bildungsverwaltung erklärt, die Sache liege bei den Bezirken; die Bezirke erklären sich für unzuständig; alle Beteiligten
gründen neue, wohlklingende Referate, von denen sich keins
zuständig fühlt.

Die Bildungsverwaltung fasst zusammen: »Aufgrund von
Kapazitätsengpässen bei den vorgesehenen IT-Infrastruktur-
maßnahmen verzögert sich derzeit die Planung und Umsetzung.« Berlinkenner wissen: »Derzeit« ist in Berlin das offizielle Wort für »Kannste vergessen«. Was die Bildung betrifft,
beschreibt es den Zeitraum zwischen Schultüte und Rentenein-
tritt.

Es geht aber auch noch schlimmer, wie der Aufbau der Berliner Schuldatenbank zeigt. Abgeschlossen sein sollte das Projekt
im Jahr 2010. Elf Jahre später, im September 2021, also kurz vor
der Wahl, verkündete die Bildungssenatorin als großen Erfolg,
dass schon (!) siebzig Prozent der Schulen und Schulstandorte
an die Datenbank angeschlossen waren. Mit Corona hatte das

jedenfalls nichts zu tun. Das Virus, das hier seit langem wütet, heißt Confusione.

Die völlig unbekannte Situation einer Pandemie stellte Schulen und ihre Verwaltung überall in Deutschland vor Schwierigkeiten. Aber in Berlin rächte sich das bis dahin Versäumte doppelt und dreifach. Als der Lockdown kam, konnten von den mehr als einhunderttausend Beschäftigten gerade mal ein paar Dutzend remote arbeiten, also von zuhause. Und auch die Schulen waren auf nichts so wenig vorbereitet wie auf Bildschirmunterricht.

Corona legte auch die ohnehin schon schwer erträglichen Hygienemängel an den Schulen offen. Bekannt ist das Problem bereits seit neunzig Jahren – die Autorin Gabriele Tergit kam in ihrem Roman »Käsebier erobert den Kurfürstendamm« bereits im Jahr 1931 zu der Erkenntnis: »Über die Toilettenverhältnisse in den Berliner Schulen sollte man mal was schreiben.« Und das passierte dann auch kurz vor der Pandemie wieder mal: Fast Zweidrittel aller Kinder und Jugendlichen hatten sich bei einer Schulumfrage über unhygienische Toiletten beklagt – Jahre nachdem der Senat versprochen hatte, sich gerade darum mit höchster Priorität zu kümmern.

Nach dem Corona-Ausbruch bekamen die Schülerinnen und Schüler von der Politik gesagt, dass sie sich besonders hygienisch verhalten sollten. Aber wie sollte das gehen? In vielen Schulen war es über Jahre nicht mal möglich, halbwegs menschenwürdige Sanitäranlagen unter normalen Umständen bereitzuhalten – das Wort »Seife« war ein Fall für den Fremdsprachenunterricht. Auf vielen Toiletten gab es keine Seifenspender und natürlich auch keine Handtücher. Dafür gab es nun einen »Musterhygieneplan Corona«.

Und der sah dann so aus: Das Rosa-Luxemburg-Gymnasium in Pankow hat dreißig Wasserhähne für tausend Schülerinnen und Schüler. Nach den Vorgaben des »Hygieneplans« der Bildungsverwaltung waren bei der »Basishygiene« die Hände in folgenden Fällen mit Seife zu waschen: 1. nach dem Naseputzen, 2. nach dem Husten und 3. nach dem Niesen; außerdem 4. nach der Benutzung von öffentlichen Verkehrsmitteln, 5. nach Kontakt mit Treppengeländern, 6. mit Türgriffen, 7. mit Haltegriffen und 8. »etc.«; 9. vor und 10. nach dem Essen, 11. vor dem Aufsetzen und 12. nach dem Abnehmen einer Schutzmaske und 13. nach dem Toilettengang. Jeweilige Dauer nach den Empfehlungen des RKI: zwanzig bis dreißig Sekunden. Das wäre auch eine schöne Aufgabe gewesen: Errechnen Sie die Zeit, die mit dem Händewaschen und dem Warten auf einen freien Wasserhahn insgesamt pro Tag draufgeht.

Es rächte sich, dass die Bauverwaltung seit Jahren die alten Handwaschbecken aus den Klassenzimmern reißen ließ und neue aus Schulbauplänen streicht. Aber warum? Aus »hygienischen und gesundheitlichen Gründen«, sagte die Verwaltung. Wer konnte auch schon ahnen, dass sich Schüler irgendwann mal wieder die Hände waschen wollen beziehungsweise müssen?

Natürlich sitzen in der Berliner Politik und Verwaltung nicht nur Ignoranten oder Zyniker, die jede neue Panne nach Dienstschluss in der Kneipe abfeiern. Aber wieso ist es über Jahrzehnte hier einfach nicht gelungen, die schlimmsten Probleme wenigstens halbwegs in den Griff zu bekommen? An einem Mangel an Fantasie oder Reformunwillen hat es nicht gelegen. Die vergeblichen Versuche, Schule in Berlin besser zu machen, sind legendär. Auf 22 Reformen in zwei Jahrzehnten kommen Gutwillige, andere finden noch mehr. Die meisten umkreisten die eigentlichen Probleme wie hell leuchtende Satelliten eine düstere Erde, ohne je zum Ziel zu kommen.

Auch die Qualitätskommission kommt zu keinem anderen

Schluss: Es fehlt an Systematik, Abstimmung und Prozesssteuerung, wissenschaftliche Erkenntnisse werden ignoriert, die Ziele sind unklar, ein Monitoring findet nicht statt, die Qualität des Unterrichts spielt kaum eine Rolle, es wird zu wenig kontrolliert, aber zu viel verkündet, die Vorgaben sind meist unverbindlich, es dauert alles zu lange, und, last but not least: »In der Schulverwaltung und den Unterstützungssystemen sind Zuständigkeiten und Verantwortlichkeiten vielfach unklar«, diplomatisch ausgedrückt.

Um zu verstehen, warum das so ist und warum das so bleibt, warum sich trotz aller Erkenntnis einfach nichts ändert, ganz egal, wer da gerade mitregiert, muss man etwas tiefer wühlen. Aber Vorsicht: Der Boden der Berliner Bildungslandschaft ist stark kontaminiert.

TEIL II

Rerum Cognoscere Causas: Die zehn Stationen
des Politikversagens in der Berliner Schule

1. DAS LAND VERTREIBT SEINE LEHRKRÄFTE

»Nirgendwo ist ein Schulsystem besser als die Lehrkräfte, die es beschäftigt. Ausgezeichnete Schulsysteme wählen und bilden ihre Lehrkräfte sorgfältig aus«, konstatierte Andreas Schleicher, als er im Jahr 2019 seine zwanzigjährigen Erfahrungen als OECD-Pisa-Chef bilanzierte. Die am besten abschneidenden Schulsysteme würden daher »die besten Schulleiter für die schwierigsten Schulen und die talentiertesten Lehrkräfte für die schwierigsten Klassen gewinnen«.

In Berlin geht es schon lange nicht mehr darum, die besten Schulleiter und die talentiertesten Lehrkräfte in die Klassen zu holen. Seit gut zehn Jahren gilt bei Neueinstellungen schon ein ganz normaler Lehrer, ohne Anspruch an seine »Talente«, als Sechser in der Berliner Bildungslotterie.

Die Not kam in kleinen Schritten. Zunächst waren es nur Disziplinen wie Informatik, Musik oder Chemie, die als Mangelfächer auffielen. Bereits 2009 wurde die Lage aber so prekär, dass der damalige SPD-Bildungssenator Jürgen Zöllner trotz strenger Sparpolitik im rot-roten Senat für die angestellten Lehrer eine Gehaltserhöhung von 1200 Euro pro Monat durchsetzen konnte, in der Hoffnung, sie mit diesem Aufschlag halten zu können.

Zu diesem Zeitpunkt war es fünf Jahre her, dass Berlin die Verbeamtung der Lehrer abgeschafft hatte, durchgesetzt von Zöllners Parteifreund, dem Regierenden Bürgermeister Klaus Wowereit im rot-roten Vorgängersenat: Er wolle die Privilegien nicht länger hinnehmen, weil es sich nicht um eine hoheitliche Aufgabe wie etwa bei der Polizei handele, so das Argument.

Die Gegenwehr ließ nicht lange auf sich warten. Zwei Junglehrerinitiativen – sie hießen »Verbeamtung jetzt« und später dann »Bildet Berlin!« – machten die Einbußen, die sie durch die Nichtverbeamtung erlitten, jahrelang zum Thema: bei Demonstrationen, Aktionen sowie in Interviews und zahllosen Erklärungen. Zudem warnten sie vor dem Qualitätsverlust durch Quereinsteigende und vor der Gefahr massenhafter Abwanderungen in andere Bundesländer.

Genau so kam es. Dennoch versuchte die SPD-geführte Bildungsverwaltung jahrelang, die Abwanderung zu vertuschen oder kleinzureden, obwohl sie selbst wegen des Lehrkräftemangels am meisten unter Druck geriet: durch verzweifelte Schulen, durch besorgte Eltern, durch die öffentliche Quereinstiegsdiskussion.

Aber selbst die schwachen Berliner Leistungsergebnisse und die Not, überregional und international nach Lehrkräften suchen zu müssen, führten nicht zu einer Kurswende. Stoisch marschierte die Berliner Bildungspolitik immer weiter ins Abseits. Ganz so, als spielten die Bezahlung, eine private Krankenversicherung, eine Spitzenpension und eine unter Umständen jahrelange Gehaltsfortzahlung im Krankheitsfall keine Rolle bei der Wahl des Arbeitsortes, hielt der Senat lange, zu lange an seinem Mantra fest: keine Verbeamtung für Lehrerinnen und Lehrer. Und dabei blieb es bis zur Wahl 2021, obwohl alle anderen Bundesländer zur Verbeamtung zurückgekehrt oder gleich dabei geblieben waren.

Die 1200 Euro waren der Preis, den Wowereit seit 2009 zu zahlen bereit war, um die Nichtverbeamtung durchhalten zu können. Zöllner mahnte schon damals: Ohne Verbeamtungsstatus wird es auf Dauer nicht gehen. Aber der dienstälteste deutsche Bildungsminister, der ein so starkes Standing in Rheinland-Pfalz und einen bundesweit erstklassigen Ruf gehabt hatte, fand in Berlin kein Gehör.

Und so wurde es Jahr für Jahr enger auf dem Berliner Lehrkräftearbeitsmarkt. 2014, zehn Jahre nach dem Ende der Verbeamtung, war es dann so weit. Zöllners Nachfolgerin Sandra Scheeres musste jedes Schulfach zum Mangelfach erklären. Es begann die große Fahndung nach Quereinsteigenden.

Bis dahin hoffte die Berliner Politik noch, langfristig von Ländern wie Bayern, Baden-Württemberg, Rheinland-Pfalz oder Hessen profitieren zu können, denn die hatten, aufgrund guter Planung oder infolge von Geburtenrückgängen, mehr Lehrer als benötigt. Flugs schaltete Berlin, das einen starken Zuzug registrierte, in der jeweils landestypischen Mundart Anwerbekampagnen.

So erfuhren Lehramtsabsolventen von Bamberg bis Heidelberg davon, dass Berlins Schülerinnen und Schüler auf sie warteten. In Universitätsstädten wie Düsseldorf wurden Berliner Pfannkuchen mit Marmeladenfüllung an Studierende verteilt, um die jungen Absolventinnen und Absolventen in die »Arm-aber-sexy«-Hauptstadt Klaus Wowereits zu locken. Einige Hundert kamen. Es reichte nicht.

1.1. Wie es dazu kam, dass Berlin jenseits der Alpen
      nach Personal suchen musste

Nun kannte die Not keine Grenzen mehr. Auch in österreichischen und sogar niederländischen Zeitungen warb der Senat um Lehrkräfte. Dabei umfasste die österreichische Grundschullehrerausbildung damals nicht mal ein Referendariat. So zogen 22-jährige Absolventinnen und Absolventen von der Donau an die Spree, und Berlins Schulleitungen jubelten. Sie bekamen zur Unterstützung flexible und abenteuerlustige junge Leute, die genau wussten, wie man alphabetisiert. Manche hatten von ihren Dozentinnen oder Dozenten an der Pädagogischen Hochschule von der Berliner Offerte gehört, andere in ihren Kiezblättchen darüber gelesen. Das Berliner Gehalt lag zwar, alles zusammengerechnet, unter dem Bundesdurchschnitt, aber doch rund vierzig Prozent über dem, was in Kärnten oder der Steiermark gezahlt wurde.

Mit ihrem Ausbildungsstand hätten sie anderswo in Deutschland aber auch gar nicht erst anfangen dürfen. Und die Berliner Behörden erweiterten ihr Suchfeld noch: Sechsstellige Eurobeträge gaben sie für Anzeigen in Großbritannien aus – auch Englischlehrer waren ja knapp. Um die auswärtigen Bewerber von Anfang an gut zu stimmen, wurde den Berufseinsteigenden inzwischen ein Gehalt von rund 5000 Euro geboten. Überdies tat man auch alles für einen freundlichen Empfang. Die schönsten Orte der Stadt waren gerade gut genug für die Kennenlerngespräche mit den Interessenten aus München, Graz oder Wiesbaden, Treffen mit den Headhuntern fanden unter anderem in der Zitadelle Spandau oder im opulenten Jugendstilrathaus von Charlottenburg statt.

Doch trotz aller Anstrengungen, es kamen immer noch nicht genug. Dabei hatte die damalige Neuköllner Bürgermeisterin Franziska Giffey die Umworbenen sogar persönlich zu einer Bustour durch ihren Bezirk abgeholt. Die Lokalpolitikerin aus dem SPD-Realo-Lager hatte besonders früh zu spüren bekommen, was die von ihrer eigenen Partei durchgesetzte Linie der Nichtverbeamtung für einen Brennpunktbezirk bedeutete. Neukölln, wo siebzig Prozent der Schülerinnen und Schüler zu Hause kein Deutsch sprechen, traf der Lehrermangel, zusätzlich getrieben durch die allgemeine Pensionierungswelle, besonders hart. Die wenigen frisch ausgebildeten Lehrer gingen, da sie die Wahl hatten, lieber in die Gymnasien der bürgerlichen Bezirke als in die Grund- und Sekundarschulen eines Brennpunktbezirks – wenn sie Berlin nicht ganz verließen.

Wer Kinder alphabetisieren will, sollte gut gelernt haben, wie das geht. Andernfalls sei die Schullaufbahn schon ruiniert, bevor sie richtig angefangen habe, warnte im Jahr 2016 nicht nur der Grundschulforscher Jörg Ramseger, er sprach sogar von einer »Dequalifizierungskampagne«.

Der Berliner Referendarausbilder und Lehrer des Jahres 2013, Robert Rauh, sah das nicht anders. Als Sandra Scheeres der Berliner Schule bei einer Diskussionsveranstaltung im Jahr 2017 die Note 2 gab, hielt er ihr entgegen, dass durch den massenhaften Einsatz der Quereinsteigenden eine »Entqualifizierung des Lehrerberufs« stattfinde. Rauh, Jahrgang 1967, wusste besonders gut, dass diese Entwicklung vermeidbar gewesen wäre, denn er gehörte zu den Tausenden frisch ausgebildeten Lehrkräften, die seit Ende der 90er Jahre keine Chance bekamen. In seinem Buch »Schule. Setzen. Sechs« beschreibt er, wie er 1998 den damals Regierenden Bürgermeister Eberhard Diepgen während einer öffentlichen Bürgersprechstunde im Roten Rathaus aufsuchte, um den Missstand anzuprangern. Der Rat, den der unter Spardruck stehende Christdemokrat dem Einserabsolventen Rauh gab: Er möge doch nach Hessen gehen, dort würden Lehrkräfte gesucht und es gebe zudem »einen vorzüglichen Wein«.

Aber Berlin hatte noch einen weiteren Fehler gemacht, der dazu führte, dass der drastische Mangel an qualifizierten Lehrkräften sich weiter verschärfte.

1.2. Die Universitäten fahren die Studienplätze runter – und keiner merkt's

Seit der Jahrtausendwende hatte der Senat es zugelassen, dass die Berliner Universitäten die Lehrerausbildung immer weiter herunterfuhren. Anstatt in den Hochschulverträgen Quoten für die Ausbildung von Grund-, Ober-, Berufsschulpädagogen und Förderlehrern festzulegen, konnten die Universitäten frei agieren. So entschieden sie, kaum Studienplätze für die wenig prestigeträchtige, aber personalintensive Grundschullehrerausbildung anzubieten. Der Tiefpunkt dieser Entwicklung war erreicht, als 2016 in Berlin nur noch 175 Grundschullehrer ihre Ausbildung beendeten – benötigt wurden mehr als tausend.

Damals wurde durch eine parlamentarische Anfrage der grünen Wissenschaftspolitikerin Anja Schillhaneck bekannt, dass die Freie Universität und die Humboldt-Universität zu Berlin im Laufe der vorangegangenen Jahre Tausende Bewerberinnen und Bewerber abgewiesen hatten, die sich für Grundschulpädagogik immatrikulieren wollten – obwohl schon damals klar war, dass in den kommenden Jahren Tausende Lehrkräfte in Pension gehen würden und man daher schnellstens mit der siebenjährigen Ausbildung des Nachwuchses hätte beginnen müssen. Der Senat hatte es versäumt, den Hochschulen entsprechende Vorschriften für genügend Studienplätze zu machen.

Den Vorwurf, ihre Pflichten verletzt zu haben, ließen die Universitäten aber nicht gelten. Vielmehr verwiesen sie darauf, dass sie durch den Spagat zwischen Exzellenzwettbewerben und Einsparungen gezwungen worden seien, das Lehrerstudium herunterzufahren. »Wir haben nicht für das Mathematik-Lehramtsstudium geworben, weil wir gar keine Leute gehabt hätten, sie in Didaktik zu unterrichten«, berichtete damals Brigitte Lutz-Westphal, Mathematik-Didaktikerin an der Freien Universität Berlin.

Andere Universitätsvertreter verwiesen darauf, dass nicht sie im Besitz der Pensionierungs- und Bevölkerungsstatistiken der Berliner Lehrkräfte seien, sondern der Senat selbst. Daher wäre es auch an ihm gewesen, in den Hochschulverträgen die Weichen entsprechend zu stellen. Genau das aber passierte nicht.

Als im Sommer 2016 das Fehlen von 825 ausgebildeten Grundschullehrern bekannt wurde, war es längst zu spät, den Schaden zu begrenzen. Zwar wurde noch einmal die Besoldung der Grundschullehrer angehoben, der Gehaltssprung betrug tausend Euro pro Monat; aber weder konnte das die Nachteile der Nichtverbeamtung ausgleichen, noch gab es genug Lehrkräfte, die das hätte locken können.

Auch die überstürzte Aufstockung der Studienplätze half erstmal wegen der siebenjährigen Ausbildungsdauer nicht weiter: Bachelor, Master, Referendariat … Es gibt Schulen, an denen seit Jahren keine einzige vollständig ausgebildete Fachkraft neu angekommen ist.

Die Not wuchs so rasant, dass der Senat im Jahr 2016 zu einem weiteren ungewöhnlichen Schritt bereit war: Er holte eine dreistellige Zahl ehemaliger DDR-Lehrkräfte zurück vor die Tafel, die seit der Wende als Erzieherinnen und Erzieher beschäftigt gewesen waren. In der Regel hatten sie kein Abitur und waren einstmals nur für die ersten vier Klassen ausgebildet worden. »LuK«-Lehrer, wurden sie genannt, Lehrer für die unteren Klassen. Nach 1990 hatten einige von ihnen keine Fortbildung absolvieren wollen oder können, weshalb sie meist in den Horten eingesetzt worden waren. Nun also wurden sie als Lehrkräfte reaktiviert.

Aber nicht nur an den Grundschulen wurden die Lücken immer größer. Spätestens seit 2016 zeigte sich, dass auch die Lage an den Sekundarschulen brisant war. Bei den jährlichen Neueinstellungen überwog nun auch hier der Anteil der Quereinsteigenden gegenüber den ausgebildeten Lehrern.

Anfang 2018 bekam Berlin den nächsten Dämpfer. Das einzige Bundesland, das mit Berlin auf dem Weg der Nichtverbeamtung geblieben war, gab auf: Sachsen. Jetzt war Berlin allein. Die Landesregierung in Dresden hatte sich extrem schwergetan mit diesem Schritt. Hier war selbst die CDU bis zuletzt wild entschlossen gewesen, sich der Verbeamtung der Lehrkräfte zu verweigern. Seit der Wende schon hatte das Land am Angestelltenstatus festgehalten. Nun aber gab es kein Halten mehr, weil die Personalüberhänge, die durch den Geburtenrückgang entstanden waren, längst verbraucht waren. Als daraufhin die Berliner CDU ihre Forderung nach Verbeamtung bekräftigte, sprach Berlins damalige bildungspolitische SPD-Fraktionssprecherin Maja Lasić von einem »kurzsichtigen Weg im Kampf gegen den Fachkräftemangel«.

Es dauerte noch ein wenig, dann schwenkte auch sie um, gemeinsam mit ihrem Fraktionschef Raed Saleh. Finanzsenator Matthias Kollatz aber, ebenfalls SPD, blieb noch hart: Er rechnete der Koalition Milliardenkosten durch Pensionslasten vor und hatte auch immer die Gesundheitsstatistik zur Hand: Beamte sind signifikant öfter und länger krank als Angestellte.

Vorausgegangen war ein hartes Jahr für die Schulen. 2018 hatte die Bildungssenatorin die nächste Notstufe zünden müssen. Jetzt waren sogar die Quereinsteigenden knapp geworden, und die Bildungsverwaltung fahndete nun nach Quereinsteigenden zweiter Klasse, den so genannten »Seiteneinsteigenden«: Lehrer ohne volle Lehrbefähigung (»LovL«).

Nicht nur Berlins fassungslose Eltern hatten längst Probleme, den Dschungel der Notmaßnahmen mitsamt ihren Bezeichnungen zu verinnerlichen. Die Bildungsverwaltung erklärte den Unterschied zwischen Quer- und Seiteneinsteigenden so: Quereinsteigende sind Akademiker, die zumindest ein Fach der Berliner Schule – wenn auch nicht auf Lehramt – studiert haben. Ihnen fehlt mithin »nur« die Didaktik, also das Rüstzeug mit den Methoden des Lernens und Lehrens, sowie – meist – das vorgeschriebene Zweitfach und das Referendariat. Das alles sollte im Schnelldurchgang nachgeholt werden.

Im Unterschied zu ihnen kam bei den Seiteneinsteigenden als Problem hinzu, dass sie kein einziges Fach der Berliner Schule studiert hatten, sondern andere Fächer wie etwa Archäologie, mit dem sie dann beispielsweise Geschichte unterrichten sollten. Auf dieser Grundlage hätten sie allerdings nicht Quereinsteigende werden können und würden mithin auch nicht den vollen Lehrerverdienst erreichen.

Dass auch der Nachschub durch Quereinsteigende nicht mehr reiche, um alle Kinder unterrichten zu können, musste die Bildungssenatorin im Mai 2018 bekennen. Ihre damalige Pressekonferenz ging in Scheeres' ganz persönliche PR-Geschichte ein, weil sie angesichts der neuen Dimension durchgängig das englische Wort »Gap« benutzte, um unangenehmer klingende deutsche Worte wie »Lücke«, »Mangel« oder »Unterversorgung« zu vermeiden.

Kurz zuvor hatte Scheeres bereits angekündigt, dass nun auch Lehramtsstudierende als reguläre Lehrer beschäftigt werden sollten. Motto der umstrittenen Aktion: »Unterrichten statt kellnern«. Die Bildungssenatorin konnte damit nicht einmal mehr ausschließen, dass Erstklässler von ungelernten Lehrkräften unterrichtet würden: Eine anderslautende Vorgabe seitens der Bildungsbehörde hätte manche Schulen vor eine unlösbare Aufgabe gestellt.

Zu diesem Zeitpunkt, 2018, waren bereits etwa 7000 Quereinsteigende in Berlins Schulen untergekommen. Jeder vierte bis fünfte Lehrkraft hatte somit schon keine reguläre Ausbildung mehr; das didaktische Handwerkszeug notdürftig angeeignet, das Zweitfach im Schnelldurchgang parallel gelernt.

Erst als auch die Quereinsteigenden nicht mehr reichten,

dämmerte es dem damaligen Regierenden Bürgermeister der SPD, Michael Müller, dass die Rückkehr zur Verbeamtung vielleicht wieder in Erwägung gezogen werden müsste. Und dann – es war der Herbst 2018 – durfte auch seine Bildungssenatorin melden, dass sie für die Verbeamtung zu haben sei.

Bis dahin hatte Scheeres, anders als ihr Vorgänger Jürgen Zöllner, nie offen Kritik an der Nichtverbeamtungslinie ihrer Partei anklingen lassen. Im Gegenteil: Berichte über die Abwanderung von Lehrkräften in Bundesländer, die verbeamteten, wurden von Scheeres' Sprecherin Beate Stoffers, die bald darauf zu ihrer Staatssekretärin wurde, generell heruntergespielt.

Erst ab Ende 2018 änderte sich das langsam. Bei einem Auftritt vor Bildungsfachleuten ihrer Partei wartete Scheeres mit Zahlen auf, die eben das belegten: die Abwanderung in andere Bundesländer. Der nächste SPD-Parteitag im März 2019 wollte trotzdem nicht ihrer neuen Linie folgen. Erst im folgenden Herbst zeigten sich die Sozialdemokraten zum Umsteuern bereit.

Der SPD war es all die Jahre – ebenso wie ihrem Ex-Bürgermeister Klaus Wowereit – ums Prinzip gegangen, um die Verhinderung von Privilegien für einen Berufsstand, der laut Bundesverfassungsgericht keine hoheitlichen Aufgaben erfüllte. Dem waren auch Linke, Grüne und FDP mit unterschiedlicher Vehemenz und Motivation gefolgt.

Es war das gleiche Argument gewesen, das in den Jahren zuvor auch in anderen Bundesländern genannt worden war, um die Rückkehr zur Lehrerverbeamtung zu verhindern. Überall aber war dieses Argument irgendwann unter den Tisch gefallen, weil die Lehrerabwanderung in andere Bundesländer bedrohliche Ausmaße angenommen hatte.

In Berlin hielt das Bollwerk der Verbeamtungsgegner besonders lange. Denn hier stützte die Linke als langjähriger Koalitionspartner die Linie, und auch die mächtige Gewerkschaft Erziehung und Wissenschaft (GEW) wollte am Angestelltenstatus festhalten, es ließ sich damit besser streiken.

Zudem hatten die Verbeamtungsgegner alle auf ihrer Seite, die an die Rentenkasse dachten und grundsätzlich nicht einsehen wollten, warum ein ganzer Berufsstand Vorteile erhalten sollte, die international für Lehrkräfte eher unüblich waren. Und noch etwas kam hinzu: die bereits erwähnten höheren Krankenstände von Beamten gegenüber Angestellten. Das Argument, das Finanzsenator Kollatz ausspielte, um Parteitage auf der Linie der Nichtverbeamtung zu halten.

Dennoch bekam die Phalanx der SPD-Verbeamtungsgegner Lücken. Es waren die sozialdemokratischen Bildungsstadträte und Bürgermeister, die immer stärker mit der Unterversorgung der Kollegien konfrontiert wurden, vor allem in den Brennpunktbezirken, und die deshalb jetzt doch für die Verbeamtung votierten. Während sich Parteitagsdelegierte naturgemäß der Theorie näher fühlen, waren es nun vor allem diese pragmatischeren Bezirkspolitiker, die sich Gehör zu verschaffen versuchten. Jeder und jede von ihnen kannte zu viele Schulen, die seit Jahren keine einzige pensionierte Lehrkraft mit einem regulär ausgebildeten Pädagogen hatten ersetzen können.

Dass sich der Verlust an gelernten Lehrern in den sozialen Brennpunkten überproportional steigerte, war zu diesem Zeitpunkt längst belegt. Denn der Neuköllner SPD-Abgeordnete Joschka Langenbrinck hatte beim Senat immer wieder die Quoten der Quereinsteigenden für jede einzelne Berliner Schule erfragt.

1.3. Warum die Schüler im sozialen Brennpunkt die Hauptlast des Personalmangels tragen

Die Zahlen des Senats zeigten im Jahr 2018 deutlich, dass die ärmsten Schülerinnen und Schüler der Stadt inzwischen zu den Hauptleidtragenden des Lehrermangels geworden waren. Bildungsstaatssekretär Mark Rackles, ebenfalls SPD-Politiker, hatte diese Zahlen zunächst nicht herausgeben wollen, sondern weigerte sich ausdrücklich – mit dem Argument, dass der Senat bei der Beantwortung schriftlicher Anfragen in der Regel »keine Schuleinzeldaten« veröffentliche.

Der Abgeordnete Langenbrinck gab aber nicht auf, sondern fragte erneut nach. Um nicht wieder abgewiesen zu werden, nahm er in seiner Anfrage ausdrücklich Bezug auf einen Beschluss des Bundesverfassungsgerichts, das kurz zuvor das Auskunftsrecht von Abgeordneten gestärkt hatte. So kam heraus, dass es bereits im Schuljahr 2017/2018 Schulen mit bis zu dreißig Prozent Quereinsteigenden gab.

Als Langenbrinck ein Jahr später erneut nachfragte, sah es noch schlechter aus. Die Zahl der allgemeinbildenden Schulen, an denen mehr als zwanzig Prozent Quereinsteigende unterrichteten, hatte sich 2018/19 mehr als vervierfacht – jetzt waren es schon 27. Und wieder ein Jahr später 45 Schulen. Wenn man die Seiteneinsteigenden (»Lovl«) hinzurechnete, summierte sich die Zahl der ungelernten Lehrer im Brennpunkt auf bis zu 44 Prozent.

Als Langenbrinck im Jahr darauf wieder die Zahlen für jede Einzelschule wissen wollte, gab es neue Probleme. Diesmal weigerte sich Rackles' Nachfolgerin Beate Stoffers, die Schulnamen zu nennen, und beließ es bei den Schulnummern (die können nur Eingeweihte zuordnen, ansonsten aber müssen sie einzeln gegoogelt werden). Zur Begründung schrieb die frisch in die SPD eingetretene Politikerin, der Senat habe »bei der Beantwortung Schriftlicher Anfragen eine Abwägung zu treffen, inwieweit die Antworten in der breiten Öffentlichkeit nicht zu Fehlinterpretationen und damit möglicherweise zu sachfremden Rankings führen«. Zudem sei das Kriterium »Quereinsteigende« in der Definition nicht mit anderen Bundesländern vergleichbar und stehe »in keinem direkten Zusammenhang zur Schulqualität«.

Für SPD-Verbeamtungsgegner wie Rackles und eine Amtsinhaberin wie Stoffers waren die Zahlen, die Langenbrinck erfragt hatte, besonders unangenehm. Denn sie legten den Schluss nahe, dass die Berliner SPD, die zu diesem Zeitpunkt schon fast 25 Jahre das Berliner Bildungsressort führte, das politische Ziel der Nichtverbeamtung höher bewertete als die Bildungschancen der benachteiligten Brennpunktkinder.

Die Reaktionen auf die offenkundige Ballung ungelernter Lehrkräfte im Brennpunkt führten allerdings keineswegs zu einer Abkehr von der Nichtverbeamtung, um attraktiver für den Lehrernachwuchs zu werden. Denn die rot-rot-grüne Koalition hatte sich Ende 2017 nur darauf einigen können, den Brennpunktpädagoginnen und -pädagogen mehr Gehalt zu zahlen. Allerdings reichten die dreihundert Euro pro Monat nicht, um den Status quo zu verändern, zumal die Koalition mehr als ein Jahr lang über die Verteilung der Gelder und die Berücksichtigung der Erzieher stritt.

Wie wenig sich für die Brennpunktschulen durch die Zulage verbessert hatte, wurde erneut 2019 deutlich. Als im Februar fast 45 Prozent der neu eingestellten Lehrkräfte Quereinsteigende waren, berichtete die Gewerkschaft Erziehung und Wissenschaft (GEW), dass nur etwa die Hälfte aller rund tausend ursprünglichen Bewerber tatsächlich ihr Referendariat angetreten hätten. Hier zeigte sich abermals, dass es im Berliner System mehrere Stationen des Lehrkräfteschwunds gibt: Ein Teil verlässt Berlin vor dem Masterstudium, ein anderer Teil vor dem Referendariat, der nächste Schwung geht nach dem Referendariat oder kündigt nach dem Arbeitsantritt an den Schulen.

Im Jahr 2019 veröffentlichten die Bildungsforscher Dirk Richter von der Universität Potsdam und Dirk Zorn von der Bertelsmann-Stiftung neue Zahlen, die die Entmischung der Berliner Schulen bestätigten: Innerhalb von nur zwei Jahren hatte sich der Quereinstiegsanteil an Berliner Brennpunkt-Grundschulen mehr als verdoppelt und lag damit um fast hundertfünfzig Prozent höher als im bürgerlichen Milieu.

Richter und Zorn hielten das für bedenklich, weil bei Quereinsteigenden das fachdidaktische und pädagogisch-psychologische Wissen »signifikant schwächer« ausgeprägt sei als bei regulären Lehrkräften. Daher rieten sie dazu, die Lehrkräftezuweisung »stärker zu regulieren«, und forderten eine Quote für Quereinsteigende.

Als der SPD-Parteitag dann im Herbst 2019 erstmals für die Verbeamtung stimmte, war es bereits zu spät, um in der laufenden Legislatur, die noch bis 2021 dauerte, etwas zu ändern. Denn Linke und Grüne weigerten sich, den plötzlichen Sinneswandel der SPD mitzuvollziehen.

Somit konnte Berlin auch im Sommer 2021 als einziges Bundesland abermals nicht mit der Verbeamtung locken, weshalb im achten Jahr in Folge ein Großteil der Mangelfachlehrer und Lehrer mit guten Noten abwanderte.

Klar ist damit bis auf Weiteres, dass diejenigen Berliner Schülerinnen und Schüler, die von zu Hause aus die wenigste Unterstützung haben und die am schwersten lernen, die Brennpunkt-Kinder also, im Schnitt mit weniger gut ausgebildeten Lehrkräften konfrontiert sind.

Und daran wird sich auch längerfristig nicht viel ändern, da die Quereinsteigenden allesamt unbefristete Verträge bekommen. Sie besetzen also dauerhaft Stellen, die für ausgebildete Lehrkräfte vorgesehen waren – selbst dann noch, wenn infolge der Wiederverbeamtung oder gesteigerter Ausbildungszahlen wieder vollständig ausgebildete Pädagoginnen und Pädagogen in den Schuldienst drängen. Für sie, die so lange händeringend gesucht und umworben wurden, ist dann in Berlin womöglich kein Platz mehr.

1.4. Überforderte Retter: Der schleichende Qualitätsverlust

Wie sehr das ausgerechnet den Bedürfnissen benachteiligter Schülerinnen und Schüler widerspricht, hatte 2021 die erwähnte hochrangige Expertenkommission im Auftrag von Bildungssenatorin Scheeres beschrieben. Sie legte mit Hinweis auf den aktuellen Forschungsstand dar, dass die Unterrichtsentwicklung bei Schulen in schwieriger Lage durch eine höhere Zahl von Lehrkräften mit geringerer Expertise »häufig erschwert« werde.

Wenn man den von Scheeres beauftragten Experten folgt, ist die Behauptung von Staatssekretärin Stoffers, dass die Quereinstiegsquote »in keinem direkten Zusammenhang zur Schulqualität« stehe, nicht haltbar. Vielmehr warnte das Wissenschaftlergremium in seinem Abschlussbericht, dass »die Anbahnung des Schriftspracherwerbs, der sprachsensible Unterricht und die Berücksichtigung der Herkunftssprachen einer umfangreichen linguistischen, fachdidaktischen und pädagogischen Expertise auf Seiten der Lehrkräfte bedürfen«.

Das setze ein entsprechendes Studium voraus, »das nicht durch einfache Fortbildungsmaßnahmen ersetzt werden kann«. Es fehlte im erwähnten Bericht auch nicht der Hinweis darauf, dass es die Berliner Lehrkräfte in ihren Klassen nicht nur mit zwei oder drei verschiedenen Herkunftssprachen, sondern mit einer »sprachlichen Vielfalt« zu tun hätten. Das aber erfordere »komplexe didaktische Konzepte«.

Klarer konnten die Forscher nicht ausdrücken, wie ungeeignet Quer- oder gar Seiteneinsteigende für diese Klassenstufen sind. Ihre Empfehlung lautete denn auch, »in diesem Bereich möglichst auf fachfremde Lehrkräfte« zu verzichten. Wenn das nicht möglich sei, bedürfe es »einer intensiven Vorbereitung, um zu vermeiden, dass es in der sensiblen Entwicklungsphase des Schriftspracherwerbs zu Versäumnissen kommt«.

Von einer »intensiven Vorbereitung« kann aber keine Rede sein. Vielmehr werden die Quereinsteigenden berufsbegleitend ausgebildet, stehen also von Anfang an vor der Klasse. Erschwerend kommt hinzu, dass selbst der zusätzliche Sprachförderunterricht für die Schülerinnen und Schüler nichtdeutscher Herkunftssprache nur zu einem Bruchteil durch ausgebildete Fachkräfte abgedeckt wird. Im Schuljahr 2019/20 waren es unter sechs Prozent.

Aber nicht nur der Spracherwerb leidet unter dem Mangel an Fachkräften. Das Gleiche gilt für die Vermittlung der mathematischen Basiskompetenzen. Mit Verweis auf die Forschung und auf bundesweite Untersuchungen heißt es im Expertenbericht, dass die »Fachfremdheit« von Lehrkräften einen »signifikant negativen Effekt« auf die Schülerleistungen habe.

Das aber gefährdet die gesamte Schullaufbahn. »Eingeschränkte mathematische Basiskompetenzen und Verstehensgrundlagen behindern das erfolgreiche Weiterlernen«, bescheinigten die Expertinnen und Experten der Bildungssenatorin, die um ihre Meinung gebeten hatte. Das hätte sich zwar auch ohne Forschung vermuten lassen, wurde dann aber so klar analysiert, dass kein Raum mehr blieb für die Illusion, dass alles schon nicht so schlimm sei.

Analysiert wurde sogar, worin die »wichtigsten Risikofaktoren« liegen. Demnach haben Schülerinnen und Schüler langfristig kaum Chancen, die mathematischen Lernziele zum Ende ihrer Schullaufbahn zu erreichen, wenn ihnen beispielsweise am Anfang nicht die Überwindung des zählenden Rechnens beigebracht wurde. Daraus folgt alles Weitere: Diese Schülerinnen und Schüler verzweifeln bei Divisionsaufgaben, später bei der Bruch- und Prozentrechnung – der Mathematikunterricht wird zur dauerhaften Tortur, weil die Grundlagen nicht gelegt wurden.

Wenn diese Jugendlichen in der siebten Klasse die Oberschule erreichen, wird es nicht besser, denn sie landen infolge ihrer schwachen Noten in Deutsch und Mathematik zwangsläufig auf den Schulen mit den schwächsten Schülern, die wiederum ebenfalls die meisten Quereinsteigenden unter den Lehrerinnen und Lehrern haben.

Und als wenn all das nicht schon ernst genug wäre, wird das Quereinstiegsproblem noch dadurch getoppt, dass an Berlins Schulen überproportional viel Mathematikunterricht von Beschäftigten erteilt wird, die zwar gelernte Lehrkräfte sind, aber keine Mathematiklehrkräfte.

In den Klassen 7 bis 10 gilt das für 17,8 Prozent des Mathematikunterrichts gegenüber bundesweit 12,2 Prozent, wie der »Bildungstrend« des Instituts für Qualität im Bildungswesen (IQB) im Jahr 2018 feststellte.

Hinzu kommen in Berlin 18,8 Prozent quereingestiegene Lehrkräfte im Fach Mathematik. In der Summe waren Berlins Neuntklässler zu 37 Prozent einem Mathematikunterricht ausgesetzt, der »von Lehrkräften ohne fachbezogene Ausbildung erteilt wurde«, fasste der Expertenbericht die Befunde des Instituts für Qualität im Bildungswesen zusammen.

Für die Grundschule ist die Lage nicht besser. Für sie hatte der »Bildungstrend« im Jahr 2016 ermittelt, dass Mathematik zu über vierzig Prozent »fachfremd« unterrichtet wurde, also von Lehrkräften, die Mathematik nicht studiert hatten. Der bundesweite Vergleichswert lag um zehn Prozent niedriger.

Zur Erläuterung fügten die Experten hinzu, dass der fachfremde Unterricht »signifikant negative Effekte« auf die Mathematikleistungen habe.

Um das Ausmaß der Beeinträchtigung klar zu machen, bemühten die Experten einen Vergleich: Die fehlende Fachkompetenz wirke sich mit »vergleichbarer Stärke« aus wie der Umstand, dass zuhause überwiegend nicht Deutsch gesprochen werde.

Eine weitere Schlussfolgerung im Gutachten: Wer so wenig Expertise in dem Fach hat, das er unterrichten soll, dem fehlt auch die Kompetenz, aus den Ergebnissen seiner Schüler – etwa bei Vergleichsarbeiten – die richtigen Schlüsse für seinen Unterricht zu ziehen. Sie müssten demnach spezielle »Unterstützungs- und Fortbildungsangebote« bekommen, um aus den Testergebnissen ihrer Schüler die geeigneten Fördermaßnahmen abzuleiten.

Die betreffenden Schüler sind somit doppelt gestraft. Sie lernen weniger, und ihre Lehrer sind auch noch weniger fähig, aus den schlechten Lernergebnissen Konsequenzen abzuleiten, die ihre Schüler voranbringen könnten.

2. DER UNHEILVOLLE ZWANG ZUR REFORM

Die Pisa-Studie war das Maß aller Dinge, als zu Beginn des Jahrtausends Schulpolitik gemacht wurde. Für Berlin hieß das: Die bei Pisa festgestellte Abhängigkeit der Schülerleistung von der Herkunft musste verringert werden. Zu diesem Zweck sollten die Kinder, je eher, desto besser, aus ihren Familien in die Schule geholt werden. So wurde die Früheinschulung zur Doktrin. Die Schulpflicht wurde um ein halbes Jahr vorgezogen, sodass knapp die Hälfte der Erstklässler aus Kindern bestand, die noch nicht ihren sechsten Geburtstag gefeiert hatten.

Klaus Böger, Berliner Bildungssenator von 1999 bis 2006, brachte im Jahr 2005 ein umfangreiches Reformpaket auf den Weg. Es bestand nicht nur aus der vorgezogenen Einschulung, sondern auch aus der Vorgabe, mindestens die ersten beiden Schuljahrgänge zu mischen. »Jahrgangsübergreifendes Lernen« lautete das Zauberwort, kurz: JüL.

Auf diese Weise sollte es ermöglicht werden, den Spagat zu schaffen zwischen den Kindern, die am ersten Schultag schon lesen können, und jenen, die noch keinen einzigen Buchstaben kennen. Die weit Entwickelten könnten dann in der gemischten »Schulanfangsphase« aus Klasse 1 und 2 schon Aufgaben der Zweitklässler lösen, um sich nicht zu langweilen, und unter Umständen bereits nach einem Jahr in die dritte Klasse wechseln.

Die Reformer glaubten, dass bei der Gelegenheit auch gleich noch die Vorklassen abgeschafft werden könnten, denn man fasste sie als entbehrliches Parallelangebot auf. Stattdessen sollten alle Kinder bis zum ersten Schultag in die Kita gehen.

Bis dahin hatten die Vorklassen eine Doppelfunktion erfüllt. Die einen wechselten dorthin aus der Kita, weil ihre Eltern sich eine Gewöhnung an und eine gezieltere Vorbereitung auf den Lernort Schule erhofften. Die anderen wurden den Vorklassen zugeordnet, weil sie noch keine Kita besucht hatten und vom Schularzt als nicht schulreif eingestuft worden waren. Kurzum, die Vorklasse galt als ideales Übergangssystem.

Nun aber sollte es keine Zurückstellungen von der Schulpflicht mehr geben, um die Früheinschulung nicht zu verwässern. Als Regulativ für überforderte Kinder sollte die jahrgangsgemischte Schulanfangsphase, also JüL, dienen: Hier könnten sie den Stoff der ersten Klasse wiederholen, ohne dass es formal als Sitzenbleiben gewertet würde oder besonders auffiele. Sie würden einfach im zweiten Schuljahr weiterhin die Aufgaben der Erstklässler bearbeiten, die im Sommer neu hinzugekommen waren. Danach, so der Plan, würden die schwachen Schüler noch ein drittes Jahr in der Schulanfangsphase »verbleiben« und erst danach in die dritte Klasse wechseln.

Berlin wähnte sich mit der Früheinschulung auf dem richtigen Weg, denn die ganze Republik sprach damals davon, dass die deutschen Schulabsolventen im internationalen Vergleich zu alt seien. Wenn man also früher mit der Schule anfange, sei man auch früher fertig. Vor allem aber würde man die Kinder, die keine Kita besuchten, früher fördern können.

Damit aber nicht genug. Es wurden mit dem Ziel der gemeinsamen Förderung auch gleich noch Spezialklassen für Kinder mit Lernbehinderung abgeschafft sowie die Ausländerförderklassen. Und es wurde die Nachmittagsbetreuung in die Schulen verlegt.

Das mit dem Ganztagsbetrieb in den Schulen war bis dahin nur im Ostteil der Stadt üblich gewesen, während sich im Westteil die so genannte Hortbetreuung meist außerhalb der Schulgebäude bei freien oder öffentlichen Trägern abspielte. Das sollte ein Ende haben, weshalb nun – unterstützt durch ein

Bundesprogramm – in den Schulen Mensen und Horträume ausgebaut wurden.

Was als Gesamtkonzept auf dem Reißbrett überzeugte, entpuppte sich allerdings in der Praxis als gigantische Überforderung aller Akteure. Zuerst wurden nur vereinzelt Zweifel laut. So gaben Schulleiterinnen und Schulleiter zu bedenken, dass die Schulhorte räumlich und personell schlechter ausgestattet sein würden als die auswärtigen Horte, die oftmals an Kindertagesstätten angedockt waren. Dennoch ging der Start im Sommer 2005 noch recht ruhig vonstatten. Bevorzugte Ansprechpartner waren jetzt die Lehrkräfte, die das jahrgangsübergreifende Lernen bereits seit Jahren im Rahmen eines Modellversuchs freiwillig ausprobiert hatten. Diese Vorreiterinnen und Vorreiter gaben den Ton an und fungierten gleichzeitig als Gewährsleute der Reformbegeisterten: »Seht her, es geht doch«, wurde den Zweiflern entgegengehalten. Im Übrigen herrschte die Überzeugung, dass Fortbildungen und Hospitationen bei den eingeübten Kolleginnen und Kollegen alles sei, was die noch an JüL zweifelnden Lehrkräfte brauchten.

Nach einem Jahr aber war der Glaube an eine gut gestartete Reform zerstoben. Alle Probleme auf einen Blick offenbarte im Juli 2006 der Brandbrief, den der Direktor der Vivantes-Kliniken für Kinder- und Jugendpsychiatrie, Oliver Bilke, an die Senatsverwaltungen für Bildung und Gesundheit geschickt hatte. Er schrieb dort, der Wegfall von Spezialklassen habe »zu der von Fachleuten befürchteten Psychiatrisierung von Schuleinstiegsproblemen geführt«. Es gebe »eine Anzahl von stationären und ambulanten Fällen«, bei denen Erstklässler »vom jetzigen Schulangebot nicht aufgefangen werden können«. Die Folge sei, dass die Kliniken sogar Sonderschulen in Brandenburg suchen müssten, um Kindern zu helfen.

Bilke schilderte damals, wie sich viele ratlose Eltern an Kinderärzte wandten, wenn ihre Kinder im Schulalltag nicht mehr zurechtkamen. Deren Budget reiche aber nicht aus, um immer mehr aufwändige Therapien zu verschreiben. So landeten viele Erstklässler in den Kinder- und Jugendpsychiatrischen Diensten der Bezirke, die dann mitunter auch keine andere Idee hatten, als die Kinder in die Kliniken zu schicken. Die Rede war von Kindern, die zunehmend »depressiv oder aggressiv-gewalttätig« seien.

Die Senatsverwaltung für Bildung hatte keine Lösung. Sie hoffte, die Lage zu entschärfen, wenn sich die Sonderpädagogen, die zwei Stunden pro Woche in den ersten Klassen saßen, gezielt um Risikokinder kümmern würden. Ansonsten setzte die Behörde »auf eine andere Lehrerhaltung«.

In den folgenden Jahren wurden die Probleme nicht kleiner, sondern größer, und mit den Problemen stieg die Zahl der Problemanalysen und Hypothesen, wo der Fehler liegen könnte. »Der grundlegende Fehler war, dass die Kleinklassen und die Klassen für Lernbehinderte abgeschafft worden sind«, mutmaßte damals der Landeselternausschuss. Hingegen meinte der bei der Berliner Grundschulreform am stärksten involvierte Forscher Jörg Ramseger, was fehle, sei eine »solide Personalausstattung und eine andere Einstellung der Lehrer«.

2.1. Das JüL-Missverständnis:
Die Wissenschaft warnt vergeblich

Die Stimmung war also schon auf dem Nullpunkt, bevor die Reform richtig begonnen hatte. Bisher hatte nur die Früheinschulung eingesetzt, nicht aber die Jahrgangsmischung. Die stand erst im Sommer 2006 an und beinhaltete, dass alle Schulen gezwungen werden sollten, ihre zweiten Klassen aufzuteilen und je zur Hälfte mit Erstklässlern aufzufüllen. Diese Vorstellung führte zunehmend zur Unruhe, zumal auch Fachleute, die als reformfreundlich galten, Zweifel anmeldeten, unter ihnen der damalige Schöneberger Schulleiter Erhard Laube.

Laube war zehn Jahre lang Vorsitzender der Bildungsgewerkschaft für Erziehung und Wissenschaft (GEW) gewesen und hatte in dieser Funktion einen JüL-Schulversuch angeschoben. Er war von der Idee überzeugt, dass sich Kinder verschiedener Lernniveaus gegenseitig gut beeinflussen könnten. Allerdings machte er als Schulleiter über Jahre bei der Umsetzung des Schulversuches die Erfahrung, dass Kinder aus bildungsfernen Schichten mit diesem eher auf selbständigem Arbeiten beruhenden Unterrichtsprinzip nicht viel anfangen könnten.

»Diese Kinder brauchen einen eher strukturierten Unterricht«, berichtete Laube aus seiner Schule und gestützt auf Experten wie den Erziehungswissenschaftler Hans Merkens von der Freien Universität Berlin.

Die Gegenwehr in Berlin hatte damit zu tun, dass hier alles auf einmal verordnet wurde – eine Art Reform-Overkill. Die anderen Bundesländer ließen sich mehr Zeit und verzichteten zudem auf einen Teil der Neuerungen. So dehnte Schleswig-Holstein den Wegfall der Sonderklassen für Lernbehinderte und zog die Schulpflicht nicht vor. Hamburg wiederum stellte zwar weniger Kinder von der Schulpflicht zurück als früher, behielt aber zunächst die Lernbehindertenklassen bei und schulte keine Fünfjährigen ein. Brandenburg wiederum zog die Schulpflicht nur um drei Monate vor, erlaubte Rückstellungen und schaffte die Sonderklassen für Lernbehinderte nicht sofort ab.

Wer geglaubt oder gehofft hatte, die Gegenwehr würde sich legen und alles letztlich ein gutes Ende nehmen, wurde enttäuscht. Die gesamte Grundschulreform nahm Schaden am Zwang, der ausgeübt wurde. Es bildeten sich zwei große Gegenbewegungen:

Die Elternschaft rebellierte gegen die Früheinschulung, Eltern und Lehrkräfte gemeinsam gegen die Jahrgangsmischung. Mit beiden Problemen musste sich allerdings nicht mehr der Reformer, Klaus Böger, auseinandersetzen, sondern sein Nachfolger im Amt, Jürgen Zöllner. Der langjährige sozialdemokratische Bildungs- und Wissenschaftsminister (1991 bis 2006) und stellvertretende Ministerpräsident aus Rheinland-Pfalz konnte die gesetzlich abgesicherte Reform nicht einfach stoppen, versuchte aber, mit Lockerungen den Bedenken aus den Schulen gerecht zu werden. Die zwangsweise Einführung von JüL wurde ein ums andere Jahr verschoben. Dennoch riss der Protest nicht ab, denn der Eingriff in die eingeübten Abläufe war zu stark, als dass Eltern und Lehrkräfte sich dem Zwang hätten beugen wollen. Allein schon die Tatsache, dass die ersten Klassen nach einem Jahr aufgeteilt wurden, um sie mit neuen Erstklässlern aufzufüllen, empörte die Eltern immer wieder aufs Neue.

Das endete auch nicht, als im Sommer 2010 die Parole ausgegeben wurde, dass einige Schulen mit Raum- oder Personalproblemen von der JüL-Pflicht ausgenommen werden sollten. Es zeigte sich, dass die dreijährige Erfahrung mit der Jahrgangsmischung nicht dazu angetan war, die Zweifler zu überzeugen.

So wandten sich etwa die Eltern einer Pankower Grundschule mit einem Appell an Zöllner und baten »aus Sorge um unsere Kinder und die Qualität ihrer Ausbildung« um nochmaligen Aufschub. Sie argumentierten damit, dass die Rahmenbedingungen nicht stimmten. Und sie wiesen darauf hin, dass ihre Schule bei den Vergleichsarbeiten und der Schulinspektion sehr gut abgeschnitten habe und gar nicht klar sei, was JüL überhaupt bringen solle.

Die Hauptgegenwehr kam allerdings aus den sozialen Brennpunkten. Gudrun Genschow, damals Mitglied der Bezirksleitung der Gewerkschaft Erziehung und Wissenschaft (GEW) in

Neukölln, wurde zum Sprachrohr der dort besonders zahlreichen JüL-Gegner. Eine »Katastrophe« sei es, dass insbesondere Kinder in sozialen Brennpunkten dieser »Wuselei« ausgesetzt würden: »Wenn sich das Ausmaß dieser Katastrophe herumgesprochen hat, wird man den Zwang zu JüL wieder aussetzen.« Ähnlich positionierten sich Lehrkräfte bei Personalversammlungen in ganz unterschiedlichen Bezirken wie im eher bürgerlichen Steglitz-Zehlendorf und im Brennpunktviertel Wedding. Ihr Standpunkt: Eine derart vom Können und Wollen einer Lehrkraft abhängige Reform müsse freiwillig sein.

Dies war auch das Votum Jörg Ramsegers. Der Professor für Grundschulpädagogik an der Freien Universität Berlin hatte im Auftrag von Klaus Bögers Vorgängerin Ingrid Stahmer (SPD) mit vierzig engagierten Grundschulen einen JüL-Modellversuch wissenschaftlich begleitet. Das Ergebnis lautete: JüL kann ein Erfolgsmodell sein, wenn es richtig gemacht wird. Allerdings wurde empfohlen, nicht nur die ersten zwei, sondern drei Jahre zu mischen. Zudem solle man es nicht von oben verordnen, sondern den Freiwilligen günstige Bedingungen bieten – »den roten Teppich ausrollen«, wie Ramseger es damals nannte. Die Reform schätzte er als so anspruchsvoll ein, dass angeregt wurde, sich jeweils mit »Patenschulen« zusammenzutun, die die Anfänger begleiten und unterstützen sollten – denn es gab ja etliche Kollegien, die begeistert von dem Konzept waren.

»Nichts von alledem wurde gemacht«, bilanziert Ramseger fünfzehn Jahre später und nennt die Gründe fürs Scheitern, die er sieht. Dazu gehöre, dass Senator Böger wegen der Pisa-Studie unter großem Handlungsdruck gestanden habe: »Die Berliner Schule hatte seinerzeit durchweg eine schlechte Presse. In dieser Situation, schien es mir, wollte Böger den großen Macher raushängen und beschloss gegen den ausdrücklichen Rat der Wissenschaftlichen Begleitung der noch in Erprobung befindlichen neuen Schulanfangsphase die flächendeckende Einführung der Jahrgangsmischung an allen Berliner Schulen auf einen Streich.« Damit sei der Widerstand der eher »innovationsskeptischen und veränderungsängstlichen Schulen«, die sich mit der pädagogischen Grundkonstruktion von jahrgangsgemischtem Unterricht überhaupt noch nicht auseinandergesetzt hatten, programmiert gewesen.

Als die Widerstände auch im sechsten Jahr der Reform nicht abrissen, war für Bögers Nachfolger Jürgen Zöllner der Punkt erreicht, an dem aus dem gewährten Aufschub sogar ein Ende des Zwangs wurde. Kurz vor dem Ablauf seiner Amtszeit im Jahr 2011 hatte er ein Qualitätspaket geschnürt, in dem die JüL-Pflicht gelockert wurde. Allerdings hatten es zu dem Zeitpunkt bereits rund 300 von 370 Grundschulen eingeführt – mit mehr oder weniger Erfolg und mehr oder weniger Zwang. Je nach Bezirk und Überzeugung des jeweiligen Schulrats wurde aber weiterhin Druck ausgeübt. Eine der letzten Amtshandlungen des Pragmatikers Zöllner bestand dann darin, dass er rund siebzig Anträge von Schulen bewilligte, die JüL gar nicht einführen wollten.

Die Zeichen standen gut für diese Schulen, denn die CDU hatte im Wahlkampf mit ihrer JüL-Ablehnung gepunktet und zog in der nächsten Legislatur, 2011-2016, in den Senat ein, als kleiner Koalitionspartner.

2.2. Früheinschulung ohne Pardon: Auch gute Ideen
       lassen sich ruinieren

Noch länger als beim Jahrgangsübergreifenden Lernen dauerte es bei der Früheinschulung, bis die Mahner durchdrangen. Auch hier versuchte Zöllner, den radikalen Weg seines Vorgängers Klaus Böger etwas gangbarer zu machen, indem er bald nach seiner Wahl Anfang 2007 eine Abkehr vom starren Zwang zur Früheinschulung ankündigte. Aber er musste Widerstände unter vielen Grundschulexperten überwinden, weil die Überzeugung überwog, dass man insbesondere die Kinder, die keine Kita besuchten, früher fördern müsse.

Der Grundschulverband forderte denn auch eine Bestandsaufnahme der bisherigen Erfahrungen mit den sehr jungen Schülern, anstatt so schnell zum alten Standard zurückzukehren. Die Parole lautete: Nicht die Kinder müssten reif genug für die Schule sein, die Schule müsse sich nach den Kindern richten. Der damalige Landesschulrat Hans-Jürgen Pokall drückte es so aus: Schulreife oder Schulfähigkeit seien keine Bringschuld der Kinder, sondern »eine Entwicklungsaufgabe von Kindergarten und Schule«. Anstatt die Stichtagsregelung aufzuweichen, solle man den Grundschulen lieber mehr Mittel für die Förderung »sprachlich vernachlässigter Kinder« und Kinder mit Lernbehinderung geben, forderte auch der damalige Landeselternsprecher André Schindler.

An »mehr Mittel« war aber gar nicht zu denken, denn es waren noch immer die Zeiten der Sparvorgaben, in denen der Bildungssenator für jede einzelne Stelle kämpfen musste. So blieben die Schulen und die Schüler allein mit ihrer Überforderung. Fünfmal wurden die Fünfeinhalbjährigen in die Schulen geholt, bis sich Zöllner durchsetzen konnte. Im August 2009 erlangte er im Senat das Einverständnis dafür, dass Zurückstellungen auf Antrag der Eltern möglich sein sollten, wenn Kinder »körperlich, geistig oder in ihrem sozialen Verhalten nicht genügend entwickelt sind, um mit Aussicht auf Erfolg am Unterricht der Grundschule teilzunehmen«, hieß es im entsprechenden Senatsbeschluss. Also die Gruppe, die trotz aller Bedenken fünf Jahre lang in die Schulen gezwungen worden war, ohne dass alle Schulen dafür bereit gewesen wären.

Nachdem die CDU 2011 als Koalitionspartner hinzugekommen war, verlangte sie die Abkehr von der Früheinschulung, ähnlich wie beim JüL, konnte sich aber nicht durchsetzen. Sie erreichte zwar, dass die Zurückstellungen formal erleichtert wurden, aber in der Praxis blieb es schwierig – je nach Überzeugung der Akteure im jeweiligen Bezirk.

Zudem erfuhren viele Eltern gar nichts von der neuen Möglichkeit, denn in der Elternbroschüre zur Einschulung wurde dieses »Detail« auf Seite 11 versteckt. Offenbar waren die zuständigen Fachleute in der Bildungsverwaltung noch immer der Ansicht, mit der bedingungslosen Früheinschulung auf dem richtigen Weg zu sein. Trotz des Versteckspiels sprach sich die neue Option aber herum: Die Zahl der Kinder, deren Eltern eine Zurückstellung wünschten, stieg von Jahr zu Jahr und betraf bald jedes dritte Kind – in erster Linie die Fünfjährigen.

Somit lag der Gedanke nahe, den Stichtag für die Schulpflicht zu verschieben, was aber die SPD weiterhin ablehnte. Der Grund für diese Gegenwehr war und blieb, dass die sozial benachteiligten Kinder, die keine Kita besuchten, früher in ein anregungsreiches Umfeld gebracht werden sollten.

Dies aber war nur mittels Schulpflicht möglich, denn einer Kitapflicht stand das Grundgesetz entgegen – über das Bestimmungsrecht der Eltern siegte ausschließlich die Schulpflicht. So schlug der erfahrene grüne Abgeordnete Özcan Mutlu einen Kompromiss vor: Verschiebung der Schulpflicht um drei Monate, um zumindest den Großteil der Fünfjährigen zu verschonen.

»Die frühe Einschulung hat keinesfalls zu einer Steigerung der Leistungsfähigkeit geführt«, resümierte damals Mutlu und verwies auf nationale Studien, die Berlins Schüler weiterhin als Schlusslichter ausmachten. Tatsächlich fand die inzwischen fünfjährige Grundschulreform keinen positiven Niederschlag in den Leistungen der Berliner Schüler. Der Förderungszuwachs, den man vielleicht durch die verlässliche Halbtagsbetreuung oder durch mehr Ganztagsangebote hätte gewinnen können, war nicht zu erkennen.

Woran aber lag diese enttäuschende Bilanz? Vielleicht war der Zuwachs an Betreuung infolge der Überforderung durch JüL und Früheinschulung zunichtegemacht worden. Aber das wäre eine reine Vermutung. Tatsache ist, dass sich die hohen Erwartungen an den frühen Schulstart nicht erfüllten. Hirnforscher Gerhard Roth nannte damals einen der möglichen Gründe: Das Risiko, dass das Kurzzeitgedächtnis nicht reiche, um dem Unterricht zu folgen, sei bei jüngeren Schülern größer. Wenn die Lehrkraft in längeren Sätzen spreche, habe das betreffende Kind unter Umständen den Anfang schon wieder vergessen: »Sie können das Gehörte also nicht bedeutungshaft verarbeiten. Die Kinder langweilen sich, sind frustriert, unruhig«, führte Roth aus. Die Folge: »Die Kinder erleben: Ich habe versagt. Und das ist ganz schlimm.«

Die renommierte Grundschulforscherin Ursula Carle hatte 2008 im Auftrag der Landesregierung von Nordrhein-Westfalen nach dem besten Zeitpunkt für die Einschulung Ausschau gehalten. So klar festlegen wie Roth wollte sie sich nicht, aber ziemlich eindeutig wurde sie bei der Frage, ob man auf Rückstellungen verzichten und alle Kinder eines Jahrgangs einschulen sollte. Diese Frage könne man nur dann bejahen, wenn die Lehrer in der Lage wären, in heterogenen Gruppen zu unterrichten. Man brauche »mindestens acht bis zehn Jahre unter intensiver Fortbildung und Begleitung«, bis alle Schulen eine funktionsfähige Schuleingangsphase besäßen. Ohne eine flexible und jahrgangsgemischte Schuleingangsphase würde sie davon abraten, auf Rückstellungen zu verzichten. Außerdem müsse das Personal aus dem Kindergarten in die Schule mitgehen und sollte nicht eingespart werden, formulierte Carle als weitere Bedingung. Berlin tat nichts von alledem.

Die Dinge wurden nicht besser. »Die Fünfjährigen werden verbrannt«, bedauerte ein Berliner Schulpsychologe im Jahr 2013 in einem Interview. Für die um sich greifende Verunsicherung der Eltern zeigte er Verständnis. In jedem Bezirk laufe das Verfahren der Zurückstellungen anders ab – mal beharre der Amtsarzt als Vorgesetzter der Schulärzte darauf, dass sie möglichst allen Kindern die Schulreife attestieren, mal übernähmen die Schulärzte die Rolle des eher verständnisvollen Schulpsychologen. »Da herrscht Bezirkslandrecht«, fasste der Schulpsychologe die Lage zusammen.

Die 2011 in Zöllners Amt gekommene neue Senatorin Sandra Scheeres, ebenfalls SPD, war zu diesem Zeitpunkt noch immer bemüht, den sozialdemokratisch vorbestimmten Weg der Früheinschulung zu verteidigen: Die damals maßgeblichen Influencer in der Behörde und in der Bildungs-AG der SPD hingen weiterhin an der Vorstellung, dass das, was die Partei einmal für richtig befunden hatte, auch so durchgezogen werden müsse. Die Praxis hat der Theorie zu folgen, egal, was die Praxis gezeigt hat. Wohl um weitere Zeit zu gewinnen, schlug Scheeres angesichts der überhandnehmenden Kritik vor, die Früheinschulung erstmal zu evaluieren. Bildungsforscherin Renate Valtin war anderer Ansicht: »Wir brauchen jetzt keine Untersuchung mehr«, befand sie. Mehr als sieben Jahre nach Beginn der Früheinschulung habe man genügend Hinweise darauf, dass ein anderer Weg beschritten werden müsse.

Valtin plädierte dafür, ein Vorschuljahr verpflichtend einzuführen und an der Grundschule anzubinden. Auch der gern zitierte Hinweis, England und Irland schulten ja seit hundert Jahren im Alter von fünf ein, womit bewiesen sei, dass es – richtig gemacht – funktioniere, war zu diesem Zeitpunkt längst überholt. »Dass England entgegen der internationalen Erkenntnisse und Praktiken auf dem frühestmöglichen Beginn der formalen Beschulung besteht, ist erzieherisch kontraproduktiv«, bilanzierte eine umfassende Untersuchung der Universität Cambridge im Jahr 2009.

Nach Berlin drang das nicht durch. Die große Grundschulreform, vom eigenen Senator durchgesetzt, wollte die SPD nicht freiwillig zurückschrauben. Es dauerte daher nochmal vier weitere Jahre, bis die Zurückstellungen einfacher durchzusetzen waren.

Die Überzeugung, dass Fünfjährige nicht in die Schule gehören – und schon gar nicht in Zeiten des gravierenden Grundschullehrermangels, der inzwischen eingesetzt hatte –, griff immer mehr um sich. Im Jahr 2016 war die Zahl der Anträge auf verspätete Einschulung auf 8500 angeschwollen, mithin ein Viertel des Jahrgangs. Dieser Abstimmung mit den Füßen konnten sich die Sozialdemokraten nicht verschließen, zumal nach der CDU auch die Grünen als neue Koalitionspartner seit 2016 eine Entscheidung forderten. Zum Schuljahr 2017/18 war der Spuk dann vorbei. Bis zu drei Monate älter durften die Schüler jetzt bei der Einschulung sein.

Wie stark entspannend sich bereits die wachsende Zahl der Zurückstellungen ausgewirkt hatte, zeigte 2016 die Antwort auf eine Anfrage des Neuköllner SPD-Abgeordneten Joschka Langenbrinck: Die Zahl der Sitzenbleiber in Klasse 2 und 3 war zwischen 2012 und 2016 jeweils um ein Viertel gesunken.

Und dann? Nach der Reform ist vor der Reform. Die SPD versuchte, den von ihr 2004 veranlassten Wegfall der Vorklassen dadurch zu kompensieren, dass die Bezirke schlecht geförderten Kindern, die keine Kita besuchen, alternative Förderangebote unterbreiten. Versucht wird das seit 2008. Funktioniert hat es bisher nicht. Es müssen dafür mühselig Anbieter gesucht werden.

Die beliebten, erst fortgebildeten, dann abgewickelten Vorklassenleiterinnen und Vorklassenleiter werden bis heute vermisst. Wer von ihnen in den Schulen verblieb, wurde nicht selten zur Mittagessenbetreuung oder als Begleitperson für Schwimmbadfahrten eingesetzt.

3. VERGESSENE PFLICHTEN UND IGNORIERTE GESETZE

Wo viel schiefgeht, wächst der Aktionismus: Man möchte zeigen, dass die Probleme ernst genommen werden. Das gilt in besonderem Maße für die Berliner Schule, die bundesweit verschrien ist. Aber auch alle anderen Landesregierungen möchten die Möglichkeit nutzen, im Bildungsbereich zu zeigen, was sie können und wie entscheidungsfreudig sie sind, denn dazu gibt ihnen der Bildungsföderalismus die Möglichkeit.

3.1. Tausende Kinder sollen vor der Schule in die Kita. Aber sie kommen nie an.

Um die gravierenden Defizite in der deutschen Sprache anzugehen, türmten die Berliner Landesregierungen eine Reform auf die andere. Zudem wurden immer wieder neue Förderinstrumente erdacht. Da der zwar seit 2006 nach und nach kostenlose, aber freiwillige Kitabesuch nicht den erwünschten Effekt hatte – bildungsbenachteiligte Kinder vollständig in die Kitas zu holen –, wurde im Jahr 2008 eine zweistufige Verpflichtung ins Schulgesetz geschrieben.

Nach dieser sollten alle Kinder, die ein Jahr vor der Einschulung keine Kita besuchten (»Nichtkitakinder«), an einem Sprachtest teilnehmen. Ergaben sich dabei große Defizite, erfolgte die zweite Verpflichtung, und zwar zu einer Sprachförderung von drei Stunden pro Tag, sofern immer noch kein Kitabesuch gewünscht war.

Dieses Vorhaben treibt die Bildungsverwaltung seit mittlerweile dreizehn Jahren um, wurde aber nicht bewältigt, obwohl es zunächst mit höchster Priorität behandelt worden war: Im Jahr 2010 hatte eine Expertenkommission unter dem anerkannten Bildungsforscher Klaus Klemm und im Auftrag des damaligen SPD-Bildungssenators Jürgen Zöllner angemahnt, dass eine einjährige Förderung für die Nichtkitakinder nicht reichen werde. Tenor dieser und anderer einschlägiger Expertisen zu dem Thema: Kinder aus anregungsarmen Haushalten können die Rückstände, die sie durch mangelnde Frühförderung erleiden, kaum noch aufholen.

Empfohlen wurde daher, dass bereits Dreijährige in die Kita geschickt werden müssten, denn es wird immer wieder festgestellt, dass erst ab einer Dauer von mindestens zwei Jahren der Kitabesuch zu merklichen Fortschritten führt.

Umgesetzt wurde dann aber nur ein schwacher Kompromiss. 2012 beschloss das Abgeordnetenhaus, dass die Kinder 1,5 Jahre statt ein Jahr vor der Einschulung und fünf statt drei Stunden täglich gefördert werden sollten.

Lange glaubte die Öffentlichkeit, dass damit alles in bester Ordnung sei, weil es sich schließlich um eine gesetzliche Pflicht handelte, auf deren Einhaltung Senat und Bezirke als Exekutive schon achten würden. Das aber entpuppte sich als Irrtum. Es stellte sich heraus, dass die Umsetzung der gesetzlichen Verpflichtung nur unzureichend kontrolliert wurde. Die Berliner Bezirke versagten entweder bereits dabei, einen Großteil der Nichtkitakinder aufzufinden und zur Testteilnahme zu bewegen, oder dabei, die Kinder, die kein Deutsch konnten, auch tatsächlich zum Pflichtkurs zu holen.

So gab es im Jahr 2018 eine Gruppe von rund 2000 Familien, die angeschrieben wurden, weil ihre Kinder keine Kita besuchten. Nur 650 dieser Kinder nahmen am verpflichtenden Sprachtest teil, den 470 nicht bestanden. Von diesen 470 landeten aber nur fünfzig in der Kita. Die übrigen verpassten die ihnen gesetzlich zustehenden knapp 2000 Förderstunden vor der Einschulung.

Die Begründung für dieses Versäumnis variiert bis heute von Bezirk zu Bezirk. Manche Stadträte verwiesen auf fehlendes Personal, um die Familien ausfindig zu machen, andere meinten, es sei falsch, die gesetzliche Pflicht mittels Bußgeldes durchzusetzen. Von diesen Zusammenhängen erfuhr die Öffentlichkeit im Laufe der Jahre allerdings nur ab und an, meist durch das unbeirrte Nachfragen des Neuköllner SPD-Abgeordneten Joschka Langenbrinck. So wollte er 2018 mittels parlamentarischer Anfrage wissen, in wie vielen Fällen ein Bußgeld erhoben worden sei gegen die Eltern, deren Kinder trotz erwiesener Sprachdefizite nicht an den obligatorischen Förderkursen teilnahmen. Die Antwort seines Parteifreundes, des damaligen Bildungs-Staatssekretärs Mark Rackles, lautete zunächst, dass der Senat »die von den Bezirken eingeleiteten Bußgeldverfahren nicht erfasst«.

Erst als der SPD-Abgeordnete erneut nachfragte und mit dem Bundesverfassungsgericht drohte, das den Abgeordneten weitreichende Auskunftsrechte einräumt, kam seinerzeit die Antwort und sie lautete: null. Kein einziges Bußgeldverfahren.

»Ein Staat, der auf die Durchsetzung seiner Regeln verzichtet, verspielt den Respekt und die Glaubwürdigkeit«, geißelte Langenbrinck damals den Befund. Und er warnte: »Eine Gesellschaft scheitert, die es nicht schafft, Sprachvermittlung durchzusetzen.«

Einen der Gründe, warum die Bezirke keine Bußgeldbescheide wegen des Fernbleibens an den Förderkursen verschickten, nannte damals Neuköllns SPD-Bildungsstadträtin Karin Korte: Es fehle an Kitaplätzen. Eine Familie, die drei Nachweise von Kitas bringe, dass sie trotz Bemühungen keinen

Kitaplatz fand, müsse kein Bußgeld zahlen. Auch Spandau und Mitte – ebenfalls Bezirke mit vielen förderbedürftigen Nichtkitakindern – verwiesen auf fehlende Plätze als Grund für die nur lückenhafte Umsetzung des gesetzlichen Auftrags.

Auf die Absonderlichkeit, dass es in Berlin jahrelang möglich ist, gesetzliche Vorgaben zu ignorieren, stieß auch die Berliner Expertenkommission. »Dass das Potenzial der grundsätzlich gut aufgestellten Ressourcen im Land Berlin noch nicht hinreichend ausgeschöpft wird, zeigt sich auch bei der fehlenden Kooperation beim Auffinden, in der Diagnostik und der Förderung von Kindern, die sich im Kindergartenalter noch nicht in einer frühkindlichen Bildungseinrichtung befinden«, stellten die Fachleute fest, die den Auftrag hatten, Berlins schwachen Leistungen auf den Grund zu gehen. Entsprechend streng fiel dann auch ihr Verweis angesichts des doppelten Versagens aus. Es sei »nicht länger hinnehmbar«, dass eine Vielzahl der sogenannten Nichtkitakinder nicht an der gesetzlich vorgeschriebenen Sprachstandsfeststellung teilnehme. Nicht hinnehmbar sei auch, dass diejenigen, die teilnahmen und denen zu schwache Deutschkenntnisse attestiert wurden, zum Großteil nie bei einem Förderangebot ankamen. Und überhaupt sei es zu spät, wenn die Kinder erst fünfjährig erfasst würden.

An dieser Gesamtlage hat sich seither, obwohl inzwischen alle beteiligten Ämter sensibilisiert sind, kaum etwas zum Besseren verändert, wie im März 2021 eine Anhörung im Abgeordnetenhaus ergab, im Gegenteil. Denn infolge der vielen Zuzüge von Geflüchteten kletterte die Zahl der Nichtkitakinder auf fast dreitausend, die zu den Sprachtests eingeladen worden waren. Aber nur 1300 erschienen. Von dieser Gruppe konnten über tausend kaum Deutsch, und nur die Hälfte meldete sich auch wirklich zur Sprachförderung an. Anders ausgedrückt: Trotz gesetzlicher Verpflichtung kam nur ein Bruchteil der Zielgruppe in den Kitas oder Förderkursen an. Ein Gesetz ohne Konsequenz.

Die grüne Bildungspolitikerin Marianne Burkert-Eulitz sprach denn auch von einem »untauglichen Mittel«, um das Ziel der Vorschulförderung zu erreichen. Tempelhof-Schönebergs SPD-Bildungsstadtrat Oliver Schworck bestätigte das indirekt, als er sagte, dass die freien Kitaplätze in seinem Bezirk nur für die Hälfte der bedürftigen Nichtkitakinder reichten.

Das vorläufig letzte Kapitel im Bestreben, keine Kinder ohne Deutschkenntnisse in die Schule zu schicken: Das Abgeordnetenhaus unternahm im September 2021 einen neuen Versuch, die Exekutive zu bezwingen, indem es das Schulgesetz ein weiteres Mal nachschärfte. Seither stehen die Schulämter in der Pflicht, den betreffenden Familien, die sich nicht um eine Sprachförderung kümmern oder keinen Kitaplatz finden konnten, Förderangebote »zuzuweisen«. Zur Not soll es abermals Bußgelder geben, was schon bisher nicht von allen Bezirken gewollt war.

Somit bleibt bis heute zweifelhaft, ob wirklich passiert, was das Parlament so beschossen hat, nämlich die Sprachförderung für Nichtkitakinder durchzusetzen. Zumal das Hauptproblem, also das Nichterscheinen der meisten Nichtkitakinder zum Sprachtest, stillschweigend übergangen wurde. Im Gesetzestext tauchte das Thema gar nicht erst auf, aus Ratlosigkeit oder vielleicht in der irrigen Hoffnung, dass dieses eine Mal die Praxis der Theorie folgen würde und dieses bildungspolitische Staatsversagen zu einem Ende käme.

3.2. Alle Lehrkräfte müssen sich der Bewertung durch ihre Klassen stellen. Eigentlich. Und wenn sie es einfach sein lassen?

Mit viel Elan hatte sich Berlin nach der im Jahr 2000 für Deutschland schlecht ausgegangenen Pisa-Studie in Versuche gestürzt, die Lernergebnisse zu verbessern. Da die Wissenschaft der Meinung war, dass die Leistungen auch etwas mit dem Unterricht zu tun haben könnten, entstand die Idee, dass Lehrkräfte ihren Unterricht von den Schülern bewerten ließen.

Fortan herrschte eine regelrechte Bewertungseuphorie. Sie sei für eine »Evaluationskultur in den Schulen«, lautete im Jahr 2004 der hoffnungsfrohe Appell der damaligen Präsidentin der Kultusministerkonferenz, der Sozialdemokratin Doris Ahnen aus Rheinland-Pfalz. Sie wollte dem Frust über die durchwachsenen Pisa-Ergebnisse und der schlechten Stimmung in der Lehrerschaft etwas entgegensetzen und hoffte auf rasche Besserung durch eine Feedbackkultur via Bewertungsbögen.

Berlin war für die Umsetzung dieser Idee schon gewissermaßen in Vorleistung getreten, indem es, ebenfalls unter dem Eindruck der Pisa-Studie, zusammen mit Brandenburg das Institut für Schulqualität (ISQ) Berlin-Brandenburg aufgebaut hatte. Es wertet nicht nur – entlang der bundesweiten Bildungsstandards – Berlins Vergleichsarbeiten und andere zentrale Prüfungen aus, sondern übernimmt auch weitere Aufgaben rund um die Qualitätsentwicklung wie die Unterstützung der Schulinspektionen.

Schon bald nach seiner Gründung im Jahr 2006 stellte das ISQ Fragebögen zusammen, die zur Selbstevaluation der Lehrkräfte durch ihre Schüler dienen sollten. Auf diesen Fragebögen konnten die Schülerinnen und Schüler angeben, wie verständlich und interessant ihre Lehrkräfte den Unterricht darboten. Seit Oktober 2008 funktionierte das neue Portal, und bald verkündete der offenbar hoch zufriedene damalige ISQ-Leiter Hans Anand Pant, dass sich bereits rund 500 Lehrer von rund 8000 Schülern hätten evaluieren lassen – anonym, wissenschaftlich fundiert und schnell.

»Eine halbe Stunde pro Klasse reicht«, lautete Pants aufmunternde Einschätzung damals. Und überhaupt solle die Seite weiter ausgebaut werden, damit sich ab dem Schuljahr 2009/10 auch Schulleiter von ihrem Kollegium bewerten lassen könnten. »Jetzt wird fröhlich zurückzensiert«, titelte *Der Tagesspiegel* am 7. Juli 2009.

Der neue Evaluationsschwung kam aber offenbar nicht wirklich an den Schulen an. Im Mai 2011, also zwei Jahre später, musste Pant verkünden, dass sich erst 1700 von rund 25 000 Lehrkräften hätten evaluieren lassen. Als Grund für die Zurückhaltung wurde ausgemacht, dass das Portal noch weitgehend unbekannt sei.

Überhaupt sei es den meisten Lehrkräften wohl lieber, ein Feedback im direkten Gespräch mit ihren Schülern zu bekommen, als sich mittels Onlineportal anonym von einer ihrer Klassen bewerten zu lassen, vermutete die damalige Vorsitzende des Landeslehrerausschusses, Brigitte Wilhelm. Es sei zudem wichtig, dass Kollegien mithilfe von Fortbildungen darin unterstützt würden, sich eine Feedbackkultur anzueignen. Einen Zwang zur Selbstevaluation lehnte sie ab.

Das sah Bildungssenator Jürgen Zöllner anders und bereitete eine entsprechende »Evaluationsverordnung« vor, wie seine Sprecherin damals ankündigte. Im Schuljahr 2011/12, dann schon unter der neuen, wie Zöllner der SPD angehörigen Bildungssenatorin Sandra Scheeres, trat die neue Regelung in Kraft. Seither verkündet die Bildungsverwaltung auf ihrer Homepage, dass Berlins Lehrkräfte verpflichtet sind, innerhalb von zwei Schuljahren mindestens einmal ihren Unterricht mit dem Selbstevaluationsportal zu evaluieren.

Aber sie taten es nicht. Im August 2013 äußerte Scheeres: »Wir treten in den kommenden Wochen an die Schulleitungen heran, um für die Selbstevaluierung zu werben und Lehrkräfte zur Nutzung zu motivieren.« Mit Sanktionen wollte man aber nicht nachhelfen. Selbstevaluation sei für den Nutzer nur dann erfolgreich, wenn er sie annehme, hieß es zur Begründung. Und da das ISQ weiterhin vom Instrument der Onlinebefragung überzeugt war, entwickelte es auch gleich noch Fragebögen für die Schulaufsichtsbeamten: Ihnen wurde nun vorgeschlagen, sich auf freiwilliger Basis von den Schulleitern bewerten zu lassen.

Der Erfolg blieb weiterhin aus. Als im Oktober 2016, acht Jahre nach dem Start des Portals, die extrem schlechten Resultate bei den Vergleichsarbeiten der Achtklässler bekannt wurden, wünschte sich die Senatorin abermals eine »größere Verbindlichkeit« der Evaluation – weder Lehrkräfte noch Schulräte oder Schulleiter hatten sich inzwischen eingehender mit der Evaluation befasst.

Vielmehr musste die Verwaltung verkünden, dass von inzwischen knapp 30 000 Berliner Pädagogen im Schuljahr 2015/16 nur rund tausend hatten wissen wollen, was ihre Schüler über ihren Unterricht dachten. Wenn die im Jahr 2011 beschlossene Pflicht zur Nutzung des Portals tatsächlich durchgesetzt worden wäre, hätte es bis zu diesem Zeitpunkt rund 70 000 Zugriffe auf das Fragebogen-Portal geben müssen – und nicht nur 12 000, wie es damals der Stand war.

Doch was geschah? Das Gleiche wie zuvor: Die Senatorin erklärte, dass nun alles anders werde, und appellierte, das Portal endlich ernster zu nehmen. Sie sprach davon, das Instrument der Selbstevaluation »weiter zu stärken«, wollte eine »positive

Entwicklung« erkannt haben, wenn auch nicht bei den Schulleitern und Schulräten, und kündigte an, eine »größere Verbindlichkeit« durchzusetzen für den Fall, dass sie abermals Schulsenatorin werde sollte.

Scheeres wurde nach der Wahl 2016 tatsächlich wieder Senatorin, aber bei der Selbstevaluation blieb alles beim Alten: Die Teilnahme wurde nicht besser. Die Öffentlichkeit erfuhr davon allerdings erst drei Jahre später, als Scheeres ein Paket mit 39 Stufen zur Qualitätsverbesserung vorstellte. Bei Stufe 21 gab es ein Déjà-vu. Unter den Dingen, die sie verbessern wollte, nannte Scheeres die nicht befolgte Pflicht zur Selbstevaluation. Nun hieß es, man brauche »Schulverträge«. Die sollten bis Ende 2019 mit den Schulräten geschlossen werden und festlegen, dass solche Vorschriften künftig eingehalten werden müssten. Und noch etwas kam den geduldigen Beobachtern der Berliner Bildung bekannt vor: Auch Schulleiter und Schulräte sollten sich bewerten lassen – und das Leitungspersonal der Bildungsverwaltung.

Doch wenige Monate später kam die Pandemie, und mit ihr gab es neue Fragebögen, speziell zum Unterricht zu Hause. Schülerinnen und Schüler sollten beantworten, ob sie wüssten, wie sie ihre Lehrkraft erreichen könnten, und ob sie genügend Hilfestellungen bekämen. Die Wirkung – gering. Im Schuljahr 2020/21 gab es gerade mal 1056 Berliner Lehrkräfte-Befragungen. Der Behördensprecher versuchte dennoch, das matte Ergebnis schönzureden: Das seien »trotz der Pandemie mehr als im Schuljahr davor« – und mehr als in Brandenburg. Angepeilt waren allerdings, wie erwähnt, 30 000 Bewertungen innerhalb von zwei Jahren. Davon blieb Berlin weit entfernt.

Die Wissenschaft schaut bis heute fassungslos zu. Es fehle leider das Controlling, bedauert die auf datenbasierte Qualitätssicherung spezialisierte Professorin der Freien Universität

Berlin, Felicitas Thiel. Mit anderen Worten: Berlin hat zwar zusammen mit Brandenburg ein viel bewundertes Institut für Qualitätsentwicklung (ISQ) auf die Beine gestellt, das frühzeitig und mit viel wissenschaftlichem Aufwand die richtigen Lehren aus Pisa ziehen wollte und dem Thiel bescheinigte, ein »breites Instrumentarium an miteinander verzahnten Angeboten zur Qualitätssicherung« zu bieten. Nur – das Instrumentarium wird nicht unbedingt genutzt. Die Lehrkräfte fänden es unnötig oder zu aufwändig, ist von Personalräten zu hören.

Und das gilt nicht nur für die Selbstevaluation, sondern auch für den Umgang mit den Vergleichsarbeiten, die das ISQ auswertet. Auch deren Resultate werden von den Lehrkräften zu wenig genutzt, um daraus die richtigen Schlüsse für ihren Unterricht zu ziehen; ein Missstand, der oft angeprangert wurde. In der vergangenen Legislatur wurde den Schulen sogar vorgeschrieben, die Ergebnisse zu analysieren. Im Rahmen von Zielvereinbarungen mit der Schulaufsicht müssen sich die Schulleitungen verpflichten, darauf zu achten. Ob dieser erneute Versuch, die Schulen in die Pflicht zu nehmen, irgendwann einmal funktioniert, ist ungewiss. Fest steht allerdings, dass sich die Kluft zwischen den Forderungen der Politik, den vermeintlichen Stellschrauben der Wissenschaft und der schulischen Realität nicht schließt.

4. EINSTÜRZENDE SCHULBAUTEN: WENN SPARSAMKEIT SUBSTANZ ZERSTÖRT

Um die Jahrtausendwende war es so weit. Berlins Schulen fielen im wahrsten Sinne des Wortes auseinander. Es tropfte durch kaputte Dächer, Fenster stürzten aus den Rahmen, Fassaden bröckelten vor sich hin, Kletterpflanzen bahnten sich einen Weg durch verschimmelte Wände in die Klassenzimmer, Sporthallen wurden von der Bauaufsicht gesperrt, auf verschmutzen Toilettenböden lagen abgerissene Becken.

Überraschend kam das nicht. Bereits 1999 stellte der spätere Regierende Bürgermeister Klaus Wowereit, damals noch SPD-Fraktionschef, im Bezirk Prenzlauer Berg ein neues Schul- und Sportstätten-Sanierungsprogramm vor. Damit sollten wenigstens die schlimmsten Löcher gestopft werden, denn die Mittel für eine regelmäßige bauliche Unterhaltung der Schulen waren bereits damals zu knapp, um den flächendeckenden Verfall zu stoppen. Nach einer Umfrage der Verwaltung unter allen siebenhundert Berliner Schulen wurden die notwendigen Sanierungskosten auf 860 Millionen Mark geschätzt, also auf weniger als eine halbe Milliarde Euro. Viel zu wenig, wie sich ein paar Jahre später zeigte – da wurde der Sanierungsbedarf dann auf fünf Milliarden Euro berechnet.

Aber für das Schul- und Sportstätten-Sanierungsprogramm, das Wowereit 1999 mit großen Worten vorstellte, stellte die damalige schwarz-rote Koalition nur 250 Millionen Euro zur Verfügung – auf fünf Jahre verteilt.

Knapp zehn Jahre später war offensichtlich, wie wenig das Programm bewirkt hatte, obwohl es immer wieder halbherzig fortgeschrieben wurde. Nach sieben Jahren unter dem Finanzsenator Thilo Sarrazin (2002-2009) war zwar nicht Deutschland abgeschafft, wie der Sparsenator bald darauf in einem Buch orakeln würde, aber die Berliner Bildungslandschaft kaputtgekürzt und ausgetrocknet. Sarrazins Haushaltspolitik, in Übereinstimmung mit dem Regierenden Bürgermeister, geduldet vom Koalitionspartner PDS, ruinierte Berlins Schulen in zweierlei Hinsicht: personell und gebäudetechnisch.

Personell traf der Sparkurs nicht nur die Lehrkräfte, die bereits seit 1992 etliche Arbeitszeiterhöhungen hatten durchstehen müssen, sondern auch die Mitarbeiter anderer Behörden: Schied jemand aus dem Dienst aus, blieb die Stelle möglichst unbesetzt; zuweilen wurde nicht einmal ein kleiner Einstellungskorridor gewährt. Die Ämter bluteten aus.

So verloren die Schulen nach und nach wichtige Ansprechpartner, etwa beim Jugendamt, deren Sozialarbeiter wesentliche Helfer für Lehrkräfte im Schulalltag sind, aber auch beim Bauamt, das im Auftrag des Schulamtes die bauliche Unterhaltung für rund siebenhundert Schulen und Turnhallen zu verantworten hatte. Die Mitarbeiterstäbe schmolzen dahin, die Gebäude verfielen.

Und so kippte eins nach dem anderen, denn die Kürzungen betrafen auch die Schulämter, die Schülerinnen und Schüler zuweisen, Reparaturen beauftragen und für Hausverwaltungen sorgen sollten. Schon bald fehlte es an allem: an Hausmeisterinnen und Hausmeistern, an Schulaufsicht, an Schulsekretariaten und an Gesundheitsdiensten für die Untersuchungen der Erstklässler.

Dieser beispiellose personelle Schrumpfungsprozess wurde sichtbar am Verfall der Bausubstanz, ein zunächst schleichender, dann aber ein rasend fortschreitender Prozess. Erst fielen nur die ungestrichenen, heruntergekommenen Klassenzimmer auf. In Eigeninitiative kauften engagierte Mütter, Väter und rüstige Großeltern in den Baumärkten Berlins im großen Stil Wandfarbe und organisierten Renovierungsdienste.

Schon bald aber wuchs die Mängelliste. Es kamen durchhängende Jalousien dazu, stinkende Toiletten und herabfallende Deckenplatten. Die nächste Etappe lautete: zugige Zimmer, kaputte Heizungsanlagen, faulende Dachbalken. Parallel dazu mussten die ersten Fenster zugenagelt werden, weil sie sich nicht mehr schließen ließen; und der Efeu, der sich den Weg durch altersschwache Schulcontainer und poröses Mauerwerk gebahnt hatte, wurde fatalistisch zurückgeschnitten.

4.1. Wie alles begann: Ein Adventskalender des Schreckens zeigt den Berlinern, was wirklich los ist

Noch immer war das Desaster im Wesentlichen ein Thema für Elternabende und Schulkonferenzen. Das änderte sich erst, als engagierte Eltern im Südwesten der Stadt auf die Barrikaden gingen. Sie machten öffentlich, dass es sich hier nicht um Einzelprobleme handelte, sondern um ein Phänomen, das die gesamte Berliner Bildungslandschaft betraf. Sie begannen, sich zu vernetzen. Im Mittelpunkt des Geschehens: der Bezirkselternausschuss Steglitz-Zehlendorf mit seiner Vorsitzenden Daniela von Treuenfels.

Im Dezember 2008 begannen die Eltern damit, Bildungssenator Jürgen Zöllner einen »Adventskalender« zu schicken: An jedem Tag erhielt er per Mail ein weiteres schulisches Desaster. Zuvor hatte sich das Bezirksgremium jahrelang mit dem schwer greifbaren Thema Unterrichtsausfall herumgeschlagen. Jetzt gab es jeden Tag ein Bild des Grauens – und damit eine unangenehme Botschaft: Seht her, so geht die Politik mit Kindern, Lehrkräften und Eltern um.

Damals begann die Zeit immer neuer, immer abenteuerlicher wirkender Schätzungen zum Ausmaß des Sanierungsbedarfs. So bezifferte Steglitz-Zehlendorf den Renovierungsstau im Jahr 2008 auf 30 Millionen Euro, Lichtenberg meldete einen Bedarf von 130 Millionen Euro an.

Dass diese Zahlen, von den Bezirken grob veranschlagt, weit entfernt vom tatsächlichen Zustand der Schulen waren, offenbarte sich in aller finanzpolitischen Brutalität aber erst 2017. Der damalige Bildungsstaatssekretär Mark Rackles hatte die Idee, einen Gebäudescan zu veranlassen, jetzt lagen erste Ergebnisse vor. Allein in Steglitz-Zehlendorf belief sich der akute Sanierungsbedarf demnach auf 270 Millionen Euro; zuzüglich der angestrebten und politisch versprochenen Barrierefreiheit sowie den Sporthallen sogar auf 343 Millionen Euro. Das war das Zehnfache des Betrags, der noch 2008 für den Bezirk geschätzt worden war.

In Lichtenberg ergab der Gebäudescan dagegen einen geringeren Bedarf als vom Bezirk zunächst angegeben. Das zeigte aber vor allem eines: Die Schul- und Bauämter hatten keine Ahnung, wie sehr sie mit den Sanierungen im Rückstand waren, obwohl sie seit eh und je genau dafür verantwortlich waren.

Auch für den Gebäudescan, 2015 in Auftrag gegeben, brauchte es mehr als nur Berichte über zugenagelte Fenster, verschimmelte Turnhallen oder überflutete Keller. Es brauchte ein Fanal. Und das erschien in der erschütternden Gestalt des Steglitzer Fichtenberg-Gymnasiums. Der repräsentative Altbau tauchte wegen Baufälligkeit seit 2008 regelmäßig im Adventskalender der Elternrepräsentantin Daniela von Treuenfels auf. Doch als 2014 plötzlich auch noch der Außenputz herunterstürzte, war tatsächlich Gefahr im Verzug. Großflächig musste weiterer Putz von der Fassade abgeschlagen werden, und als die komplette Schule aussah wie ein Schweizer Käse, Loch an Loch, war sie zum weithin sichtbaren Mahnmal eines mangelnden Gebäudeunterhalts geworden. Kämpferisch ließen Schulleiter Rainer

Leppin und sein Kollegium sowie die Eltern- und Schülerschaft keinen Zweifel daran, dass sie diesen Zustand nicht akzeptieren würden. Und niemand wollte oder konnte sie mehr hinhalten oder ihnen gar widersprechen.

Jetzt musste also gehandelt werden, zumal im Herbst 2016 wieder einmal Wahlen anstanden. Und so kündigte die für Finanzen und Bildung zuständige SPD eine fünf Milliarden Euro schwere Berliner Schulbauoffensive (BSO) an. Nun sollte alles besser werden, ein Sieg bei der im Herbst 2016 anstehenden Wahl zum Abgeordnetenhaus vorausgesetzt. Dass eben jene beiden von der SPD seit Jahren geführten Verwaltungen die Malaise verursacht hatten, die sie jetzt zu bekämpfen versprachen, ging in der Aufbruchsstimmung unter.

Aber wie hatte es überhaupt so weit kommen können? Politisch lautet die bittere Antwort: Berlin lebte seit 1990 so lange auf allen Ebenen über seine finanziellen Verhältnisse, dass am Ende auch auf allen Ebenen drastisch gekürzt werden musste. Die Stadt hatte ihre Chancen seit der Wende schlichtweg vergeudet. Anstatt Mauerstadt-Privilegien wie eine personelle Überausstattung rechtzeitig zu beschneiden, um das Wesentliche retten zu können, sah die Politik nach den Anstrengungen der Vereinigung erschöpft dem eigenen Untergang zu.

Das lässt sich beim Thema Schulbauten auch in Zahlen ausdrücken. Die für den baulichen Unterhalt normalerweise angesetzten Sanierungsmittel waren wegen der Sparvorgaben der Finanzsenatoren von 1,32 Prozent des Wiederbeschaffungswertes auf erst 1 Prozent und dann sogar auf 0,5 Prozent herabgesetzt worden. Somit fehlten jährlich sieben- bis achtstellige Summen zur Erhaltung der Substanz. Das führte zwangsläufig und absehbar innerhalb weniger Jahre zum Verfall.

Es war ein verführerisch schöner Gedanke im Jahr 2016, dass man die schlimmsten Sparschäden innerhalb von fünf Jahren ungeschehen machen könnte. So jedenfalls kündigte es die SPD-Spitze vor der Wahl in jenem Jahr an. Um die Schuldenbremse zu umgehen, wurde sogleich ein entsprechendes Konstrukt entworfen. Die landeseigene Wohnungsbaugesellschaft Howoge sollte ein Drittel der Kredite aufnehmen. Der »Rest« der Aufgaben wurde zwischen den Bezirken und der Senatsverwaltung für Bauen aufgeteilt.

Dieser Weg erschien unausweichlich, obwohl die Berliner Landesverfassung die Baukompetenz für die Schulen ausschließlich bei den Bezirken sah. Aber der Senat traute den personell ausgebluteten Schul- und Bauämtern nicht mehr zu, die Mammutaufgabe allein zu bewältigen.

Andere wollten noch weitergehen und den Bezirken die Kompetenz für den Schulbau ganz entziehen. Sie verwiesen auf das gut organisierte Hamburg als Vorbild. Dort wurden alle baulichen Schulaufgaben unter einer einzigen Adresse zusammengefasst. Ob Sanierung, Modernisierung, Reinigung, Anbau oder Umbau – um alles kümmert sich die Schulbau GmbH.

Es ist nicht mehr zu klären, wie viele und welche Berliner Schulfachleute in Busse, Züge und Autos stiegen, um sich zwischen Jenfeld und Blankenese das Hamburger Modell erklären zu lassen. Klar ist nur, dass sich die rot-rot-grünen Koalitionäre am Ende dafür entschieden, die bezirklichen Kompetenzen so wenig wie möglich anzutasten. Und so machte sich die Hauptstadt der organisierten Unzuständigkeit ans Werk wie einst beim Turmbau zu Babel, Verständigungsprobleme inklusive.

Woran es lag, dass der Senat sich gegen den erfolgreichen und erprobten Hamburger Weg entschied, ist schwer zu sagen. Die gängigste Antwort lautet, dass die Bezirke und die in den Funktionen verankerten Parteienvertreter nichts von ihrem Einfluss abgeben wollten. Denn es ging ja schließlich um sehr viel Geld, das zu verteilen war. Und der Anteil der Schulen an den Bezirksimmobilien ist riesig. Würden die Schulen zentral geführt, schrumpften die Haushalte der Bezirke erheblich. Dagegen regte sich parteiübergreifender Widerstand.

Seit 2015, als das Desaster unabweisbar und überdeutlich feststand, wurde darüber diskutiert, ob man den Bezirken die Kompetenzen für den Schulbau entziehen sollte. In allen Parteien gab es Gegner, aber auch Befürworter des Hamburger Weges. Der Ausblick auf ein Ende der Zersplitterung wirkte verführerisch, denn in Berlin bauen Dutzende Ämter mit. In jedem der zwölf Bezirke sind neben dem Grünflächen- und Denkmalamt jeweils ein Bauamt und ein Schulamt zuständig, oftmals von Stadträten verschiedener Parteizugehörigkeit verantwortet. Legendär sind die Schuldzuweisungsschlachten zwischen Bildungs- und Baustadträten, für die betroffenen Schulen ein Graus. Meist lief es all die Jahre aber darauf hinaus, dass sich auf Bezirksebene am Ende alle auf eines einigen konnten: Schuld am Desaster war die mangelhafte Ausstattung mit Personal und Geld, also – der Senat.

Viele Eltern wollten dem Behördenpingpong nicht länger tatenlos zuschauen und organsierten symbolische, aber öffentlichkeitswirksame Aktionen. Eine davon hieß seit 2005 »Tulpen für Tische«. Ein Großmarkt hatte der Rothenburg-Grundschule 8000 Blumen für eine Benefiz-Veranstaltung überlassen, am Valentinstag wurden sie verkauft. Mit dem Erlös wollten die Eltern kleinere Anschaffungen übernehmen, zu denen sich das Land und die Bezirke nicht in der Lage sahen.

Auch die Schüler hatten die Nase voll, und sie zeigten es. Bei einer Demonstration vor dem Bauamt überreichten sie dem formal verantwortlichen SPD-Stadtrat Michael Karnetzki einen gebrauchten Klodeckel, auf Transparenten stand: »Für ein klobalisiertes Steglitz«. Jahrelang hatte man sie immer wieder vertröstet, die versprochene Sanierung der Sanitäranlagen wurde Mal um Mal verschoben. Zuletzt waren zwar tatsächlich Mittel dafür bereitgestellt worden, doch dann verfiel das Geld: Das Hochbauamt verfügte nicht über ausreichend Mitarbeiter, um die Bauvorhaben auch anzugehen. Jetzt gab es ihnen der Stadtrat schriftlich: »Ich, Michael Karnetzki, Bezirksstadtrat für Immobilien und Verkehr in Steglitz-Zehlendorf, versichere, dass nach Vorliegen der beantragten Bewilligung durch die Senatsverwaltung für Bildung, Jugend und Wissenschaft die Toilettensanierung im Paulsen-Gymnasium in diesem Jahr (2015) durchgeführt wird.«

Gern hätte die Schülerschaft des Fichtenberg-Gymnasiums an diesem Tag mitdemonstriert, aber dort konnte die dafür notwendige Vollversammlung nicht abgehalten werden: Turnhalle und Aula waren wegen Baufälligkeit vom Amt gesperrt worden.

Während die Bezirke also auf den Senat zeigten, spielte Finanzsenator Sarrazin die oft fachfremden und nach Parteizugehörigkeit bestellten Bezirksstadträte gegeneinander aus. Vor den nahezu unüberprüfbaren PowerPoint-Präsentationen des Ex-Bankers, der mal dem einen Bezirk, mal dem anderen eine Überausstattung attestierte, kapitulierten die überforderten politischen Amtsvorsteher. Um überhaupt noch halbwegs handlungsfähig zu bleiben, brach eine Art Bezirks-Kannibalismus aus, bei dem am Ende nur einer satt wurde: der Senator.

Wohin das in Extremfällen führen konnte, war im bereits erwähnten Andreas-Gymnasium in Friedrichshain gut zu beobachten, und zwar am Pegelstand im Keller. Der lief immer wieder voll, eine Pumpe verhinderte eine Überflutung. Doch die Wände blieben nass, die Feuchtigkeit stieg ins Gemäuer der Stockwerke darüber, Schimmel machte sich breit. Es vergingen Jahre, bis SPD-Bildungsstadtrat Andy Hehmke im Juli 2021 endlich verkünden konnte: Die »Andreas-Quelle« ist versiegt.

4.2. Unorganisierte Überzuständigkeit – wie Berlin eine Schulbauoffensive plant

Angesichts solcher Zustände wuchs der Druck, die Zuständigkeiten doch neu zu ordnen. So schlug die SPD-Fraktion im Sommer 2017 für die Schulen eine Teilung vor. Nur das Kleinklein, die bauliche Bestandserhaltung, sollte bei den Bezirken bleiben. Den Schulbau selbst dagegen würde der Senat übernehmen. Doch der Gesetzentwurf überlebte nur kurz. Die Akteure der Bezirkspolitik, darunter etliche Sozialdemokraten, wiesen empört darauf hin, dass Senat und Abgeordnetenhaus ihnen mit den Sparvorgaben die Mittel für den Schulbau doch erst aus der Hand geschlagen hätten. Die Botschaft: Sie würden schon können, wenn man sie denn ließe.

Und so organisierten die damalige Neuköllner Bürgermeisterin und Sozialdemokratin Franziska Giffey und ihr Spandauer Amtskollege einen parteiübergreifenden Bezirksaufstand: Sie lud ein ins Schloss Britz und schmiedete eine Art Bürgermeisterallianz. Von den Linken bis zur CDU waren alle dabei. Um die Gefahr der Entmachtung abzuwenden, verständigte sich die Runde im November 2017 darauf, drei bezirkliche Regionalverbunde mit unterschiedlichen Kompetenzen und einer Gemeinsamen Geschäftsstelle zu bilden.

Der Befreiungsschlag funktionierte – als Abwehrmaßnahme gegen den Verlust an Kompetenzen, nicht aber als Schulbaubeschleuniger. Fast zwei Jahre später, Giffey amtierte inzwischen als Bundesministerin, war erst eine einzige von fünfzehn Stellen in den Verbünden besetzt. Und das hatte einen banalen Grund: Die Bezirke konnten nicht so gut zahlen wie Landes- und Bundesbehörden – in der Konkurrenz um qualifizierte Beschäftigte hatten sie meist das Nachsehen. Und so konnte drei Jahre nach dem Britzer Coup für zwei der drei Geschäftsstellen noch nicht einmal »die Phase des Aufbaus« als abgeschlossen bezeichnet werden, wie es im Jahresbericht der Geschäftsstelle für 2020 heißt. Dort steht auch, dass sich die Gesprächsrunden noch immer »regelmäßig« um die »unterschiedlichen Vorkenntnisse und Erfahrungen im Zusammenwirken mit Behörden der Berliner Verwaltung und die Schwerpunktsetzung in dem jeweiligen Aufgabenportfolio« drehten.

Es ging also, wenn überhaupt, nur schleppend voran – auf Bezirksebene, aber auch auf Landesebene. Vier Jahre war die »Berliner Schulbauoffensive« schon alt, als die federführende Bildungsverwaltung es für sinnvoll hielt, im Februar 2020 einen »Schulbaubeauftragten« zu ernennen. Und nur, wer sich nicht so gut auskennt mit den Berliner Gepflogenheiten, wird vielleicht fragen: Wirklich, es gab bis dahin keinen Schulbaubeauftragten? Bei der Vorgeschichte?

Und damit noch einmal zurück auf die Ebene darunter. Im Juni 2020 erbat die »politische Steuerungsgruppe« der Bezirke einen »Evaluierungsprozess«: In mehreren Terminen mussten nun die bereits verteilten Aufgaben »besprochen und Zuständigkeiten in Zweifelsfällen diskutiert werden«, hieß es im Jahresbericht der Geschäftsstelle. Die Rede war von Aufgabenüberschneidungen und vom »parallelen nebeneinander Agieren in gleichen Themen«. Plötzlich hatten auch die Leitungen der Geschäftsstellen der Regionalverbünde »neue Aufgaben aus den Gesprächen mit den Vertretungen ihrer Verbundbezirke identifiziert«.

Die Folge: Drei Jahre nach der vermeintlichen Richtungsentscheidung im Schloss Britz sollte nun »im Beisein der politischen Leitungen der vier Organisationseinheiten« in einem Workshop die Neuausrichtung der Geschäftsstellen der Regionalverbünde besprochen werden. Es ging um die »Klärung der Aufgabenschwerpunkte« und um die »Klärung von Aufgabenüberschneidungen als Basis künftiger Zusammenarbeit«. Mit anderen Worten: Von der organisierten Unzuständigkeit ging es schnurstracks in die unorganisierte Überzuständigkeit.

Aber nicht nur die Regionalverbünde rangen um den richtigen Zugang zum Thema. Auch die Gemeinsame Geschäftsstelle selbst bemerkte, dass es »Zeit benötigt, bis eine neu aufzubauende Organisationseinheit, die mit fünf Querschnittsthemen beauftragt wird, das erforderliche Aufgabenportfolio für zwölf Bezirke aufgebaut hat und bedarfsgerecht anbieten kann«. Es benötige »auch Sorgfalt, Verwaltungserfahrung, Geduld und gegenseitiges Verständnis, um diese Organisationseinheit in eine derart komplexe Gremienstruktur, wie sie bei der BSO vorliegt, dauerhaft und verlässlich zu integrieren«.

»Komplex« ist wohl die passende Beschreibung, denn es gab hier mehrere, ja: zu viele große Player. Fassen wir mal zusammen. Zunächst waren da die drei Senatsverwaltungen für Bildung, Finanzen und Stadtentwicklung; dann spielten die zwölf Bezirke mit; und mittendrin dabei war auch die landeseigene Wohnungsbaugesellschaft Howoge, die mit dem Neubau der Oberschulen, aber auch mit Großsanierungen beauftragt war. Um die bis hierher Genannten zusammenzubinden, gab es erstens die Taskforce, zweitens die Steuerungsgruppe Taskforce und drittens, fürs Partizipative, den Landesbeirat Schulbau. Haben wir irgendwen vergessen? Ja, richtig: Als eine Art Ausputzer gab es ja noch den Schulbaukoordinator, der die formal federführende Bildungsstaatssekretärin unterstützen sollte.

In diesem Gefüge also sollte die Gemeinsame Geschäftsstelle die Abläufe überbezirklicher Kooperation steuern, die Zusammenarbeit zwischen Bezirks- und Senatsebene verbessern, Kommunikation, Information und Transparenz unterstützen und fördern sowie mittels Beratung und Unterstützung in organisatorischen Prozessen die Ressourcennutzung optimieren. Alles klar?

Das herausfordernd zu nennen, wäre auch schon das zentrale Problem und eine fahrlässige Untertreibung. Denn es fehlte überall das Grundlegende: ausreichend qualifiziertes, verfügbares Personal.

Wie sich rasch zeigte, hapert es seit 2017 nicht nur daran, die unbedingt erforderlichen Stellen zu besetzen. Als noch schwieriger stellte es sich damals heraus, die einmal gefundenen Kräfte auch zu halten – zumal dann, wenn es sich um jüngere Mitarbeiterinnen und Mitarbeiter handelte. Die Personalfluktuation blieb jedenfalls exorbitant – und wurde offiziell mit der »Komplexität der Akteure auf politischer« und operativer Ebene« zu erklären versucht. Auch stimme die »grundsätzliche Arbeitsweise der Verwaltung teilweise nicht mit den Erwartungen dieser Nachwuchskräfte überein«. Sofern sie die Berliner Schule durchlitten haben, ahnten sie zumindest, was da auf sie zukommen würde.

Am Ende des Jahres 2020 zog die Gemeinsame Geschäftsstelle eine vorläufige Bilanz ihrer Personalsuche. Sie hatte knapp hundert Stellenanzeigen beauftragt und bezahlt, von denen etliche wiederholt geschaltet werden mussten, und auf Messen zur »werbewirksamen Präsentation« eigens gestaltete »Werbemittel« mit dem Logo der Schulbauoffensive »wie z. B. Faltflyer, Blöcke, Kugelschreiber, Mini-Zollstöcke, Haftnotizen« verteilt. Was die Verwaltung eben so unter modernem Recruiting versteht. Spätestens da, wird ein leitender Mitarbeiter der Schulbauoffensive später sagen, habe ihm geschwant, »dass es besser gewesen wäre, das Hamburger Modell zu übernehmen«.

Personalknappheit herrscht aber bis heute nicht nur bei den bezirklichen Organisationseinheiten, sondern auch beim zuständigen Referat der Senatsverwaltung für Bildung, das für alle Bereiche der Schulentwicklungsplanung und Schulbaufinanzierung sowie für die Schulbaustandards verantwortlich ist. Im Juni 2021, so der damalige Zwischenstand nach Auskunft eines Sprechers, waren von 37 Stellen formal nur 30 besetzt, und von denen wiederum waren aufgrund von Elternzeiten oder langanhaltenden Krankheiten neun nicht aktiv. Somit arbeitete ausgerechnet dieses Referat gerade mal mit halber Kraft.

Der allgegenwärtige Personalmangel potenziert die Probleme der Schulbauoffensive. Etliche Projekte beginnen erst später und dauern länger, weil sich nicht genug Leute um sie kümmern können. Zu den für Eltern und Kindern spürbaren Folgen gehört, dass der Schulplatzmangel weniger schnell abgebaut werden kann, als es der Senat für möglich gehalten und versprochen hatte. Also werden wieder und wieder Grundschulklassen mit knapp 30 Kindern aufgemacht, obwohl die Richtgröße bei 24 bis 26 liegt. Eine gezielte Förderung derjenigen, die mit Schwächen in Deutsch und Mathe von der ersten in die zweite Klasse wechseln, wird so immer schwieriger. Und in der dritten Klasse sind diese Kinder bereits so abgehängt, dass sie sich immer weiter zurückziehen. Ihre Schullaufbahn beginnt nicht mit einer Förderung, sondern mit einer Behinderung. Und schuld daran sind, unter anderem, die Verzögerungen bei der Schulbauoffensive.

Natürlich steigen durch die Verzögerungen auch die Preise. Bauen wird grundsätzlich immer teurer, je länger es dauert, und die plötzliche staatliche Nachfrage in Milliardenhöhe, verursacht durch die Versäumnisse früherer Jahre, trifft auf eine ausgelastete Bauwirtschaft. 5,5 Milliarden Euro hatte der Senat 2016 für die Schulbauoffensive veranschlagt, und die Senatsverwaltung für Finanzen betonte damals gegenüber dem Hauptausschuss, es handele sich um eine »Ausgabenobergrenze für den Zeitraum 2017 bis 2026«. Monströs klang das damals. Im April 2020, die ganze Welt und damit auch Berlin war mit fast nichts anderem als Corona beschäftigt, korrigierte der Senat die geplanten Ausgaben noch einmal nach oben: Statt 5,5 Milliarden Euro wurden jetzt elf Milliarden Euro aufgerufen, mehr als das Doppelte als noch ein paar Jahre zuvor. Für Schulbauten.

Aufs Schicksal und den bösen Markt kann sich der Senat allerdings nicht berufen; diese Entwicklung hat sehr zentral mit dem Vorgehen der Politik zu tun. So sieht es jedenfalls der Landesrechnungshof, der in seinem Jahresbericht 2020 zu der Auffassung kam, dass die Senatsverwaltung für Finanzen die grundlegenden Entscheidungen zu diesem umfangreichen baulichen Investitionsprogramm »nicht ordnungsgemäß und wirtschaftlich vorbereitet« hatte. Weder für das Programm insgesamt noch für die Übertragung etlicher Aufträge in Milliardenhöhe an die Wohnungsbaugesellschaft Howoge habe die Finanzverwaltung die vorgeschriebenen Wirtschaftlichkeitsuntersuchungen »durchgeführt oder verlangt«. Dadurch sei sie erhebliche Risiken eingegangen, die sich zum Teil bereits »verwirklicht« hätten. Nach einem derartigen Urteil hätte ein Rücktritt des zuständigen Senators eigentlich keine Überraschung sein dürfen. Nicht so in Berlin.

Als einen Beleg für einen überhasteten Start führt der Rechnungshof an, dass nicht einmal der Bedarf realistisch erhoben worden sei. So habe sich innerhalb von nur zwei Jahren nach dem Programmstart die Zahl der für notwendig erachteten Schulneubauten von 42 auf 88 verdoppelt. Und bis dahin war nicht eine einzige neue Schule fertig geworden: Alle neuen Schulplätze waren durch über hundert uniforme »Modulare Ersatzbauten« geschaffen worden.

Wer denkt, damit sei es dann aber mal wirklich genug, kennt die Berliner Verhältnisse nicht. Wenige Monate nach dem verheerenden Bericht des Landesrechnungshofs gab die Bildungsverwaltung eine neue Kostenschätzung für die Schulbauoffensive heraus: Mittlerweile war man schon bei mehr als vierzehn Milliarden Euro angekommen.

Das hatte nicht zuletzt mit dem großen Zeitdruck zu tun. Trotz behäbiger, zerklüfteter Strukturen und starken Personalmangels mussten rasch genügend Schulplätze realisiert werden. Darum griff Berlins Senatsverwaltung für Stadtentwicklung und Bauen zum Mittel der Großaufträge: Generalunternehmer wurden gesucht, die Gebote für »zehn bis zwanzig Schulen« abliefern sollten und dann alles abwickelten, ohne die personell überforderte Senatsverwaltung für Stadtentwicklung und Bauen über Gebühr zu beanspruchen.

Bei diesem Vorgehen ist zudem der regionale Mittelstand draußen, der für derartige Megaaufträge nicht gerüstet war: Die heimischen Architekten, Planer und Bauunternehmen müssen also zusehen, wie der Großteil der Schulen an ihnen vorbei gebaut wird. Ein weiterer Nachteil: Es entstehen genormte Schulen, die einem überall in der Stadt begegnen. Zudem wird es automatisch teurer, wenn Bieter die viel zu große Bandbreite von »zehn bis zwanzig Schulen« kalkulieren und dementsprechende Kapazität vorhalten sollen.

Was die Explosion der Kosten konkret bedeutet, lässt sich am Beispiel zweier Schulen in Tempelhof zeigen. Denn mit dem Beginn der Schulbauoffensive und den anfangs ungewohnten Steuerüberschüssen stiegen nicht nur die Preise, sondern auch die Ansprüche.

Schauen wir uns die Gustav-Heinemann-Sekundarschule an: Hier wurde vor der großen Schuloffensive ein Neubau geplant, pro Schulplatz belief sich die Kalkulation auf 44 000 Euro. Im selben Bezirk wurde kurze Zeit später, die Schuloffensive war beschlossen, pro Platz 99 000 Euro angesetzt – mehr als doppelt so viel. Und das ist nicht nur auf die gestiegenen Baupreise zurückzuführen. Im Überschwang der plötzlichen Überschüsse nach den Jahren bitterer Haushaltsknappheit war mal eben ein neues Raumprogramm beschlossen worden. Für den Neubau der »alten« Heinemann-Schule wurde noch mit 6,87 Quadratmeter pro Schüler geplant, im neuen Musterraumprogramm sind es fast zwölf Quadratmeter.

Wie kaum eine Koalition vor ihr konnten SPD, Linke und Grüne zwischen 2016 und 2021 aus dem Vollen schöpfen – und genau das taten sie, ohne Rücksicht und auch ohne Vorsicht. Dabei war absehbar, dass die günstige Haushaltslage sich wieder verdüstern würde. Die bedrückende Konsequenz: Ein weiteres Mal verprasste der Senat die große Chance, den Rückstand flächendeckend aufzuholen. Wer das Glück hatte, am Anfang bedacht worden zu sein, genoss die großen Gaben. Wer abgehängt war, würde es bald umso mehr sein: Für alles reichte das Geld nicht mehr. Auch nicht mehr für das Nötigste.

Ob Zufall oder auch nicht: Kurz vor der Wahl 2021 wurden plötzlich Richtfeste und Neueröffnungen gefeiert wie noch nie in Berlin, und der Senat veröffentlichte eine nicht enden wollende Liste von Maßnahmen, die eingeleitet worden waren. Das wirkte alles imposant. Aber die Wahrheit hinter dem großen Geklingel sah weiterhin vielerorts so traurig und nackt aus wie die Betonwand eines insolventen Neubauprojekts. Mitunter war nicht einmal die Hälfte des Versprochenen erledigt. Dafür kam das, was tatsächlich gemacht wurde, am Ende oft doppelt so teuer wie anfangs geplant.

Und während sich die Verantwortlichen aus Senat und Bezirken im Lichte neuer, großer Schulen sonnten und von einer Grundsteinlegung zur nächsten Eröffnung jagten, verzweifelten anderswo Schüler, Eltern und Lehrer in ihren Bildungsruinen.

4.3. Eine Schule wird zum BER von Kreuzberg

Die Kurt-Schumacher-Grundschule in der Kreuzberger Wilhelmstraße ist so ein Denkmal des Verfalls. Im Dezember 2012 lief hier eine Brandschutzsanierung aus dem Ruder, seitdem ist nichts mehr so, wie es sein sollte. Die Schule nennt sich längst selbst »BER Kreuzberg«. Aber anders als der berühmte Flughafen, der ebenfalls im Jahr 2012 wegen Brandschutzproblemen ins Chaos stürzte, inzwischen aber eröffnet werden konnte, harren hier seit neun Jahren Schüler und Lehrkräfte im ehemaligen Horthaus der Schule aus; ohne Turnhalle, Fachräume, Lehrerzimmer oder normale Büros. Die ehemaligen Freizeiträume des Hortes dienen gleichzeitig als Klassenzimmer und als Mensa. Für den Sportunterricht wird zwischen vier verschiedenen Hallen in der Umgebung hin- und hergependelt.

Der Bezirk redete sich damit heraus, dass vor allem Firmenpleiten oder Schlechtleistung einzelner Unternehmen zu dem neunjährigen Desaster geführt hätten. Dem widersprach allerdings der Bericht des Landesrechnungshofes von 2019. Dort ist zu lesen, dass das Bauamt der eigentliche Verursacher des Problems war: Es hatte die Bausubstanz nicht richtig untersucht.

So kam es zu der Fehleinschätzung, dass eine Sanierung preiswerter sei als ein Neubau. Die Vermutung liegt nahe, dass diese Fehleinschätzung damit zusammenhängt, dass das Bauamt als Folge der jahrelangen Sparvorgaben personell heruntergewirtschaftet wurde. Baustadtrat Florian Schmidt von den Grünen widerspricht. Er sieht hier »eine Pechsträhne«, ähnlich wie sein SPD-Amtskollege Andy Hehmke.

Schwer getroffen hat es vor allem die Schülerinnen und Schüler, die überhaupt noch nie eine funktionierende Schule erlebt haben. Zum Teil waren sie noch nicht einmal geboren, als die Sanierung begann.

Und die Schulbauoffensive macht die Sache noch schwieriger, denn Firmen sind schwer zu bekommen. Architekten, Ingenieure und Handwerker arbeiten lieber an den neu zu bauenden Schulen oder leichteren Sanierungen, anstatt zu versuchen, die Kreuzberger Pfusch-Baustelle zu Ende zu führen. Das Ende ist nicht einmal in Sicht. Der zweite Bauabschnitt mit den Förderräumen und dem Verwaltungstrakt soll frühestens 2026 bezugsfertig sein. Vierzehn Jahre nach Beginn der Bauarbeiten.

Aber auch der erste Bauabschnitt mit dem Gros der Unterrichtsräume und der Sporthalle kommt nicht voran. Dabei waren die beiden Baumaßnahmen vor ein paar Jahren extra getrennt worden, damit die 260 Schülerinnen und Schüler schneller in ihre Klassenzimmer kommen könnten. Achtzig Prozent von ihnen stammen übrigens aus armen Familien. Anstatt sich mit Provisorien herumschlagen zu müssen, würden die Lehrkräfte ihre Zeit lieber in die Förderung der Kinder investieren, damit diese wenigstens die Mindestanforderungen im Lesen, Schreiben und Rechnen erreichen.

Nachdem der Umzug zurück in das eigentliche Schulhaus Jahr für Jahr verschoben worden war, platzte zuletzt der Termin im Sommer 2021. Von 2023 an wird es in jedem Fall wieder laut, dann beginnen im angrenzenden Gebäude die Arbeiten für den zweiten Bauabschnitt. Wer soll sich da konzentrieren können?

Der Landesrechnungshof sprach schon 2019 von einem »Millionenschaden«. Den Bezirk aber ficht das nicht an. Stadtrat Hehmke möchte lieber darüber sprechen, dass um die Schule herum ein ganzer Bildungscampus entstehen soll: »Ich weiß, dass die Schulgemeinschaft der Kurt-Schumacher-Grundschule sehr unter den Problemen leidet. Daraus zu schlussfolgern, dass keine Kraft für Innovationen und Veränderungsprozesse mehr vorhanden sei, geht aber zu weit.« Hehmke sagt, er kenne Eltern, Kinder und Beschäftigte, »die sehr gern an dieser Schule arbeiten« und sich trotz aller Probleme engagierten. »Etwa fünfzehn Mal« sei er innerhalb einer Wahlperiode in der Kurt-Schumacher-Schule gewesen.

Außerdem verweist der Sozialdemokrat gern darauf, dass er in seiner Amtszeit, also seit 2016, zwei weitere Gemeinschaftsschulen geschaffen habe und dass die Schulreinigung »von allen Schulen mit der Durchschnittsnote 2,1« bewertet werde. Die Zusammenarbeit zwischen Schulleitungen, Schulamt, Schulaufsicht und ihm als Stadtrat nennt Hehmke »exzellent«.

Einige Eltern und Beschäftigte mögen das vielleicht zu schätzen wissen, aber die Schulgemeinschaft ist ausgelaugt, da hilft kein Besuch vom Stadtrat. »Das ist kein abflauendes Ärgernis, wir merken das jeden Tag«, beschreibt Schulleiter Lutz Geburtig den Status quo. Jeden Tag seien die Kolleginnen und Kollegen auf der Suche nach Räumen, »jedes Zipfelchen« werde genutzt. Dabei brauche die Schülerschaft »dringend eine intensive Förderung«. Der Ruf der Schule habe sich »nicht verbessert«.

Mutlos geworden ist selbst die stärkste Kämpferin der Schule, die langjährige Gesamtelternsprecherin Henrike Hüske. Egal, wie sich die Schule engagiert habe: »Wir bleiben eine Baustelle und sind damit bei Mittelschichtseltern sofort raus.« Das sei »das wirklich Traurige, denn Kinder, denen eine Mischung der Schülerschaft helfen würde, ihren Weg zu finden, die Ruhe brauchen, weil sie zuhause mit vielen Menschen auf wenig Platz wohnen, die werden hier im Stich gelassen«, lautet ihre Bilanz.

Auch Zara Demet Altan kann mit der Situation nicht ihren Frieden machen. Die Lehrerin für Deutsch, Englisch und Kunst hat jahrelang das Wunder vollbracht, unter den gegebenen Umständen Filme mit ihren Schülerinnen und Schülern zu drehen; kleine Kunstwerke über Kinderleben zwischen Fluchterfahrung und Berliner Alltag. Aber wie auch bei der Elternvertreterin Henricke Hüske merkt man Altan an, dass der Optimismus, der sie durch all die Jahre irgendwie trug, verloren gegangen ist. »Die Stimmung ist bedrückend«, lautet ihre Bestandsaufnahme. Die Kinder hätten in der Coronazeit zum Teil viel erlitten, würden jetzt Zuwendung, individuelle Förderung und Rückzugsmöglichkeiten brauchen, aber wieder reiche der Platz nicht: »Brücken wurden in diesen Jahren gebaut und Hochhäuser, aber unsere Schule ist noch immer nicht fertig.« Für Altan ist das ein Zeichen »absoluter, sagenhafter Unfähigkeit, für die sich die Verantwortlichen schämen sollten: Man spielt mit der Zukunft unserer Kinder.« Was jedenfalls auffällt, ist der krasse Widerspruch zwischen dem hohen sozialen Anspruch im grün-rot-dominierten Bezirk und der rauen Wirklichkeit an dieser Brennpunktschule. Über große Ziele wird geredet, über Visionen und Träume – aber innerhalb einer vollen Dekade die Kraft so zu fokussieren, dass diese benachteiligten Kinder faire Bildungschancen erhalten, dafür reicht es nicht.

5. WENN IPADS MIT DIGITALISIERUNG VERWECHSELT WERDEN

Ein bisschen böse ist es schon. Aber wer sich für den Stand der Digitalisierung in den Berliner Schulen interessiert, stößt im wöchentlich erscheinenden Amtsblatt immer mal wieder auf eine Ausschreibung der Bildungsverwaltung, die dafür wie ein Sinnbild steht: Es geht um den Job des »Vervielfältigers«. Das Aufgabenfeld ist überschaubar. »Fähigkeit zur Bedienung des Fotokopierers«, heißt es da. Die Stelle, Entgeltgruppe E3 TV-L, ist in der Regel sofort zu besetzen, und zwar, was auch sonst: »unbefristet«.

Selbst die berlinerfahrenen Schulexpertinnen der regierenden Senatskoalition, die kaum noch etwas schocken kann, fallen regelmäßig vom Glauben ab, wenn sie die Ausschreibung sehen: »Ich dachte, wir sind im 21. Jahrhundert«, kommentierte konsterniert Regina Kittler, bis vor kurzem bildungspolitische Sprecherin der Linken-Fraktion, und Stefanie Remlinger, Bildungspolitikerin der Grünen, spricht von »Realsatire«.

Ein Beitrag zu einer der regelmäßig angekündigten digitalen »Qualitätsoffensiven« ist der »Vervielfältiger« jedenfalls nicht. Aber wer an siebenhundert kaputtgesparten, maroden Schulen Sanierung oder sogar Neubau koordinieren muss, wer wegen mangelnder Weitsicht verzweifelt jedem hinterherrennen muss, der eventuell eine Schulstunde halten könnte, hat logischerweise keine Kapazitäten mehr frei für die Digitalisierung.

Oder ist doch alles ganz anders? Hat die deutsche Start-up-Hauptstadt bei der Digitalisierung der Schulen vielleicht mehr zu bieten, als es zunächst den Anschein hat?

Im November 2021 überraschte das Ergebnis einer bundesweiten, repräsentativen Befragung von Lehrkräften zum Lernen mit digitalen Medien durch die Telekom Stiftung die Fachwelt. Gemeinsam mit vier weiteren Bundesländern, Bayern, Bremen, Schleswig-Holstein und Sachsen-Anhalt, fand sich das Land Berlin unverhofft in der Spitzengruppe wieder. Besonders positiv angemerkt wurde für Berlin die ausgeprägte schulische Nutzung digitaler Medien durch Lehrkräfte, die Förderung der computer- und informationsbezogenen Kompetenzen der Schülerinnen und Schüler, die digitalen Prüfungsformate in der Corona-Zeit und die Fortbildungen zu Anwendungsbereichen der Digitalisierung.

Endlich mal gute Nachrichten! Und so verkündete Bildungssenatorin Sandra Scheeres kurz vor ihrem angekündigten Ausstieg: »Es spornt uns an, dass die Berliner Schulen laut Telekom Stiftung beim digitalen Lernen im bundesweiten Vergleich vorn mit dabei sind. Da hat sich in den vergangenen Monaten eine Menge getan. Die repräsentative Befragung würdigt Berlin bei der Nutzung digitaler Medien, der Entwicklung digitaler Prüfungsformate oder den Fortbildungsangeboten. Und Berlin setzt zudem den Digitalpakt inzwischen sehr zügig um, belegt bei der Mittelbindung im bundesweiten Vergleich prozentual den zweiten Platz.«

Was für ein schönes Ergebnis. Tatsächlich hatte Berlin nach schlimmen Anlaufschwierigkeiten während der Corona-Krise in einigen Punkten digital ganz ansehnlich zugelegt, »inzwischen«, wie Scheeres ja nicht ohne Hintersinn betonte.

Aber wer mit Expertinnen und Experten spricht, internen wie externen, bekommt bis heute ein ganz anderes Bild gezeichnet. Und bei aller Freude, endlich einmal über etwas anderes sprechen zu können als immer nur über Mängel und Defizite: Nichts wäre fataler, als sich auf der Studie einer Unternehmensstiftung auszuruhen, deren Basis die zufällige Befragung von deutschlandweit 1512 Lehrkräften der Sekundarstufe I ist. »Um die disproportionale Verteilung der Lehrkräfte in der Stichprobe hinsichtlich der Bundesländer auszugleichen, wurde in den Analysen eine entsprechende Gewichtung genutzt«, heißt es in der Studie. Das erinnert ein wenig an die Berliner Wahlen, bei denen einige Ergebnisse zunächst auch nur geschätzt wurden. Die Meinung einer Handvoll Berliner Lehrerinnen und Lehrer, die sich über endlich gelieferte Laptops und ein paar iPads für die Schülerinnen und Schüler freuen, kann jedenfalls nicht hinwegtäuschen über gravierende strukturelle Probleme, die schon beim nächsten Nachrichten-Update zum Absturz führen können.

Weniger überraschend als das Ergebnis der Telekom-Studie, die einige Teilbereiche betrachtet, fällt dann auch die Analyse der gesamten politischen und bürokratischen Architektur des nie endenden Prozesses der Schul-Digitalisierung aus. Es finden sich hier die gleichen Probleme wie überall in der Berliner Verwaltung: Es herrscht die organisierte Unzuständigkeit, und die Lieblingsbeschäftigung der Beteiligten ist das Behördenpingpong.

Besonders krass zeigt sich das beim Breitbandanschluss der Schulen. Zum Start des rot-rot-grünen Senats im Jahre 2016 wurde versprochen: »Die Koalition wird die IT-Infrastruktur der Schulen mit schnellen und leistungsfähigen Breitbandanschlüssen, WLAN für alle und einer zeitgemäßen Hard- und Software-Ausstattung ausbauen.« Das klang eigentlich zu schön, um wahr zu sein – aber der Traum platzte erst vier Jahre später. Bis dahin glaubten die Schulen und die Stadtöffentlichkeit, der Breitbandausbau werde wie versprochen vorangetrieben. Allen war klar: Das ist die Basis für alles Weitere. Jeder musste ein Interesse daran haben, dass es hier vorangeht, und zwar schnell. Doch dann kam im Jahr 2020 durch *Tagesspiegel*-Recherchen heraus: Der Senat hatte noch nicht einmal den Auftrag für den

Anschluss der siebenhundert allgemeinbildenden Schulen an das leistungsfähige Breitbandnetz vergeben.

Was für eine Blamage. Aber wie immer, wenn etwas schiefgeht im Land Berlin, fühlte sich niemand so recht verantwortlich. Die Haushälter im Parlament waren zögerlich wegen der hohen Kosten. Der Senat befürchtete, dass dem IT-Dienstleistungszentrum des Landes die Kapazitäten fehlten. Die Bildungsverwaltung ging davon aus, dass sich schon irgendwer kümmert. Es dauerte dann noch ein weiteres Jahr, bis der Chef der Senatskanzlei ein Machtwort sprach. Das Parlament beschloss daraufhin offiziell, die Verantwortung für die Errichtung und den Betrieb der Glasfaseranschlüsse dem ITDZ zu übertragen.

Kurz zuvor war mitten in der Nacht bei den Schulleitungen und Elternvertretern per Mail ein Rundschreiben von Bildungsstaatssekretärin Beate Stoffers eingegangen, das Thema: »Sicherstellung des schulisch angeleiteten Lernens zu Hause«. Die Angeschriebenen wurden über die »Möglichkeit« informiert, ihre »Räume für Pädagoginnen und Pädagogen sowie Klassenräume mit mobilen Routern auszustatten, um eine breite Abdeckung mit schnellem Internet zu gewährleisten. Hierbei handelt es sich um eine Sondermaßnahme (…). Die Anschaffungs-, Vertrags- und Lieferkosten werden zentral von der Senatsverwaltung getragen und gehen nicht zu Lasten Ihres Schulbudgets.«

Ein Datum fürs Geschichtsbuch: Am 2. März 2021 vermeldet Berlin den Anschluss der Schulen ans Internet als »Möglichkeit«, wenn auch erstmal nur per SIM-Karte (»bis zur vollständigen Breitbandanbindung mit Glasfaser«). »Bedarfsmeldungen« sollten die Schulen innerhalb der folgenden drei Tage an die Schulaufsicht schicken, in der Woche drauf wurde ausgewertet, dann gingen die Aufträge raus.

Per Direktvergabe schloss die Verwaltung mit Vodafone und

Telekom Verträge über 24 Monate ab. Versprochen wurde den Schulen eine »einfache Nutzung in jedem Unterrichtsraum mit Steckdose und Fenster«. Auch an die Sorgen von Aluhutträgern wurde gedacht: »Strahlung vergleichbar mit der eines Smartphones älteren Baujahres« – die Zeit der Nokia-Knochen hatten die meisten Lehrkräfte und Eltern ja mehr oder weniger unverletzt überstanden (solange nicht mit ihnen geworfen wurde). So pragmatisch wie hier geht es in Berlin selten zu – wenn auch nur, um eine Riesenpanne wenigstens etwas abzufedern. Als zwei Wochen später die Bildungssenatorin verkündete, dass im Rahmen eines »Testversuchs« erst mal fünf und dann sogar 25 Berliner Schulen ans Glasfasernetz angeschlossen würden, um »Erfahrungen für die Anbindung anderer Standorte« zu sammeln, klang das schon fast nach einer Erfolgsgeschichte. Jedenfalls für diejenigen, die sich an die großspurigen Versprechungen von 2016 schon nicht mehr erinnern konnten.

Dass es auch anders geht, zeigt wieder das Beispiel Hamburg. Hier wurde der Breitbandanschluss für alle Schulen bereits 2008 beauftragt; seit 2012 sind nahezu alle Schulen am schnellen Netz, ein Jahr später wurde das Projekt offiziell für vollendet erklärt. Doch Hamburg hatte nicht nur früher geplant, auch die Strukturen waren hier klar: »Für die Umsetzung wurde im Januar 2008 ein Projekt durch die Behörde für Schule und Berufsbildung unter Beteiligung von Dataport und der Finanzbehörde eingesetzt«, heißt es in einer Stellungnahme, und: »Es handelt sich um stadteigene Anschlüsse, die vom Dienstleister der Freien und Hansestadt Hamburg ›Dataport AöR‹ für die staatlich allgemeinbildenden Schulen realisiert wurden.«

Der Vergleich wirft noch einmal ein Schlaglicht auf zwei zentrale Probleme in Berlin. Das eine ist die mangelnde Zuständigkeitserklärung. Selbst der grüne Koalitionspartner der SPD drängte lange vergeblich darauf, die Bildungsverwaltung möge in Sachen Digitalisierung endlich mehr Verantwortung übernehmen. Das andere ist der landeseigene IT-Dienstleister, das ITDZ. Zwar ist das Dienstleistungszentrum wie »Dataport« in Hamburg eine Anstalt öffentlichen Rechts, aber, so eine oft gehörte Kritik: Das ITDZ versteht die Verwaltung nicht. Das beruht allerdings auf Gegenseitigkeit. Zudem machen IT-Experten oft einen großen Bogen um das ITDZ. Die guten Leute finden leicht anderswo einen Job, der attraktiver und besser bezahlt ist. Und noch etwas stört die Zusammenarbeit zwischen dem ITDZ und öffentlichen Auftraggebern: Sie dauert lange und ist teuer.

Für die Schulen sind die Folgen des verschleppten Netzanschlusses gravierend. Ohne Breitband und WLAN können sie die Digitalpakt-Endgeräte nicht nutzen; ohne Endgeräte können sie keine zukunftsfähigen Medienkonzepte schreiben; ohne Medienkonzepte können sie keine weiteren Mittel aus dem Digitalpakt beantragen.

Etwa zu der Zeit, als Hamburg mit dem Projekt Breitbandanschluss begann, also gegen Ende der Nullerjahre, öffnete sich in Berlin der Vorhang für das bisher teuerste und langwierigste Digitaldrama der Stadt: der Versuch des Aufbaus einer Schülerdatei. Das sollte die Planung erleichtern. Also beschloss der Senat die Anschaffung von Riesenservern für jede der mehr als siebenhundert allgemeinbildenden Schulen. Überall wurden dafür klimatisierte Räume eingerichtet. Doch als die Server da waren, durften sie nicht genutzt werden: Das Gesamtsystem lief noch nicht. Manche Schulen setzten sich darüber hinweg, es waren ja auch gute Geräte. Nur wurden sie nicht dafür eingesetzt, wofür sie angeschafft worden waren.

2015, die Datenbank lief immer noch nicht, sah sich der Rechnungshof die Sache genauer an. Das Urteil war vernichtend. Die Rechnungsprüfer monierten etliche Mängel und kon-

statierten einen Millionenschaden: »Dem erheblichen Mitteleinsatz«, hieß es in ihrem Bericht, »stehen bis heute keine an-
gemessenen Ergebnisse gegenüber.« Wesentliche Projektziele
seien verfehlt, die »Einführungsstrategie« sei unsachgemäß
geändert worden, beschaffte Hard- und Software einschließlich
Landeslizenzen würden nur von einem geringen Teil der Schulen genutzt. Den bis dahin entstandenen Schaden bezifferte der
Rechnungshof auf sechzehn Millionen Euro.

Zu dem Zeitpunkt lag das Projekt bereits zwei Jahre brach –
die Bildungsverwaltung hatte es für eine »Evaluation« unterbrochen, eine Entscheidung des Senats über die Zukunft der
Datenbank stand immer noch aus. Doch mit dem Rechnungs-
hofbericht war der neuen Senatorin und ihrem Staatssekretär
klar: Sie mussten jetzt handeln. Und das taten sie. Sie kippten
die Idee ihrer Vorgänger und ließen die Server aus den Schulen abholen, eine dezentrale Lösung erschien inzwischen nicht
mehr zeitgemäß. Also wurde das gesamte Projekt umgestellt auf
ein zentrales Modell: auf die Lehrer- und Schüler-Datenbank
»LUSD« wie in Hessen.

LUSD, das hört sich harmlos und leicht an, wie so oft, wenn
sich die Bildungsverwaltung lustige Abkürzungen für schwer-
wiegende Probleme ausdenkt. »LovL« zum Beispiel, für »Lehrer ohne volle Lehrbefähigung«. Alles klingt wie eine Folge des
pädagogischen Experiments »Schreiben nach Gehör«, nur dass
hier niemand »Toll! Fast richtig, mach weiter so!« an den Rand
notiert wie im Arbeitsheft eines Grundschülers. Denn die Lust
an LUSD ging bald verloren. Wie eine digitale Fata Morgana
verschwand jeder neue Starttermin, wenn man ihm näherkam.
Erst hieß es, bis 2018, also eine ganze Dekade nach Projektbe-
ginn, sollten endlich alle Schulen angeschlossen sein. Doch bereits 2017 wurde auf 2019 verlängert, 2018 auf 2020 und immer
so weiter.

Als bereits 38 Millionen Euro ausgegeben waren, also mehr als doppelt so viel, wie der Rechnungshof einst bemängelt hatte, meldete plötzlich die Datenschutzbeauftragte grundsätzliche Bedenken an und verzögerte damit abermals den beabsichtigten Betriebsablauf; sie zu konsultieren, wie zwingend vorgeschrieben, war offenbar leider vergessen worden.

Inzwischen wird für einen Vollanschluss aller Schulen das Jahr 2023 in den Blick genommen. Das ist sie also, die »Berliner LUSD«. Immerhin konnte die Bildungsverwaltung Ende September 2021 vermelden, dass »inzwischen« siebzig Prozent der Schulen und Schulstandorte an die »Berliner Lehrkräfte-Unterrichts-Schule-Datenbank« angeschlossen sind. Wer die Vorgeschichte nicht kennt oder sie vergessen hat, mag denken: Donnerwetter. Doch was da als Erfolg verkauft wurde, ist eigentlich ein Zeugnis der Peinlichkeiten.

Die Digitalisierung der Schulen ist nicht nur in Berlin ein Thema für Spezialisten. Aber von denen gibt es nicht so viele, nicht einmal dort, wo die Entscheidungen fallen. Die damit zusammenhängenden Probleme spricht kaum jemand an; sie beginnen damit, dass nicht einmal alle das Gleiche unter Digitalisierung verstehen. Dass es einen Unterschied macht, ob es dabei um Verwaltungsabläufe oder Unterrichtsentwicklung geht, ist nicht immer allen klar – dabei sind die einen für das eine zuständig und die anderen für das andere, jedenfalls formal. Erst recht verstehen viele Beteiligte nicht, dass dennoch beides, die verwaltungsmäßige und die edukative Digitalisierung, zusammengedacht werden muss.

Erst im Jahr 2020 traf der Hauptausschuss des Abgeordnetenhauses einen in dieser Hinsicht wegweisenden Beschluss: Die Parlamentarier forderten den Senat auf, »zu berichten, wie möglichst schnell die technischen Grundlagen dafür gelegt werden, dass alle Berliner Schulen in der Lage sind, webbasierten Unterricht zu erteilen« – und als »unverzichtbare Grundlage« dafür wurden »eine leistungsstarke Internetverbindung und sicheres, funktionierendes WLAN« benannt.

Aber noch immer wird die Anschaffung technischer Geräte mit Digitalisierung verwechselt – oder aus Verlegenheit dazu erklärt. So ist die Belieferung von Schulen mit iPads vor allem eine große Ablenkungsgeschichte. Die Dinger sind, so völlig losgelöst von Struktur und Idee, für kaum was zu gebrauchen. Aber sie werden politisch benutzt: Seht her, wir tun was. Dabei belegen alle bisherigen Studien, dass der Gebrauch von Tablets im Unterricht noch lange keinen Einfluss auf den Lernerfolg von Schülern hat. Und eine Meta-Analyse von 1055 Einzelstudien zeigt, dass digitale Lernangebote dann den größten Effekt haben, wenn sie einen durch Lehrer gestalteten Unterricht unterstützen, nicht ersetzen. Bleibt der Einsatz beim Coronabedingten Homeschooling – doch auch der funktioniert, wenn überhaupt, nur sehr eingeschränkt: Es mangelt an funktionierender, datenschutzkonformer Software. Die Nutzung des Programms Zoom, von zahlreichen Schulen aus der Not heraus eingesetzt, aber von Datenschützern scharf kritisiert, ist damit nicht möglich. Andere Programme wie MS Teams und Cisco Webex sind zwar installiert, dürfen aber datenschutzrechtlich eigentlich nicht genutzt werden.

Dass ein Laptop für Lehrerinnen und Lehrer allenfalls ein Wertschätzungssymbol ist, wenn er keinen Anschluss an die Verwaltung hat und nicht mit passender Software bespielt ist, dämmert manchem so langsam. Der Senat hatte beschlossen: Knapp 40 000 Beschäftigte – vor allem Lehrkräfte, aber auch Erzieherinnen und Erzieher – an Berliner Schulen sollten einen eigenen Dienstrechner besitzen, um damit Unterricht vor- oder nachzubereiten, Organisatorisches zu klären oder, im Fall eines erneuten Lockdowns, digitalen Unterricht geben zu können.

Knapp vierzig Millionen Euro aus Bundes- und Landesmitteln waren für das Projekt veranschlagt worden. Die Freude war groß. Doch von der Euphorie blieb nicht viel übrig. Die Verteilung verlief schleppend, und schon bald häuften sich die Beschwerden: über fehlende Schulungen, fehlenden technischen Support und eingeschränkte Nutzerrechte.

An vielen Schulen ist wegen der viel zu langen Abwesenheit des Senats eine digitale Chaosstruktur gewachsen. Lehrer mit rudimentären IT-Kenntnissen wurden zu Experten ernannt und bastelten auf Privatinitiative so gut es ging das zusammen, was gerade gebraucht wurde. Die kleinsten Dinge führten dann zu den größten Katastrophen, wenn der Hobby-Tüftler plötzlich nicht mehr da war, vom Wildwuchs mal ganz abgesehen. Inzwischen hat der Senat professionellen IT-Support organisiert. Einen Tag pro Woche wird eine Schule unterstützt. Die Probleme tauchen leider regelmäßig an den anderen vier Tagen auf.

Profis rümpfen über das Halbwissen auf allen Ebenen die Nase. »Keiner hat den Hintern in der Hose, mal zu sagen: So geht's, so ist es richtig. Stattdessen werden immer neue Gremien gegründet, und da sitzen dann wieder nur die, die auch vorher schon keine Ahnung hatten«, schimpft ein Mittelständler aus der IT-Branche, der die handelnden Personen gut kennt. Verräterisch sind oft auch die Worte, mit denen angekündigt wird, was längst im Verzug ist: Wer wie der Senat von Berlin die »umfassende Vorbereitung« der Schülerinnen und Schüler auf die Digitalisierung noch zum Jahreswechsel 2020 als »große Zukunftsaufgabe« bezeichnet, hat noch immer die Gegenwart nicht verstanden.

Tatsächlich offenbart sich auf politischer Entscheidungsebene zuweilen eine erschreckende Unwissenheit. Der CDU-Abgeordnete Mario Czaja bekam es von der Spitze der Bildungsverwaltung schon mal schriftlich: »Teilweise steht die Umsetzung der vorgelegten Zeit-Maßnahmen-Planung unter dem Vorbehalt der Verfügbarkeit der hierfür notwendigen personellen Kapazitäten (sowohl intern als auch extern) und kann zudem Planungsänderungen unterworfen sein.« Mit anderen Worten: Keine Ahnung, wann hier was fertig wird. Czaja wollte auch wissen, warum in anderen Bundesländern manche Lernplattformen zugelassen sind, aber nicht in Berlin. Die Antwort hier: »Zur Einschätzung der einzelnen Beauftragten für Datenschutz in den Bundesländern zu den Lernplattformen, welche nicht zentral durch das Land Berlin eingeführt sind, kann der Senat keine Antwort geben. Diesbezüglich wäre die Datenschutzbeauftragte des Landes Berlin zu befragen.« Auf die Idee, sich zuständigkeitshalber mal selbst dafür zu interessieren, warum es anderswo besser läuft, kam in der Verwaltungsspitze offenbar niemand.

Andererseits bürdet die Behörde den Schulleitungen oft Unzumutbares auf. Anstatt sich um die Auswahl eines datenschutzkonformen Anbieters für Videokonferenzen beim Corona-bedingten Homeschooling zu kümmern, wurde eine Checkliste an die Pädagogen verschickt – die sollten Folgendes selbst kontrollieren: »Der Dienstleister hat Sitz *und* Rechenzentrum in der EU / Der Dienstleister garantiert Datensicherheit / Der Dienstleister hat datenschutzfreundliche Voreinstellungen (Teilnahme ohne individuelles Konto möglich; Gespräche werden nicht gespeichert; Daten nach 48 Stunden gelöscht; Übertragung wird verschlüsselt).«

Aber das war noch nicht alles. Es folgten Hinweise zur Umsetzung: »Fragen Sie den Anbieter nach einem Vertrag zur Auftragsverarbeitung / Verfahren ist mit seinen Eckdaten gemäß DSGVO zu dokumentieren / Teilnehmende auf ›umsichtige Nutzung‹ hinweisen / Schüler *und* Eltern auf Datenschutzerklärung und Einwilligung hinweisen.«

Klarer lässt sich die eigene Unbeholfenheit nicht dokumentieren. Wie soll ein Lehrer für Deutsch, Geschichte, Sport oder Musik das nebenbei schaffen? Die meisten sind froh, wenn sie sich nicht mit der Technik blamieren, die Leitung nicht ständig zusammenbricht und sie halbwegs im Blick haben, was ihre Schüler gerade so treiben. Selbst Informatik-Lehrer dürften sich auf die Wiedereröffnung der analogen Schule gefreut haben.

Dass der Senat die Probleme mit dem Datenschutz nicht den Schulen überlassen kann, ist eine Erkenntnis, die nur widerstrebend angenommen wird – wenn überhaupt. Eines der erfolgreichsten Märchen im Angebot der Bildungsverwaltung ist deshalb, dass an der eigenen Mängelproduktion die Datenschutzbeauftragte schuld ist. Dabei ist Datenschutz eigentlich gar kein Digitalisierungsthema. Jede unabgeschlossene Schublade, jedes analoge Klassenbuch kann zum Problem werden. Datenschutz, das wissen erfahrene IT-Experten, ist fast immer ein Vorwand.

Wie schlecht es um die Digitalisierung an Berlins Schulen steht, zeigte dann auch der Jahresbericht 2020 der Beauftragten für Datenschutz und Informationsfreiheit. Im Kapitel »Digitalisierung der Schulen – BER 2.0?« heißt es da: »Leider mussten wir das ganze Jahr über feststellen, dass die Senatsverwaltung für Bildung, Jugend und Familie ihrer Aufgabe, den Schulen die notwendige Unterstützung zu geben, nicht gerecht wird. Unsere Behörde wurde in den notwendigen Prozess der datenschutzgerechten Ausgestaltung der schulischen Angebote ebenfalls nur unzureichend einbezogen.« Es sei ernüchternd, dass auch zum Ende des Jahres 2020 keine positive Bilanz gezogen werden kann. Im Gegenteil: »Die im Frühjahr festgestellten Defizite bestehen teilweise unverändert fort.«

Und so ging es weiter. Im Sommer 2021 musste die Verwaltung eine parlamentarische Anfrage zum Stand der Dinge beantworten, das Ergebnis: Im Land Berlin benutzten 266 allgemeinbildende öffentliche Schulen Lern- und Kommunikationsplattformen, die keine datenschutzrechtliche Klärung hatten. Und die Datenschutzbeauftragte klagte wieder, dass sie nicht beziehungsweise erst sehr spät in die Entwicklung und die Beschaffung der Lernplattformen »Lernraum« und »Itslearning« eingebunden wurde.

Zeit genug wäre gewesen. Schließlich startete in Berlin auf Initiative einzelner begeisterter Lehrkräfte die Eigenentwicklung der Plattform »Lernraum« bereits 2004. Lange bevor sich andere Länder auf den Weg zum digitalen Lernen machten. Und damit auch sehr lange vor Corona. Immerhin: Nachdem anfangs wegen der hohen Zugriffszahlen die Plattform während der Pandemie regelmäßig zusammenbrach, gelang es, das kostenfreie Angebot alsbald zu stabilisieren. In der Telekom-Studie wurde auch das von den befragten Lehrkräften positiv hervorgehoben. Typisch für die strukturellen Mängel in der Organisation war dann aber wieder der Dienstleistungspart: Anstatt die beanstandeten Datenschutzmängel in der Sommerferienzeit zu beheben, ging auch die IT in Urlaub. Und als die Lehrerinnen und Lehrer sich nach den ersten Corona-Weihnachtsferien auf den Unterricht vorbereiten wollten, war das System down: Das ITDZ hatte die Wartung exakt auf den Tag vor dem Schulbeginn gelegt. Besonders erfolgreich war die Wartung übrigens nicht. Auch am zweiten Schultag nach Weihnachten war der digitale Lernraum des Landes Berlin für viele nur ein Leerraum – sie kamen einfach nicht rein.

Berlin steht mit seinen Problemen bei der Digitalisierung nicht allein da. Überall im Land tut sich die Politik schwer damit, den Wandel zu gestalten, oder ihn überhaupt erst zu verstehen. Laut dem Pisa-Bericht von 2020 verfügte in Deutschland im Jahr

2018 nur jede dritte Schule über eine Online-Lernplattform – im OECD-Schnitt waren es mehr als die Hälfte. Der »Bildungsbericht 2020« kam zu dem Schluss, die Pandemie habe gezeigt, dass die meisten deutschen Schulen nur unzureichend auf digitale Lehr- und Lernprozesse vorbereitet sind. In der Regel wurden analoge Aufgaben auf das Internet übertragen – eine Verbesserung des Lernens und Verstehens wird so nicht erreicht: »Der bloße Einsatz digitaler Medien ist noch kein Fortschritt.« Und die Telekom-Studie bezeichnete die Bemühungen von Bund und Ländern als »nicht ausreichend« – andere Länder seien da weiter: »Die Verantwortlichen müssen das Tempo definitiv anziehen und schneller größere Fortschritte machen – nicht nur bei den breitbandigen Anschlüssen, sondern auch bei der Unterstützung der Lehrkräfte. Mit ihnen steht und fällt guter Unterricht in der digitalen Welt. Dafür brauchen sie nicht nur hervorragende technische Bedingungen, sondern auch Fortbildungsangebote, die sie in ihrer pädagogischen Arbeit weiterbringen.«

Die Fehler wurden bereits vor vielen Jahren angelegt. In einem Brief an den *Tagesspiegel* beschreibt die Pädagogin Ulrike Dolezal, die beim Regierungswechsel 1998 das Referat »Neue Medien« übernommen hatte und auch für die Telekom-Gemeinschaftsaktion »Schulen ans Netz« zuständig war, wie schwer es schon damals war, die Entscheidungsträger zu deutlichen Schritten zu bewegen. Bereits damals forderte sie die entschlossene Ausstattung der Schulen mit Internetanschluss, PCs und Bildungssoftware sowie die Weiterbildung von Lehrerinnen und Lehrern. Mit Blick auf die Diskussionen der Kultusministerkonferenz zur Digitalisierung sagt sie: »Es ist einfach unerträglich, dass seit damals wenig bis nichts geschehen ist.« Heute werde so getan, als sei die Digitalisierung »wie ein plötzliches Naturereignis über die Bildungslandschaft gekommen«.

Ihre Erklärung: Die Zuständigen haben »keinen oder einen nur sehr begrenzten Zugang zu der Materie«.

Bemüht sind sie allerdings schon, jedenfalls ansatzweise. In Berlin legte die scheidende Senatorin kurz vor der Wahl im Herbst 2021, nach zehn Jahren im Amt, eine 40-seitige Digitalisierungsstrategie vor, entstanden »in monatelanger Arbeit mit verschiedensten Akteurinnen und Akteuren«. Darin wird ein Leitbild entworfen, »das bis 2025 Wirklichkeit werden soll«. Die schöne neue Welt, in der Vorstellung von heute: Ein einheitliches, zentrales Schulportal soll »die vernetzte Digitalisierung der Schulen« vorantreiben, für Schulen, Schulaufsicht, Schulträger, Schülerinnen und Schüler, Erziehungsberechtigte und außerschulische Kooperationspartner.

Tatsächlich liest sich das Papier vor allem wie eine Liste der Versäumnisse der vergangenen Jahre. Die Senatorin versprach: »Wir bündeln alle Kräfte, um die Digitalisierung unserer Schulen voranzutreiben. Unsere Digitalisierungsstrategie muss begleitet sein von einer auskömmlichen IT-Infrastruktur, von einem übergreifenden Service- und Supportangebot, einer langfristigen strategischen Steuerung und, ganz wichtig, von breit angelegter Aus-, Fort- und Weiterbildung des gesamten pädagogischen Personals.« Ja!, möchte man rufen – aber warum denn erst jetzt?

Bis ins Detail wird in acht »Handlungsfeldern« beschrieben, was zu tun ist und wie der Prozess verläuft. »Die aktuelle Umsetzung der Digitalisierungsstrategie wird mit Steckbriefen und Projektkarten begleitet werden.« Wird schon werden. Nur wer dafür zuständig ist in der Hauptstadt der organisierten Unzuständigkeit, das bleibt leider wieder mal offen.

6. ALLEINGELASSEN IM BRENNPUNKT

Müll vor den Fenstern, herausgerissene Trennwände in den Jungs-Toiletten, zerfetzte Verdunkelungsgardinen in den Fachräumen und ein Konfliktpotential, das »in verbaler und körperlicher Gewalt gegenüber Jugendlichen und sogar Lehrkräften mündet«: Die Schulinspekteure der Senatsverwaltung für Bildung versuchten nichts mehr zu beschönigen, als sie im Frühjahr 2018 ihr Fazit zum inneren und äußeren Zustand der Kepler-Schule in Berlin-Neukölln formulierten. Als sie ihr Zeugnis schrieben, war klar, dass sie der Schule ein »Ungenügend« bescheinigen würden.

Zwölf Jahre nach dem berühmten Brandbrief der nur drei Kilometer entfernten Rütli-Hauptschule geriet also abermals eine Neuköllner Schule mit genau denselben Problemen wie damals in den Fokus der Öffentlichkeit – trotz aller Bemühungen, eben das zu vermeiden. Ein solches Szenario war befürchtet worden, jetzt war der Worst-School-Case wieder eingetroffen. Wie hatte das geschehen können? Und war das nur ein Einzelfall – oder der eine Fall, der besonders auffiel?

Die Kepler-Schule hatte im Laufe weniger Jahre rund 500 000 Euro aus dem Brennpunktprogramm des Landes bekommen. Zudem gehörte die Sekundarschule sogar zu den zehn Bildungseinrichtungen Berlins, die von 2014 bis 2017 im Rahmen eines aufwändigen Turnaround-Programms der Robert-Bosch-Stiftung eine zusätzliche Hilfestellung in Form von Beratung, Fortbildung und Geld erhielten. Ganz offensichtlich vergeblich.

Zwar waren zarte Verbesserungen registriert worden, solange das Programm lief. Doch kaum lag der Bosch-Abschlussbericht vor, war wieder alles beim Alten. Die Inspekteure wunderten sich dann auch kaum noch, als sie mitten im Unterricht erlebten, dass »Lernende unerlaubt ihre Mobiltelefone während der Stunden benutzen oder den Raum verlassen«.

Das Ausmaß der Kepler-Problematik lässt sich an einer einzigen Zahl festmachen: 42 Prozent eines Jahrgangs verließen die Schule im Jahr 2019 ohne Abschluss. Im Berliner Durchschnitt der Sekundarschulen waren es im selben Jahr 13 Prozent, an Neuköllner Sekundarschulen 19 Prozent. Den Übergang in die gymnasiale Oberstufe erreichten nur 13 Prozent. Fast dreimal weniger als an Schulen mit vergleichbarer Zusammensetzung.

Mithin war klar: Diese Schule tat ihrer Schülerschaft nicht gut, weder den starken noch den schwächsten. »Eine gezielte Unterstützung von Schülerinnen und Schülern mit sonderpädagogischem Förderbedarf auf der Grundlage aktueller Förderpläne findet nicht statt«, hieß es im Inspektionsbericht. Die Inklusion lag also auch hier im Argen, und offenbar konnte sich niemand dagegen wehren in einem Kiez wie diesem.

Da die meisten dieser Zahlen seit Jahren bekannt waren, hätte man erwarten können, dass der Berliner Senatsverwaltung für Bildung und dem Neuköllner Schulamt mehr einfallen würde, als sich auf die Bosch-Stiftung und die Wirkung ihres eigenen Brennpunktprogrammes zu verlassen. Doch selbst als der Soziologe Stefan Wellgraf 2018 eine 450-Seiten-Habilitation über die Kepler-Zustände vorlegte, ging kein Ruck durch die Verwaltungen. Der Titel der Arbeit von Wellgraf: »Schule der Gefühle. Zur emotionalen Erfahrung von Minderwertigkeit in neoliberalen Zeiten.« Vorgestellt wurde das Werk im Heimatmuseum Neukölln-Britz.

Zwar keimt – nach einem erneuten Schulleitungswechsel und verstärkten Hilfen der Schulentwickler der Bildungsverwaltung – seit 2021 leichte Hoffnung in dem schmucken Altbau von 1928. Und vielleicht schafft es das verjüngte Kollegium zusammen mit Lehramtsstudenten, die als vielversprechende »Schülercoaches« eingesetzt werden, die schlimmste Tristesse zu vertreiben.

Dennoch wird niemand die vergangenen Jahre ausradieren können, in denen mit jedem Sommer bis zu mehr als vierzig Prozent weitere Abgänger in ein mutmaßlich Hartz-IV-geprägtes Leben entlassen wurden. Und niemand wird den vielen Schülern, die in dieser Zeit ihre gesamte Pubertät in der Kepler-Trostlosigkeit verbringen mussten, diese wichtigen Lernjahre zurückgeben können.

Die Existenz von Einrichtungen wie der Kepler-Schule wäre zwar ärgerlich, aber nicht weiter verhängnisvoll, wenn es genug Schulen gäbe, um den schlimmsten Einrichtungen der Stadt auszuweichen. Aber die gibt es nicht. Im Gegenteil: Die Plätze sind so knapp, dass Schulen in geburtenstarken Bezirken in ihre Klassen mehr Schüler aufnehmen müssen als empfohlen.

Die Platznot der vergangenen fünf Jahre führte dazu, dass tausende Schüler gezwungen wurden und werden, bekanntermaßen schlechte oder zumindest schwache Schulen zu besuchen. Die Gesetze von Angebot und Nachfrage sind außer Kraft gesetzt, wenn Familien nicht die Wahl haben, mit den Füßen abzustimmen. Sie müssen die Füße ihrer Kinder in Schulen lenken, die erwiesenermaßen schlecht für Kinder sind. Vorbei die Zeit, als der Schülerrückgang dazu führte, dass die Bezirke die schlechtesten Bildungseinrichtungen schließen konnten.

Dass die wechselnden Berliner Landesregierungen und die bezirklichen Schulämter Kinder und Jugendliche auf diese Weise wissentlich der erhöhten Gefahr aussetzen, nach Jahren der schulischen Minimalförderung, bei gleichzeitig durchlittener verbaler Rohheit oder gar körperlicher Gewalt, einen guten Lebensweg zu verfehlen, passt so gar nicht zum postulierten Anspruch der Sozialdemokratie, vor allem denjenigen helfen zu wollen, die zu Hause nicht genug Förderung erfahren.

Es ist genau diese Klientel, der die Offenhaltung selbst der miserabelsten Schulen am meisten schadet. Denn ihre Eltern wissen weder, wie man mit einem Anwalt einen Platz in favorisierten Schulen erstreiten kann, falls sie denn überhaupt die Mittel dafür aufbringen könnten, noch kennen sie die nichtöffentlichen Schulen, die auch mittellosen Familien einen Schulplatz geben.

Besonders brisant ist die Causa »Kepler-Schule« auch deshalb, weil sie in einem Bezirk mit großen schulreformerischen Ambitionen liegt. Die Grundlagen der bundesdeutschen Gesamtschulen und Gemeinschaftsschulen wurden hier gelegt und zwar schon vor hundert Jahren mit Schulreformern wie Fritz Karsen (1885-1951) und Kurt Löwenstein (1885-1939), wobei letzterer bis 1933 sogar Neuköllner Schulrat war. Allerdings ist der Spielraum, den die Bezirke bei der Entwicklung ihrer Schulen haben, begrenzt, seit der Senat ihnen wenige Jahre nach der Wiedervereinigung die personelle Zuständigkeit entzog. Seither sollen sie nur noch auf den baulichen Zustand ihrer Bildungseinrichtungen achten. Ansonsten ist ihnen lediglich die Kompetenz verblieben, Schulen zu gründen und Schulen zu schließen – je nach Bedarf.

Tatsächlich verschwanden berlinweit Dutzende Schulen im Laufe der Jahre. Allerdings immer nur im Zusammenhang mit dem Schülerschwund: Eine Schule zu schließen »nur« deshalb, weil sie den Kindern schadet – das gab es nie. Selbst im Fall der Rütli-Schule, die massenhaft Abbrecher produzierte und Lehrkräfte in Angst und Schrecken versetzte, wurde mit großer Geste abgewunken, als nach dem so genannten Rütli-Skandal von

2006 mancher die Schließungsfrage stellte. Nicht anders verhält es sich bei der Kepler-Schule, die durchaus Rütli-Potential hat. Das ehemals so reformfreudige Bezirksamt hält sich raus, obwohl es sehr genau weiß, dass die Schule ihren Schülerinnen und Schülern über weite Strecken und seit Jahren nicht guttut.

Wer dennoch nach der Möglichkeit von Schulschließungen fragt, hört immer die selbe Antwort: Man brauche jeden Schulplatz, da könne man eben nicht zimperlich sein.

»Schließen? Nein«, sagt denn auch kurz und bündig Karin Korte, Neuköllns sozialdemokratische Bildungsstadträtin, wenn man sie auf diesen Ausweg für das Kepler-Problem in ihrem Bezirk anspricht. Sie verweist auf den »leichten Wandel«, der dort bereits spürbar sei, auf den neuen Schulleiter und die »neuen Ideen« für eine bessere Zukunft, aber: »Das dauert natürlich«, wirbt Korte weiterhin um Geduld. Wohl wissend, dass bereits am 21. September 2006 die deutsche Öffentlichkeit mit der Tristesse der Kepler-Schule konfrontiert worden war.

6.1. Der Bundespräsident mahnt, aber es ändert sich nichts

2006 hatte Bundespräsident Horst Köhler die repräsentative Aula der Kepler-Schule zum Ort seiner »Berliner Rede« auserkoren, ein halbes Jahr nach dem Rütli-Debakel wollte er in einer Neuköllner Hauptschule ein Zeichen setzen. Seine Botschaft: »Bildungschancen sind Lebenschancen. Sie dürfen nicht von der Herkunft abhängen.« Und das Staatsoberhaupt stellte auch die Forderung nach »durchgreifenden Verbesserungen des Bildungssystems«. Ob dies gelinge, sei eine wichtige Probe auf die Zukunftsfähigkeit des Föderalismus.

Aber auch dabei ließ es der Bundespräsident nicht bewenden. Er ging noch einen Schritt über die beliebte Debatte des bundesdeutschen Bildungsföderalismus hinaus, indem er den offenkundigen Mangel an Bildung undemokratisch nannte. Nur eine Diktatur könne sich ungebildete Bürger leisten; sie wünsche sie sich sogar.

Die Kepler-Schule ist heute nicht die einzige Schule der Stadt, die massenhaft »ungebildete Bürger« produziert. Zwar ist sie mit ihrem zeitweisen Anteil von vierzig bis fünfzig Prozent Schulabbrechern ein Ausreißer. Aber dass im Schnitt jeder fünfte Schüler ohne Abschluss ins Leben entlassen wird, dürfte für ein bis zwei Dutzend Berliner Schulen gelten. Manche können durch neue Schulleitungen oder äußere Veränderungen wie eine gymnasiale Oberstufe eine Wende einleiten, andere verharren dort, wo sie sind: am unteren Ende der Skala.

Auch die Heinrich-von-Stephan-Hauptschule im Moabiter Brennpunkt hatte sich dort befunden, bevor das Kollegium in den 90er Jahren mit seinem Schulleiter Jens Großpietsch die Wende schaffte: Die Gewalt bezähmt, bis in den Abend hinein im Team geackert, die Leistungen verbessert, bis es sich herumsprach und auch bildungsinteressierte Familien ihre Kinder herschickten. So wurde sie zur kombinierten Haupt- und Realschule, schließlich zur Gemeinschaftsschule, die zum Abitur führt. Was der Stephan-Schule zugutekam: Berlin schaffte unter Bildungssenator Jürgen Zöllner 2010 die Hauptschulen ab und machte den Weg frei für die neuartige Sekundarschule – einen Zusammenschluss von Haupt-, Real- und Gesamtschulen. So war zumindest das Label »Hauptschule« weg, das den zehn Prozent schwächsten Schülern der Stadt zu allem Überfluss anhaftete.

Berlin gehörte mit der Überwindung der Hauptschule zu den bundesweiten Vorreitern. Eine Schulform als reine »Restschule« hatte keine Zukunft.

Mit dem Verschwinden der Hauptschule verloren Politik, Eltern, Lehrkräfte und Schüler allerdings die Möglichkeit, Misserfolge und hohe Abbrecherraten der ungeliebten Restschule zuzuschreiben. Seither sind manche auf der Suche nach einem neuen Sündenbock für Schlechtleistungen. Oder zumindest nach zusätzlichen Stellschrauben, auf die man Hoffnung setzen könnte.

Aber es stirbt eine Hoffnung nach der anderen, die Berliner Risikogruppe verkleinern zu können. Der Anteil der Schülerinnen und – vor allem – Schüler ohne Abschluss stagniert auf hohem Niveau, obwohl die Politik alle möglichen Gegenmaßnahmen einleitet. Ein ums andere Mal zeigt sich: Mit »Maßnahmen« ist nichts gewonnen, solange sich nicht mehr ändert als äußere Strukturen.

Das gilt auch für den Versuch, die Leistungen der Jugendlichen dadurch zu heben, dass man möglichst vielen Schulen eine eigene gymnasiale Oberstufe verschaffte, also einen eigenen Weg zum Abitur; eine weitere Stellschraube, die suggeriert, es könne sich ohne zusätzlichen Fleiß eine Tür ins Paradies öffnen.

Anders als man hätte erwarten können, wurden keine flächendeckenden Anstrengungen unternommen, um mehr Schülerinnen und Schüler als bisher fit zu machen für den Übertritt in die Oberstufe. Weder wurden im großen Stil Stützkurse angeboten, um die schwachen Mathematikkenntnisse anzuheben, noch zusätzliche Stunden in Englisch oder Deutsch, um die Chancen auf einen erfolgreichen Übergang in die elfte Klasse zu verbessern.

Vielmehr bestand die »Lösung« darin, die Hürden zu senken. Wenn vorher eine gute Drei als Note notwendig war, um nach der zehnten Klasse auf der Schule bleiben zu können, reichte plötzlich eine schwache Drei. Eine Tatsache, die zunächst von der Bildungsbehörde vehement bestritten wurde.

Zehn Jahre nach dieser Reform ließ sich allerdings zeigen, dass genau dies geschehen war: Die steigenden Übergangszahlen in die gymnasiale Oberstufe waren mit einem Anforderungsverzicht erkauft worden. Dies fand der deutsche Bildungsforscher und »Pisa-Papst« Jürgen Baumert heraus, indem er 2019 die Leistungsstände verglich, die vor und nach der Sekundarschulreform notwendig waren, um die Hürde in die gymnasiale Oberstufe zu nehmen.

Demnach lag der Leistungsstand in den Fächern Deutsch, Mathematik, Fremdsprache und Naturwissenschaften, der nach der Reform für den Übertritt erforderlich war, um mehr als ein Schuljahr hinter dem, was vorher verlangt worden war.

Die gesteigerten Übertritte in die gymnasiale Oberstufe gingen demnach mit einer »substanziellen Absenkung« der verlangten Leistungsstände an den Sekundarschulen einher, wie die Berliner Expertenkommission ein Jahr später zusammenfasste. Sie erläuterte auch, wie dieser Vorgang rein formal geregelt ist: eine Fünf im Hauptfach darf sein.

Das also ist die profane Erklärung für das mit politischem Beifall bedachte Phänomen, dass nicht mehr nur 23,5 Prozent der Berliner Schülerinnen und Schüler in die gymnasiale Oberstufe wechseln dürfen, sondern über vierzig Prozent. Und mehr noch: In Sekundarschulen, die eine eigene gymnasiale Oberstufe haben, stieg der Anteil der Schüler, die nach der zehnten Klasse bleiben, in den Jahren nach der Reform von einem Drittel auf über die Hälfte. Manche Lehrkräfte sprechen da von ihren Schulen schon mal als von »Potemkinschen Dörfern«.

Die Berliner Expertenkommission zeigte sich entsprechend entschlossen, gegen diesen Leistungsverfall vorzugehen; allerdings nicht, indem die Übergangsquote wieder auf das Niveau vor der Reform zurückginge. Vielmehr lautete der Appell an die Bildungsverwaltung, die Jugendlichen der neunten und zehnten Klassen stärker zu fördern, mit zusätzlichen Stunden und mit zusätzlichen Fachlehrkräften. Mathematik beispielsweise sollte in dieser Phase nur noch von Pädagoginnen und Pädagogen unterrichtet werden, die das Fach auch tatsächlich studiert haben. Fachfremder Unterricht sei »auf jeden Fall« zu vermeiden, hieß es kategorisch im Abschlussbericht.

Unabhängig davon, ob diese Förderung je zustande kommt oder nicht: Die Experten raten dringend davon ab, Zehntklässlerinnen und Zehntklässler mit einer Fünf über die Hürde zu hieven, denn dieser Umstand führe dazu, dass zwei Drittel der Zehntklässler an Sekundarschulen in die Oberstufe wechseln könnten, ohne darauf tatsächlich vorbereitet zu sein.

6.2. Kinder als Insolvenzverwalter

Wie aber motiviert man Schülerinnen und Schüler zu besseren Leistungen? Zwar wird für einen Teil der Schülerinnen und Schüler durchaus angenommen, dass sie ackern. Gegenüber dem anderen, schwächeren Teil aber wächst die Unsicherheit, was zumutbar und machbar ist. Ein Zweifel, den der populäre Soziologe und Professor für Erziehung und Bildung in der Migrationsgesellschaft an der Universität Osnabrück Aladin El-Mafaalani mit Argumenten unterfüttert. Diejenigen, die Kinder in prekären Lebensverhältnissen individuell fördern wollen, müssten Armut verstehen. Denn Armut erzeuge eine soziale Mentalität, ein Denk- und Handlungsmuster, einen Habitus. »Kluge Kinder, die arm sind, denken und handeln kurzfristig, praktisch und unsicherheitsvermeidend«, erläutert El-Mafaalani. Das sei der Zwang der strukturellen Knappheit, ähnlich wie bei einem Insolvenzverwalter. Auch ein Insolvenzverwalter müsse kurzfristig eine praktische Lösung finden, die sicher sein müsse, weil die Situation der Insolvenz dieses und kein anderes Verhalten erzwinge.

Wenn Kinder dauerhaft unter struktureller oder extremer Knappheit aufwüchsen, dann etabliere sich dieses Muster und lasse sich nur noch mit viel Mühe aufbrechen. Diese Kinder müssten deshalb systematisch gefördert werden, mit dem Ziel, auch andere Denkmuster zu erlernen, empfiehlt El-Mafaalani.

Wie Lehrkräfte mit solchen ebenso nachvollziehbaren wie anspruchsvollen Empfehlungen umgehen können oder wollen, hängt sehr von der einzelnen Schule ab. Zum ganz normalen Rückstand der Berliner Schülerschaft in »Friedenszeiten« ist jetzt der Pandemie-Nachholbedarf hinzugekommen. Viele Schulen können aber kaum aufholen, weil sie Monate brauchen werden, um parallel die psychischen Corona-Wunden der Schülerinnen und Schüler zu heilen. Wenn die Lehrkräfte dann für die schwersten Fälle Hilfekonferenzen anberaumen, können sie noch nicht einmal sicher sei, dass die zugeladenen Mitarbeiterinnen und Mitarbeiter des Jugendamtes auch wirklich erscheinen – zu prekär ist die Personalsituation in den regionalen sozialen Diensten der Berliner Bezirke. Noch ist nicht absehbar, wann die Berliner Jugendämter die Langzeitwirkungen der Personalkürzungen aus der Sarrazin-Zeit komplett kompensiert haben werden, um zumindest auf akute Fälle reagieren zu können.

Die Personalprobleme der Jugendämter treffen die Schulen umso härter, als sie selbst ebenfalls überfordert sind. Zwar stehen allen Schulen neuerdings Sozialarbeiter zu. Aber der Mangel an Sonderpädagoginnen und -pädagogen sowie an Lehrkräften hat manche Schule an die Grenze der Arbeitsfähigkeit geführt. Schon möglich, dass es nirgendwo so vielen Schulen so schlecht geht wie in Berlin. Zwar leben in Bremen prozentual gesehen noch mehr arme Kinder und auch die Arbeitslosigkeit ist hier noch größer, aber Bremen kämpft nicht zu jedem Schuljahresbeginn mit einem Lehrkräftemangel, der sechzig Prozent Quer- und Seiteneinsteigende in die offenen Stellen spült. Und Bremen hatte in den Vorjahren nicht um 160 bis 225 Prozent am Lehrkräftebedarf vorbeigeplant, sondern nur zehn bis fünfzig Prozent.

In Berlin hingegen steht jede einzelne Schulentwicklung, jede noch so kleine Neuerung unter dem Vorbehalt, dass die Lehrkräftebeschaffung und die interne Einarbeitung der »Neuen« alle weiteren Ressourcen unter Beschlag nimmt.

Wenn eine Schule es schafft, dem Lehrkräftemangel zum Trotz unter schwierigen Bedingungen eine gute Atmosphäre zu schaffen und ihre Schülerinnen und Schüler zu besseren Leistungen zu führen als es gemeinhin an vergleichbaren Standorten möglich ist, heißt das allerdings bei weitem nicht, dass der Senat ihr Wertschätzung entgegenbrächte. Dies belegt das Beispiel der bereits erwähnten Friedrich-Bergius-Schule. Sie war von ihrem Leiter und seinem Kollegium von einer Brennpunktschule in eine Vorzeigeschule verwandelt worden und schaffte etwas, das keine andere schafft, die derart umringt ist von Konkurrenz mit gymnasialen Oberstufen: Die Bergius-Schule ist seit zehn Jahren übernachgefragt, obwohl nach der zehnten Klasse Schluss ist.

6.3. Zu gut für die Verwaltung – eine Schule fällt durch

Schulleiter Michael Rudolph hat unübersehbar Spaß an dieser Erfolgsgeschichte. Solchen Spaß, dass er nach der Pensionierung im Jahr 2019 gern weiterarbeiten wollte. Das ist generell erlaubt und angesichts des bedrohlichen Mangels an Lehr- und Führungskräften schien der Antrag auf Verlängerung ein

Selbstläufer zu sein, zumal die Schulaufsicht selbst es war, die Rudolph herzlich eingeladen hatte, um mit ihm die Weiterarbeit zu besprechen. Dennoch bekam Rudolph eine Absage, denn die Bergius-Schule war 2018 durch die Schulinspektion gefallen. Der Stil, in dem hier gelehrt wurde, erschien den Inspekteuren zu traditionell. Da half es auch nichts, dass Leistung und Atmosphäre an der Schule stimmten.

In der Folge forderte nicht nur sein Kollegium seine Weiterbeschäftigung über die Pensionsgrenze hinaus, sondern es meldeten sich auch mehrere Abgeordnete und protestierten gegen den Umgang mit Rudolph. Die Medien berichteten über den Fall.

Prompt bekamen die Abgeordneten Ende März 2019 Post vom damaligen SPD-Bildungsstaatssekretär Mark Rackles. Der teilte ihnen mit, dass »diese Art der Medienberichterstattung und diese Art der Zitate von gewählten Abgeordneten sowohl auf Bezirks- als auch auf Landesebene« seines Erachtens »das demokratische System in Gänze schädigen«. Er halte die Äußerungen für »unverantwortlich und als ein Teil der Fake-News-Problematik« sowie steigender Politikverdrossenheit. Zur Begründung dieser weit ausholenden Vorwürfe erwähnte Rackles, dass Rudolph ja selbst die Nachbesetzung seiner Stelle im November 2017 beantragt habe.

Der Schulleiter konnte diesen scheinbaren Widerspruch allerdings aufklären: Der Vorstoß des Senats, wegen des Lehrkräftemangels explizit Pensionäre länger an den Schulen zu halten, erfolgte erst 2018. Daher habe er es Ende 2017 als seine Pflicht angesehen, die Schulaufsicht auf seine baldige Pensionierung hinzuweisen, um eine längere Vakanz zu verhindern.

Zu diesem Zeitpunkt wusste Rackles längst, dass er selber eine Woche später in den einstweiligen Ruhestand versetzt werden würde; zwei Vorgänge, die nichts miteinander zu tun hatten. Allerdings nutzte Senatorin Scheeres den personellen Wechsel für einen neuen Ansatz im Umgang mit Rudolph. Er erhielt sofort die Erlaubnis, weiterzuarbeiten. Und nicht nur das. Auch in einem anderen Punkt wurde eine Wendung vollzogen und die betraf Rudolphs Dozententätigkeit im Landesinstitut für Schule und Medien Berlin-Brandenburg. Dort hatte er jahrelang an der Fortbildung künftiger Schulleiter mitgewirkt (Thema: »Schulen im Brennpunkt neu aufstellen«), bis er im Januar 2019 unvermittelt eine Absage für bereits versprochene Veranstaltungen erhielt. Ein Affront. Später war zu erfahren, dass ein leitender Mitarbeiter der Berliner Senatsverwaltung für Bildung zum Hörer gegriffen hatte, um Rudolph von der Dozentenliste streichen zu lassen. Mit Rackles' Abgang war auch das Geschichte. Der Ende 2021 verabschiedete Schulleiter ist längst wieder ein gern gehörter Dozent und Referent bei Veranstaltungen. Zusammen mit der Berliner Journalistin Susanne Leinemann schrieb er 2020 ein Buch über seine 40-jährigen Erfahrungen im Brennpunkt. Titel: »Wahnsinn Schule«.

Auch sonst änderte sich einiges. So signalisierte Senatorin Scheeres, dass die Schulinspektion künftig etwas andere Prioritäten setzen sollte, hin zu mehr Wertschätzung für ein Kollegium, das seine Schülerinnen und Schüler zu guten Leistungen führt. Scheeres gab der Schulinspektion den Auftrag, Lernergebnisse künftig stärker zu gewichten: Auch wenn ein Großteil der Schülerleistung eher an der Begabung und der sozialen Herkunft der Kinder hänge, dürfe das nicht dazu führen, dass die Leistungen derart wenig in die Analyse der Inspekteurinnen und Inspekteure einflössen.

7. DER UNGLEICHHEIT AUF DER SPUR: DAS DILEMMA BEI DER MIGRANTENFÖRDERUNG

Migranten stehen doppelt im Fokus der Bildungsverwaltung, weil sie in zweierlei Hinsicht im Nachteil sind: Zum einen sprechen viele Migranten zu Hause überwiegend kein Deutsch, so dass die Kinder in der Schule schlechtere Startchancen haben. Zum anderen sind sie im Schnitt ärmer und bildungsferner als deutschstämmige Familien.

Berlin ist mit dieser Prioritätensetzung bei der Förderung nicht allein. Auch jenseits der Berliner Bildungspolitik gilt die schulische Integration von Schülerinnen und Schülern mit Migrationshintergrund »als wichtiges bildungspolitisches Ziel«, wie das von den Bundesländern finanzierte Institut für Qualität im Bildungswesen (IQB) an der Berliner Humboldt-Universität betont. Im Bildungsmonitoring werde deshalb fortlaufend untersucht, wie gut es gelingt, bestehende Ungleichheiten zwischen Kindern und Jugendlichen mit und ohne Zuwanderungshintergrund zu verringern.

Das IQB verteidigt dieses Monitoring entlang der Herkunft der Schülerinnen und Schüler gegen die Kritik, dass zuwanderungsbezogene Kategorisierungen einen »ausgrenzenden und stigmatisierenden Effekt« haben könnten. Empirische Befunde seien notwendig, betont das IQB, »um bestehende Benachteiligungen sichtbar zu machen und eine Grundlage für Bemühungen zu deren Verringerung zu schaffen«.

Wie ungleich schwieriger die Startbedingungen einiger Migrantengruppen gegenüber den Kindern deutscher Herkunft oder gegenüber Schülern aus asiatischen und westlichen Industrienationen sind, wird allerdings bei weitem nicht vollständig erfasst. Das beginnt bereits damit, dass die Bildungsverwaltung die Schnittmenge zwischen Schülern nichtdeutscher Herkunftssprache (ndH) und Schülern armer Herkunft nicht kennt. Die Berliner Schulstatistik erhebe »keine Einzeldaten, sondern nur aggregierte Daten der Schüler«.

Etwas mehr Aufschluss bekommt man über die Senatsverwaltung für Gesundheit. Denn bei den Einschulungsuntersuchungen der Fünfjährigen erfasst sie auch den Sozialstatus der Eltern und stellt alle Daten in einem Bericht zusammen. Im letzten ausführlichen Bericht über die Untersuchungen von 2017 ist daher zu sehen, dass die Schnittmenge von Armut und Migration sehr groß ist.

So stammt von allen 27 000 fünfjährigen Kindern jedes sechste (16,5 Prozent) aus einem Haushalt, der dem unteren Sozialstatus zugerechnet wird, wie es dort heißt. Betrachtet man hingegen nur die Kinder ohne Migrationshintergrund, trifft das lediglich jedes zwölfte Kind (acht Prozent). Ganz anders verhält es sich aber, wenn beide Elternteile einen Migrationshintergrund haben. Da ist jedes dritte Kind von Armut betroffen, seine Eltern beziehen also Sozialtransfers (35 Prozent).

Den mit Abstand größten Anteil der dem unteren Sozialstatus zugeordneten Gruppe gibt es unter den türkisch- und arabischstämmigen Familien (44 Prozent beziehungsweise 50 Prozent). Bei den aus Osteuropa zugewanderten Familien sind es dagegen mit 22 Prozent deutlich weniger. Am geringsten ist das Armutsrisiko bei Familien aus westlichen Industriestaaten: Hier liegt es bei nur fünf Prozent.

Wie stark sich Migration und Armut überlappen, zeigt zudem der Bezirksvergleich der Senatsverwaltung für Bildung. So stammen in Neukölln knapp sechzig Prozent der Grundschüler aus Familien, die von Sozialtransfers leben, und fast siebzig Prozent aller Kinder, die zur Schule gehen, haben einen Migrationshintergrund.

Die starke Überschneidung von Armut und Migrationshintergrund hat auch der Nationale Bildungsbericht thematisiert. So stellte er fest, dass Kinder aus Familien mit Zuwanderungsgeschichte »auffallend häufig« mit mindestens einer »Risikolage« konfrontiert seien. Das gelte für 47 Prozent von ihnen, aber nur für 17 Prozent der Kinder ohne Migrationshintergrund. Unterschieden wird zwischen finanziellem, sozialem und bildungsbezogenem Risiko.

Letztgenanntes Risiko, nämlich bei gering qualifizierten Eltern aufzuwachsen, betrifft fast jedes fünfte Kind mit Migrationshintergrund, aber nur jedes zwanzigste ohne Zuwanderungsgeschichte in der Familie.

7.1. Als Ost-Berlin zum Drehkreuz für Flüchtlinge aus dem Libanon wurde – und was das mit Berlins Schule zu tun hat

Der Zusammenhang zwischen Migration und Armut ist nicht in allen deutschen Bundesländern derart deutlich zu erkennen wie in Berlin, wo sich in den vergangenen sechzig Jahren viele Angehörige bildungsferner Migrantengruppen niedergelassen haben. Und das ist wichtig, gerade beim Datenvergleich, denn wegen dieser Unterschiede in der Vorbildung sind Verweise auf den Migrantenanteil allein wenig aussagekräftig, wenn man das unterschiedliche Leistungsvermögen der Schülerinnen und Schüler in den einzelnen Bundesländern herausarbeiten will.

»Wie kann man die Erfolge von Kindern mit anderer Staatsangehörigkeit über die Länder hinweg vergleichen, wenn sich unter diesem Etikett Diplomaten, Fachexpert:innen, Kriegsflüchtlinge, Analphabet:innen usw. jeweils in ganz unterschiedlicher Mischung finden?«, fragte denn auch der Erziehungswissenschaftler Hans Brügelmann anlässlich einer Studie der »Initiative neue soziale Marktwirtschaft«. Wie problematisch ein solcher Vergleich ist, lässt sich am Beispiel Hamburgs und Baden-Württembergs zeigen. Diese beiden Bundesländer werden gern genannt, um Berlins Herausforderung durch den hohen Migrantenanteil zu relativieren. Hamburg (48,5) und Baden-Württemberg (44,3) haben nämlich prozentual mehr Schüler mit Migrationshintergrund als Berlin (41,4). Wegen der unterschiedlichen sozialen Lage der Zuwanderergruppen bringt der reine Vergleich allerdings wenig. Denn die im Schnitt ärmsten Berliner Schüler – Zuwanderer mit arabischem und türkischem Hintergrund – sind in Berlin im Bundesvergleich überrepräsentiert. Mindestens jeder sechste Berliner Fünftklässler kam 2017 aus dieser Gruppe. In fast allen anderen Bundesländern – außer Bremen – ist der Anteil der türkischstämmigen Schüler kleiner als in Berlin.

Dass diese Zahlen Beachtung verdienen, zeigt ein Blick auf die unterschiedliche Armutsgefährdung je nach Herkunft: Während unter der Gesamtheit der Kinder in Deutschland jedes dritte mindestens einem Risiko ausgesetzt ist (sozial, finanziell oder bildungsbezogen), ist es bei Kindern mit Migrationshintergrund jedes zweite – und in Familien türkischer Herkunft sind es sogar zwei von drei. Die Gefahr, von allen drei Risiken betroffen zu sein, ist bei Kindern mit Migrationshintergrund, unabhängig von der konkreten Herkunft, sogar viermal größer als bei Kindern ohne Migrationshintergrund. Über die Gruppe der besonders benachteiligten Kinder, nämlich die arabischstämmige, gibt es kaum bundesweite Zahlen, weil ihr Anteil in den meisten Regionen so klein ist, dass diese Gruppe von den jeweiligen Bildungsministerien nicht gesondert erfasst wird.

Mehr Aufschluss als die Statistiken der Länder geben die Berichte des Instituts für Qualität im Bildungswesen (IQB), bei denen es darum geht, »bestehende Benachteiligungen sichtbar zu machen«. Das IQB stellte fest, dass der Anteil der Neuntklässler, von denen mindestens ein Elternteil in einem Mitgliedsstaat der Arabischen Liga geboren wurde, in Berlin von allen Bundesländern am höchsten war – und zwar doppelt so hoch wie im Bundesschnitt.

Wie groß die Unterschiede zwischen den Ländern sind, lässt sich auch am Beispiel der Schüler mit libanesischem Pass oder libanesischer Herkunft verdeutlichen. Sie werden häufig mit deutlichen Entwicklungsverzögerungen eingeschult und haben in der Schule besonders große Probleme. Bei den Berliner Einschulungsuntersuchungen, oder auch auf Bundesebene in den Berichten über Schülerleistungsvergleiche, werden die aus dem Libanon stammenden oder palästinensischen Familien in der Gruppe der arabischen Schüler erfasst. Das Statistische Bundesamt hingegen führt diese Schüler separat auf, allerdings nur jenen kleineren Anteil, der noch nicht eingebürgert ist, also noch einen libanesischen Pass hat. Das sind in Hamburg sechzig, in Berlin aber rund 1300. In den bevölkerungsreichen Bundesländern Baden-Württemberg und Bayern war die Zahl nie vierstellig, heute liegt sie bei hundert bis dreihundert. Lediglich im fünfmal so großen Nordrhein-Westfalen gab und gibt es mehr Schüler mit libanesischem Pass als in Berlin.

Allerdings ist selbst die verhältnismäßig hohe Zahl von 1300 für Berlin noch weit entfernt von der schulischen Realität. Das belegt eine Publikation, die bereits 2008 vom Beauftragten des Berliner Senats für Integration und Migration herausgeben wurde: »Vieles spricht dafür, dass in Berlin etwa 70 000 Menschen mit arabischen Wurzeln leben, darunter 30 000 palästinensischer Herkunft und über 20 000 libanesischer. Die meisten haben in den letzten zehn Jahren die deutsche Staatsbürgerschaft angenommen – sind also Deutsche mit Migrationshintergrund und tauchen in der Ausländerstatistik nicht mehr auf.«

Die Autoren Sanem Kleff und Eberhard Seidel schreiben weiter, dass es »nicht die Privilegierten und Gebildeten waren, die sich aus dem Libanon nach West-Berlin aufmachten«, sondern »zumeist die Ärmsten, die wegen der Sozialhilfe und der leichten Einreise über die DDR in die Bundesrepublik kamen«. Die Autoren lassen – mit Hinweis auf die missglückte Asylpolitik jener Jahre – auch nicht unerwähnt, dass »rund neunzig Prozent der einstigen arabischen Flüchtlinge gar nicht arbeiten oder in der Schattenwirtschaft«. Rund sechzig Prozent der Kinder würden die Schule ohne Abschluss verlassen.

Seit dieser Veröffentlichung von 2008 ist die Zahl der libanesischstämmigen Berliner in nur zwölf Jahren um fünfzig Prozent auf 30 000 gestiegen, wenn man den Angaben des Statistischen Landesamts folgt. Wie hoch unter ihnen der Anteil der Schülerinnen und Schüler ist und unter ihnen wiederum der Anteil ohne Abschluss, lässt sich aufgrund fehlender Angaben in den Senatsstatistiken nicht klären.

Auch bei bundesdeutschen Bildungsstudien und Leistungsvergleichen wird die Gruppe der Libanesen oder Palästinenser als besonders problematische Gruppe nicht einzeln ausgewiesen. Allerdings werden sie hier, wie bei den Einschulungsuntersuchungen, teilweise unter der Gruppe der Araber berücksichtigt. So heißt es im aktuellsten bundesweiten Bildungsbericht des Instituts für Qualität im Bildungswesen zu den Leistungen der Neuntklässler in Mathematik, Biologie, Chemie und Physik in Bezug auf die »Kompetenznachteile«, dass »zwischen den einzelnen Herkunftsgruppen sehr große Unterschiede bestehen«. Besonders benachteiligt seien aber Jugendliche mit zwei im Ausland geborenen Elternteilen aus arabischen Ländern. Bei ihnen lägen »die erreichten Kompetenzen teilweise mehrere Schuljahre unter denen von Jugendlichen ohne Zuwanderungshintergrund«.

Die Forscher führen auch aus, was sie mit »Benachteiligung« meinen. Der Begriff kennzeichne demnach, »dass sich die Lage einer Gruppe ungünstiger darstellt als die einer anderen Gruppe, ohne dabei eine Annahme über mögliche Ursachen zu treffen«.

Was die Ursachen betrifft, helfen die bereits erwähnten Berliner Einschulungsuntersuchungen weiter. Sie belegen, dass die arabisch- und türkischstämmigen Kinder die schlechtesten Startbedingungen aller Erstklässler haben – und das geht weit über die Sprachbarrieren hinaus. Diese Kinder werden in ihren ersten Lebensjahren offenbar so wenig gefördert, dass sie bereits als Fünfjährige abgehängt sind. Jedem zweiten arabischstämmigen Kind attestieren die Kinderärzte der Gesundheitsämter, dass es Probleme bei der Visuomotorik hat, also bei der Auge-Hand-Koordination.

Damit haben Kinder dieser Gruppe viel größere Probleme als normal entwickelte Kinder, etwa eine Vorlage auszuschneiden oder Linien nachzuzeichnen. Für den schulischen Anfang bedeutet dies große Nachteile beim Schreibenlernen. Die Fachleute in der Senatsverwaltung für Gesundheit sprechen von »grenzwertigen« oder sogar »auffälligen« Befunden und beziffern sie je nach Herkunft. So ist zu erfahren, dass die auffälligen Befunde nur bei jedem siebten Kind aus westlichen Industriestaaten festzustellen sind und bei jedem sechsten deutschstämmigen Kind, aber bei fast jedem vierten Kind türkischer Herkunft und bei mehr als jedem dritten Kind arabischer Herkunft.

Ähnlich alarmierend sind die Ergebnisse der Einschulungsuntersuchungen in Bezug auf die visuelle Wahrnehmung und Informationsverarbeitung, die ebenfalls hoch bedeutsam für den Schulerfolg sind. Wenn ein Kind bei den entsprechenden Übungen schlecht zurechtkommt, bedeutet das, dass es weder

Schlussfolgerungen aus einem Bild ziehen noch Ähnlichkeiten und Unterschiede feststellen kann. Es weiß auch nicht, ob eine Maus größer ist als ein Elefant oder schneller läuft als eine Schnecke.

Auch hier stehen die arabisch- und türkischstämmigen Kinder wesentlich ungünstiger da als der Schnitt der Migranten, was ebenso für die Übungen zum Mengenverständnis gilt: Wenn die Schulärzte vor sich auf den Tisch ein paar Äpfel legen und wissen wollen, ob ein Apfel mehr ist als drei, wissen die Kinder dieser Gruppen überdurchschnittlich oft keine Antwort.

Entsprechend verteilen sich die Deutschkenntnisse: Unter den Arabischstämmigen sprechen dreißig Prozent der Fünfjährigen kein Deutsch. Bei den türkischstämmigen Fünfjährigen sieht es da allerdings viel besser aus, hier sind es nur sechs Prozent. Eine naheliegende Erklärung für die deutliche Differenz: der unterschiedlich lange Kitabesuch. Denn wenn die Kinder erst mit fünf oder sechs Jahren, also erst kurz vor der Schule oder gar nicht in die Kita gehen, ist hinsichtlich des Spracherwerbs schon die wichtigste Phase vorbei, da sich »im Verlaufe der normalen Sprachentwicklung bis etwa zum Ende des sechsten Lebensjahres die für Sprache relevanten Hirnregionen und deren Verbindungen herausbilden«, wie es in einer Stellungnahme der Nationalakademie Leopoldina heißt. Voraussetzung für diese neuroplastischen Veränderungen im Gehirn sei »natürlicher Sprachinput von muttersprachlich kompetenten Kommunikationspartnern«.

Um die durch Armut oder fehlende Bildung der Eltern verursachten schlechteren Startbedingungen zu kompensieren, wirbt das Land Berlin seit mehr als fünfzehn Jahren für einen mehrjährigen Kitabesuch. Allerdings ist der Erfolg ausgerechnet bei den bedürftigsten Kindern nur mäßig. Die Kitagebührenfreiheit, im Jahr 2006 wahlkampftauglich verkündet, kostet die Steuerzahler zwar rund achtzig Millionen Euro pro Jahr, brachte aber nicht das erwünschte Ergebnis, jedenfalls nicht pädagogisch. Denn während sich die relativ gut verdienenden und deshalb bis dahin voll zahlenden Eltern über die Ersparnis etlicher hundert Euro im Monat freuten, änderte die Gebührenfreiheit bei den arabischstämmigen Familien kaum etwas. So wuchs zwar der Anteil der Kinder aus türkischstämmigen Familien, die länger als zwei Jahre eine Kita besuchen, zwischen 2007 und 2017 von 76 auf 92 Prozent; aber bei den Kindern aus arabischen Familien blieb der Anteil bei sechzig Prozent stehen. Zum Vergleich: Unter den deutschstämmigen Kindern lag der Anteil 2017 bei 97 Prozent (2007: 92 Prozent), bei den Kindern aus osteuropäischen Haushalten bei achtzig Prozent (2007: 64 Prozent).

7.2. Warum die Frühförderung viele Familien nicht erreicht

Zur Wahrheit gehört aber auch, dass Berlin eine Vollbetreuung gar nicht leisten könnte. Es gibt einfach zu wenig Plätze. Versäumt wurde zudem das Naheliegendste: der Ausbau von Sprachlerngruppen außerhalb der Kitas, etwa bei kleinen, freien Bildungsträgern. Damit wurde überhaupt erst viele Jahre nach der gesetzlichen Verpflichtung zur Sprachförderung begonnen, und auch das nur unter dem Druck des Flüchtlingszuzugs von 2015.

Wenig empfänglich für das Problem der mangelnden Förderung sind auch die Genehmigungsbehörden, die für den Kitaausbau zuständig sind. So berichten Kitaträger, dass sie selbst in den Zeiten der schlimmsten Krise, als Eltern sogar klagen mussten, um den ihnen gesetzlich zustehenden Kitaplatz zu bekommen, durch umstrittene Bauvorschriften blockiert wurden. Daran hat sich bis heute nichts geändert. Selbst minimale Kitaerweiterungen um wenige Plätze ziehen mehrseitig engbedruckte Auflagen nach sich, wobei sich die Senatsverwaltungen für Bauen und Jugend gegenseitig an Ansprüchen überbieten.

Bremsend wirkt auch die Vorschrift, dass eine Kita mit mehr als 25 Kindern eine eigene Freifläche am Haus vorweisen muss, und zwar selbst dann, wenn ein benachbarter öffentlicher Spielplatz direkt daneben liegt. Da es solche Freiflächen in der gesamten Innenstadt aber kaum gibt, bedeutet dies: Ausgerechnet dort, wo die größte Kitanachfrage existiert, werden weniger neue Kitas gebaut. Lieber verzichten die zuständigen Berliner Behörden mit untätiger Beihilfe der Politik auf dringend benötigte Kitaplätze für bedürftige Kinder, als dass sie Vorschriften entschlacken würden.

Mehr noch: Die Freien Träger, ohne deren gemeinnütziges Engagement der bisher erfolgte Kitaausbau undenkbar gewesen wäre, fühlen sich von der zuständigen Senatsverwaltung für Jugend wie Bittsteller behandelt. Dabei ist das Land dringend auf die Freien Träger angewiesen, denn sie stemmen nahezu den gesamten Ausbau. Wenn der Senat nicht jedes Jahr auf achtzig Millionen Euro Elternbeiträge verzichten würde, wäre mehr Geld zur Finanzierung von Kitabauten vorhanden. Doch seit 2006 setzen die Berliner Koalitionen unter Führung der SPD das Geld lieber für einen pädagogisch weitgehend nutzlosen, aber wohlgefühligen Wahlkampfdauerschlager mit dem Titel »Kostenlose Kita« ein. Im Jahr 2020 wurden dann auch noch infolge der knapper werdenden Finanzen – eine Folge der Corona-Krise – die Mittel für den Kitaausbau eingefroren. Allerdings versäumte es die Jugendverwaltung, die Betroffenen darüber angemessen zu informieren. Und so wurden etliche Träger, darunter auch Elterninitiativen, unvorbereitet mitten in den Planungen für neue Einrichtungen überrascht. Etliche Projekte mit Tausenden Plätzen mussten geschoben werden, das Angebot wurde verknappt.

Die Jugendpolitikerinnen der Koalition beantragten zwar, für 2022/23 mehr Geld zu sichern, doch das wurde von den Haushältern im Parlament am Ende ignoriert. Zuvor war schon ein Antrag zum SPD-Parteitag im November 2020 gescheitert, die Kitapflicht für Vierjährige durchzusetzen. Es war der letzte Versuch in der vorangegangenen Legislatur, das Land zum Angebot einer hundertprozentigen Kitaversorgung zu zwingen, über die seit mehr als zehn Jahren debattiert wird.

Dabei ist weitgehend unstrittig, dass der Kitaplatzmangel in erster Linie auf Kosten der Kinder geht, deren Mütter kein Abitur oder einen Migrationshintergrund haben. Eine bundesweite Umfrage des Deutschen Instituts für Wirtschaftsforschung aus dem Jahr 2020 bestätigte das nochmals.

Tatsächlich bemühten sich SPD-Politiker schon lange darum, eine verpflichtende Vorschulförderung benachteiligter, entwicklungsverzögerter Kinder zu erreichen, unabhängig davon, ob sie nun aus migrantischen Familien kommen oder aus deutschstämmigen. So hatte im Jahr 2010 der damalige Neuköllner Bürgermeister Heinz Buschkowsky die Einführung der Kitapflicht gefordert, um Entwicklungsdefizite auszugleichen. Weitere vergleichbare Vorstöße folgten. Sie blieben aber vergeblich, da die Kitapflicht als unvereinbar mit den im Grundgesetz zugesicherten elterlichen Rechten gilt.

7.3. Fünfzig Jahre Zuwanderung, aber keine Professur
      für Deutsch als Zweitsprache

Wie viele Kinder aus Familien mit migrantischer Geschichte seit Beginn der »Gastarbeiter«-Zuwanderung in den 60er Jahren Berlins Schule durchlaufen haben, weiß niemand genau. Einige Hunderttausend dürften es wohl gewesen sein, die meisten von ihnen sprachen zu Hause kein Deutsch. Zu den Gastarbeiterinnen und Gastarbeitern kamen später Bürgerkriegsflüchtlinge aus dem Libanon, dem ehemaligen Jugoslawien oder Syrien hinzu, aber auch deutschstämmige Aussiedler aus Polen oder Russland, meist ohne Deutschkenntnisse.

Aktuell stammen rund vierzig Prozent der Berliner Schüler aus nichtdeutschsprachigen Haushalten. Es ist weit verbreiteter Konsens in der Bildungswissenschaft, dass eine neue Sprache besser vermittelt werden kann, wenn die Herkunftssprachen in der Schule einbezogen und gewürdigt werden. Ebenfalls gehört zum Grundverständnis, dass man bei der Deutsch-Alphabetisierung von Kindern anderer Muttersprachen methodisch anders vorgeht als bei der Alphabetisierung in der Erstsprache der Kinder.

OECD-Bildungsdirektor Andreas Schleicher hatte die Befunde nach zwanzig Pisa-Jahren dahingehend zusammengefasst, dass »Lehrkräfte mit besonderer Qualifikation im Bereich Zweitsprachenerwerb« weltweit zu den Voraussetzungen erfolgreicher Sprachförderprogramme gehören. In diesem Sinne hatte auch die jüngste Berliner Expertenkommission der Berliner Bildungsverwaltung unter der Leitung des Kieler Bildungsforschers Olaf Köller in ihrem Abschlussbericht den Hinweis gegeben, dass »die spezifische Berücksichtigung der Herkunftssprache angesichts der sprachlichen Vielfalt in den Klassen sowie der Gruppe der neu Zugewanderten den Einsatz komplexer didaktischer Konzepte verlangt«.

Hier traf die Kommission einen neuralgischen Punkt, denn Berlin hatte es jahrzehntelang versäumt, ein wissenschaftlich fundiertes Knowhow für die Vermittlung von Deutsch als Zweitsprache (DaZ) bei den Lehrern aufzubauen. »Wir muss-

ten uns unsere Schulbücher selbst schreiben«, berichten Lehrkräfte, die in den damals ersten Schulen mit überwiegend türkischstämmigen Schülern in Kreuzberg arbeiteten. Anders als
in den Universitäten des Ruhrgebiets, wo bereits in den sieb-
ziger Jahren Institute für Deutsch als Zweitsprache aufgebaut
und mit Professuren ausgestattet worden waren, dauerte es in
Berlin bis 2016, dass an der Humboldt-Universität die erste or-
dentliche Professur für »Deutsch als Zweitsprache« eingerichtet
wurde. Noch 2013 hatte es nur zu einer Juniorprofessur gereicht.

Das sei ein entscheidender struktureller Fehler in Berlin, ur-
teilt Barbara John; sie war Berlins erste, damals noch so genannte Ausländerbeauftragte. Die Freie Universität Berlin, ebenfalls
eine Hochschule mit einem Schwerpunkt auf Lehrerbildung,
folgte erst 2020 mit einer DaZ-Professur. Da lag der Beginn
der Zuwanderung bereits fast sechzig Jahre zurück. Berlin habe
renommierte DaZ-Fachleute zu anderen Hochschulen ziehen
lassen, bemängelt John. Selbst die Universität Bielefeld, deren Stadt weniger Einwohner hat als Berlin Schülerinnen und
Schüler, leistet sich seit 2008 eine solche Professur.

7.4. Wie sich das Millionenbudget für die Sprachförderung Jahr für Jahr auflöst

Zu den unerschütterlichen Konstanten der Berliner Schule gehört es, dass jährlich ein hoher zweistelliger Millionenbetrag für
die zusätzliche Deutsch-Sprachförderung zur Verfügung gestellt wird, aber nicht dort ankommt, wo er gebraucht wird. Alle
Berliner Schulsenatorinnen und -senatoren der vergangenen
Jahrzehnte kannten das Problem. Tatsächlich ist der Zweck-
entfremdung nicht einfach beizukommen, denn die Schulen
haben Probleme, die ihnen noch mehr zu schaffen machen als

die mangelnde Sprachförderung ihrer Schüler. Dazu gehört, dass sie Ersatz für erkrankte Lehrer beschaffen müssen. Berlins Schulen haben in ihren Kollegien keine feste Vertretungsreserve. Stattdessen bekommen sie ein Budget, mit dem sie, wenn eine Lehrkraft länger fehlt, Ersatzkräfte »einkaufen« können.

Sie müssen also zunächst aus den eigenen Bordmitteln den Vertretungsunterricht organisieren. Und da der Vertretungsbedarf größer ist als die dafür zur Verfügung stehenden Mittel, werden eben als Erstes zusätzliche Angebote wie die Sprachförderung gestrichen. So springt die Lehrkraft, die eigentlich Sprachförderunterricht erteilen soll, irgendwo anders in ihrer Schule ein, um eine Klasse zu beaufsichtigen oder zu unterstützen, deren nominelle Lehrkraft gerade erkrankt oder auf Fortbildung ist.

Andere Sprachförderstunden landen etwa in der Berufsberatung, die bei Zuwanderern wegen der schwierigeren Vermittelbarkeit und dem eingeschränkten Zugang zum Arbeitsmarkt eine besondere Bedeutung hat.

So kommt es, dass letztlich von den mehr als tausend bereitgestellten zusätzlichen Lehrkräften nur etwa ein Drittel auch tatsächlich für Sprachförderung eingesetzt wird. Das ist der Berliner Unterschied zwischen Theorie und Praxis, zwischen einer Zahl auf dem Papier und dem realen Unterricht. Der »Rest«, also zwei Drittel der Arbeitskraft der eigentlich für Sprachförderung eingestellten tausend Lehrerinnen und Lehrer, komme anderen Aufgaben zugute, berichtet die Berliner Expertenkommission. Es handelt sich um Personal, das jährlich rund sechzig Millionen Euro kostet.

Eine Erhebung der Verwaltung ergab, dass es sich bei den »anderen Aufgaben« auch um die Bildung kleinerer Klassen handeln kann. Unklar bleibt aber, ob es in diesen verkleinerten Klassen nicht nur darum geht, überhaupt erst einmal irgendeine Art von Unterricht mit vielen emotional-sozial auffälligen Schülern zu versuchen – auch das ist ja eine der vielen Notwendigkeiten an den Brennpunktschulen. Jedenfalls ist bei Personalmitteln in Höhe von gut sechzig Millionen Euro für Sprachförderung nicht auszumachen, inwieweit sie ihrem eigentlichen Zweck zugutekommen.

Doch selbst wenn das zusätzliche Personal tatsächlich für die Sprachförderung eingesetzt würde, wäre sehr zweifelhaft, ob der Effekt dem hohen Mitteleinsatz auch nur annähernd entsprechen würde, denn der anspruchsvolle Sprachförderunterricht an Grundschulen wurde im Schuljahr 2019/20 nur zu sechs Prozent durch ausgebildete Fachkräfte abgedeckt.

Als zentrales Defizit bezeichnete die Kommission aber noch etwas anderes: Die durchaus vorhandene Expertise bei Fortbildungen und Programmen in Berlin kommt nicht bei den Schulen an, die sie am dringendsten benötigen. Denn erstens wird die Beteiligung an diesen Angeboten weder von den Lernständen der Lernenden noch vom Fortbildungsbedarf der Lehrkräfte abhängig gemacht. Und zweitens werden die wichtigen und nachgewiesenermaßen wirksamen Angebote »nur auf freiwilliger Basis und in geringem Umfang von den Schulen genutzt«.

8. DIE VERPRASSTEN CHANCEN: VIEL GELD, ABER KEINE EXPERTISE

Eigentlich hat die Bildung in Berlin einen hohen Stellenwert; jedenfalls in Bezug auf die Ausgaben. Das Statistische Bundesamt verkündete im Jahr 2020, dass sich Berlins finanzielle Bildungsaufwendungen zwischen 2010 und 2019 verdoppelt haben, während Brandenburg und Hamburg nur rund vierzig bis sechzig Prozent zulegten und ansonsten lediglich Rheinland-Pfalz oder Sachsen-Anhalt noch auf einen zweistelligen Zuwachs kamen. Allein zwischen 2018 und 2019 stiegen demnach die Ausgaben für Bildung in Berlin um 25 Prozent, was die Bundesstatistiker aber vor allem auf die milliardenschwere Schulbauoffensive zurückführten.

In der Folge landete Berlin mit seinen Ausgaben von 12 100 Euro je Schülerin und Schüler 2020 ganz oben im Ranking der 16 Bundesländer. Zum Vergleich: 11 700 Euro waren es in Hamburg, 8900 im deutschen Durchschnitt.

Berlin besitze »Ressourcen und Potenziale für die Gestaltung des Schulsystems, die in anderen Ländern nicht im selben Ausmaß vorhanden sind«, fasst denn auch die Berliner Expertenkommission die Ausgangslage zusammen. In keinem Verhältnis zu diesem Input steht allerdings der Output, also: die Schülerleistung. Deshalb ging die Kommission der Frage nach, woran es liege, dass es »trotz der vorhandenen Ressourcen und der teilweise beachtlichen Anstrengungen« in den vergangenen Jahren nicht gelungen sei, die Leistungen der Berliner Schülerinnen und Schüler in Mathematik und Deutsch substantiell zu verbessern, und die große Zahl derer zu reduzieren, die selbst an den Mindeststandards scheitern. Die Antwort der Expertinnen und Experten: Das Geld wird nicht durchdacht ausgegeben, nicht proaktiv, nicht zielgerichtet, sondern ad hoc, reaktiv, ungerichtet. Die einen nennen dieses Vorgehen »weiße Salbe«, die anderen »Gießkannenprinzip«.

Die Gießkanne, so viel steht jedenfalls fest, erreicht alle Bereiche des Schul- und Kitalebens, mit denen sich Wahlkampf machen lässt. Ob auf dem frisch benetzten Boden tatsächlich etwas Nützliches wächst, ist zweitrangig – wenn überhaupt. Worauf es ankommt, sind schnell verständliche Botschaften. Wir haben xyz kostenlos gemacht, ist seit zehn Jahren ein Standardsatz von SPD-Fraktionschef Raed Saleh. Bildungspolitisch ist das hilf- und nutzlos, aber machtpolitisch doppelt geschickt. Durch den Anschein, hierbei handele es sich um soziale Maßnahmen, wird der fachlichen Kritik daran die moralische Grundlage entzogen. Zugleich fühlen sich diejenigen besser, die davon am meisten profitieren: die Gutverdiener, die sich den Höchstbetrag für den Kitabesuch, die BVG-Karte, das Schulessen ihrer Kinder selbst leisten könnten.

Doch ganz egal, mit wem die SPD gerade koaliert, die Regierungspartner werden darauf eingeschworen, in möglichst kurzen Abständen dreistellige Millionenbeträge rauszuhauen. Im Gegenzug dürfen sie sich dann auch was wünschen.

Es begann mit den Kitagebühren. Die Elternbeiträge wurden gestrichen, samt und sonders. Die Begründung klang gut: Es müssten alle Hürden weggeräumt werden, die Kinder von der wichtigen Kitaförderung trennen könnten. Eine solche wurde in den Gebühren vermutet, oder jedenfalls behauptet. Allerdings mussten Geringverdiener schon damals nur einen Euro pro Tag für die Kita zahlen. Und so blieb der Effekt, wie weiter oben beschrieben, dann auch denkbar gering: Ausgerechnet diejenigen Familien, die angeblich so dringend erreicht werden sollten – bildungsferne Schichten –, blieben den Kitas trotz Gebührenfreiheit weitgehend fern.

Da aber ausnahmslos alle Eltern von den Gebühren befreit wurden, auch die Besserverdiener mit ihren höheren Beiträgen, gingen dem Land seitdem jedes Jahr rund achtzig Millionen Euro verloren. Dabei hatte sogar das höchste Elterngremium, der Landeselternausschuss, die generelle Gebührenfreiheit abgelehnt und gefordert, stattdessen in eine bessere Qualität zu investieren und zusätzliche Erzieherkräfte zu engagieren. Doch die rot-roten und später rot-rot-grünen Koalitionen ließen sich nicht beirren. Als Nächstes wurden die Hortgebühren für Erst- und Zweitklässler gestrichen.

Und so ging es weiter. Es kam das kostenlose BVG-Ticket dazu und dann das kostenlose Mittagessen, jeweils für alle, ungeachtet der Einkommenssituation. Ein weiterer negativer Effekt der nutzlosen Geschenke: Bedürftige Eltern verzichteten jetzt darauf, einen Berlinpass zu beantragen. »Der Weg zum Amt lohnt sich für sie nicht mehr«, meldeten die Schulen. Der Nachteil: Ohne Berlinpass bekommt man keine Zahlungen aus dem Bildungs- und Teilhabepaket, also auch keine kostenlose Nachhilfe. In der Folge müssen entweder die Schulen mühevoll hinter den Familien hinterhertelefonieren oder die Kinder gehen leer aus in Sachen Nachhilfe.

Auch die Nebenkosten des vermeintlich kostenlosen Mittagessens für alle haben es in sich. Das Land Berlin verlor den Kostenzuschuss des Bundes für die Mahlzeiten bedürftiger Kinder in Höhe von zwölf Millionen Euro pro Jahr – das ist grob gerechnet der Gegenwert von hundertfünfzig festangestellten Coaches für Mathematik und Deutsch.

An der Zahl der Schulabbrecher änderten die wie Kamellen beim Karneval vom hohen Ross ziellos heruntergeworfenen Millionen nichts. Auch die teure »Brennpunktzulage« für Schul- und Kitabeschäftigte in Höhe von dreihundert Euro im Monat brachte nichts als Ärger. Die Personalausstattung ließ sich so nicht verbessern, dafür war die individuelle Zulage zu gering. Aber für diejenigen, die bereits an einer solchen Brennpunktschule arbeiteten, bedeutete das: Wenn sie pädagogisch erfolgreich waren und ihre Schule den Status beziehungsweise das Stigma verlor, verloren sie auch einen Teil ihres Gehalts. Und die Kollegien an Problemschulen, die trotz ähnlicher Belastung die Negativ-Auszeichnung als Brennpunktschule knapp verpasst hatten, weil die Eltern den Berlinpass nicht beantragten – siehe oben –, grämten sich erst recht. Die Zulage sei eher untauglich für diese Einrichtungen, befand auch Roland Kern vom Dachverband der Kinder- und Schülerläden.

Den Regierenden Bürgermeister hatte die Begeisterung für Zulagen aber jetzt erst richtig erfasst, zumal so kurz vor den Wahlen im Jahr 2021. Seit November 2020 bekommen alle öffentlich Bediensteten bis einschließlich der Gehaltsgruppen A 13/E 13 eine »Hauptstadtzulage« in Höhe von hundertfünfzig Euro pro Monat. Rund zweihundertvierzig Millionen Euro gehen da über den Berliner Ladentisch. Die Angestellten der Freien Träger, die im Berliner Bildungsbereich traditionell eine wichtige Rolle spielen, bekommen diese Zulage allerdings nicht. Somit wird der Wettbewerb um pädagogische Kräfte ausgerechnet dort befeuert, wo es ohnehin bereits eine Art unlauteren Wettbewerb gibt: Die Kitas der Freien Träger müssen mit weniger Geld auskommen als die staatlichen, deren Schulden die Steuerzahler übernehmen. Zugleich werden die Freien Träger gezwungen, denselben Betreuungsschlüssel wie die staatlichen Kitas bereitzustellen. Andernfalls drohen Sanktionen.

So gerät manches durch die Gießkannenmillionen in Schieflage, ohne dass für die Kinder in den Einrichtungen irgendetwas gewonnen wäre. Aber die Sozialdemokraten lassen – im Verein mit der Linken – nicht ab von der Versuchung des schnellen Geldes. Kurz vor der Wahl 2021 wollten beide Par-

teien auch noch rasch die Hortgebühren der Dritt- und Viertklässler streichen, was den Haushalt um weitere rund vierzig
Millionen Euro pro Jahr belastet hätte. Doch diesmal verwei-
gerten sich die Grünen. Erledigt war das Thema damit allerdings nicht: Nach der Wahl einigten sich die neuen alten Koalitionäre auf die Streichung der Hortgebühren; allerdings noch
nicht für die Viertklässler.

8.1. Ein Bonusprogramm verpufft

Mit einer besonders teuren Ausschüttung bekamen es die Schulen 2014 zu tun. Damals entschied die SPD-Fraktion auf Anra-
ten ihres Vorsitzenden Raed Saleh, das sogenannte Bonusprogramm zu starten, zunächst »Brennpunktprogramm« genannt.
Um das Feuer im Brennpunkt zu löschen, ließ der Senat seither
140 Millionen Euro über die Berliner Schullandschaft rieseln
und unterschrieb damit eine Art politischen Offenbarungseid.
Unter den siebenhundert Berliner Schulen sollten rund 250
etwas von den Millionen abbekommen. Mit anderen Worten:
Mehr als jede dritte Schule brannte nach Einschätzung des Senats damals schon lichterloh. Konnte das wirklich stimmen?
    Zweifler gab es, doch laute Kritik blieb aus. Wie bereits bei
den anderen teuren Aktionen klang die Absicht einfach zu gut:
»Ziel des Bonusprogramms ist es, die Bildungschancen der
Schülerinnen und Schüler an Schulen in belasteten Sozialräu-
men zu verbessern und die Abhängigkeit des Bildungserfolgs
von der sozialen Herkunft deutlich zu verringern.« Wer wollte
dagegen schon etwas sagen?
    Nach der zweiten wissenschaftlichen Auswertung im Jahr
2018 wurde dann für alle klar: Es handelte sich zwar um ein be-
liebtes Programm, der so dringend benötigte Effekt blieb aber

aus. »Auswirkungen auf die Lernleistungen ..., Abbrecherquoten und Gymnasialempfehlungen zeigen sich bislang jedoch nur vereinzelt«, bilanzierten die Forscher. Als das herauskam, waren bereits rund achtzig Millionen Euro ausgegeben.

Das eigentliche Ziel wurde mithin verfehlt. Zwar konnte bei Sekundarschulen mit mehr als 75 Prozent Schülern aus prekären Verhältnissen festgestellt werden, dass sich die Fehlzeiten leicht verbessert hatten und die Abbrecherquoten um gut zehn Prozent gesunken waren. Aber, so das Resümee der Expertise, diese Entwicklungen seien »nicht zwingend auf das Bonusprogramm zurückzuführen, sondern könnten auch mit anderen Maßnahmen zusammenhängen«.

Das allerdings hätte der Senat wissen können, und vielleicht wusste er es ja sogar und blieb dennoch trotzig dabei. Hier zeigte sich wieder einmal, was in der Fachwelt seit Jahren unbestritten ist: dass es »keine Lösung ist, Schulen nach dem Gießkannenprinzip mit zusätzlichen Mitteln zu versorgen und darauf zu hoffen, dass diese für die Schulentwicklung schon richtig eingesetzt werden«, wie ein Gutachter in der viel beachteten Turnaround-Studie der Bosch-Stiftung festgestellt hatte.

So zog Berlin 2019 Konsequenzen aus der Pleite mit dem »Bonusprogramm«. Die beteiligten Schulen mussten jetzt einen Vertrag abschließen und klar benennen, welche problematischen Leistungswerte sie wie verbessern wollen. Zudem sollten sie »mindestens ein leistungsbezogenes Jahresziel festhalten, wenn die Schule hier unterdurchschnittliche Werte zur Region oder zu Gesamtberlin aufweist«. Von einer Kontrolle, ob die Ziele auch erreicht wurden, war allerdings nichts zu lesen.

Durch das Nachsteuern im fünften Jahr des teuren Programms war jedenfalls klar: Die Bildungsverwaltung hatte mal wieder einen Fehler gemacht, oder besser gesagt, wieder denselben Fehler gemacht. So wurde aus dem Bonusprogramm eine

Bestätigung für Berlins Art und Weise, eine »zwar engagierte, aber nicht immer in ausreichendem Maße wirksame und fokussierte Schulpolitik zu machen«, wie es die Expertenkommission im Jahr 2020 rücksichtsvoll beschrieb. Schulpolitische Initiativen waren demnach »eher von der Ad-hoc-Suche nach Lösungen für aktuelle Problemlagen geprägt und weniger von einer zielgerichteten und selbstreflexiven Steuerungsstrategie«.

Vielleicht hatte der SPD-Fraktionsvorsitzende Raed Saleh die Erwartung, dass es in der Bildungsverwaltung mit ihren Dutzenden Lehrern in leitenden Funktionen genug Leute geben müsste, die wüssten, wie man ein »Brennpunktprogramm« managt – und sei es auch nur »ad hoc«. Vielleicht dachte er, dass sich spätestens seit dem Rütli-Schock herumgesprochen haben müsste, wo sich die Stellschrauben für einen gelingenden Turnaround von Schulen in schwieriger Lage befinden könnten.

Jedenfalls schlussfolgerte Saleh aus der doch sehr bescheidenen Bilanz seines Bonusprogramms keineswegs, dass er vielleicht etwas falsch gemacht haben könnte. Unverdrossen startete der SPD-Fraktionschef ein neues teures Feuerwerk. »Berlin Challenge« hieß das nächste Programm – seit 2020 fließen jetzt zusätzlich pro Jahr neun Millionen Euro in zwanzig Schulen. Ausgesucht wurden sie allerdings nicht nach fachlichen Kriterien, sondern nach dem Windhundprinzip. So macht die Politik aus der Bildungspolitik ein Glückspiel, die Gewinner werden ausgewürfelt: Gehen Sie über Los, ziehen Sie 450 000 Euro ein. »Das Programm wurde von der Bildungsverwaltung verramscht«, kommentierte eine Abgeordnete der Koalition den kostspieligen Vorgang.

Dabei hatten sich Bildungsverwaltung und Regierungsfraktionen diesmal Großes vorgenommen, jedenfalls für Berliner Verhältnisse. »Für die Analyse der Ausgangslage und die Festlegung langfristiger Entwicklungsvorhaben sowie von Jahreszielen und Maßnahmen werden die Schulen seit Oktober 2020 von Schulentwicklungsberatern und Schulentwicklungsberaterinnen unterstützt«, heißt es in einer offiziellen Mitteilung zum Projektstart. Zudem soll es zur fachlichen Begleitung, zur Qualitätssicherung und zum fachlichen Austausch »Reflexionsforen« geben, in die sich auch die Spezialisten für schwierige Schulen einbringen: »ProSchul« heißt die Feuerwehr, die bei Problemen helfen und aus Schaden klug machen soll. Dazu wird es laut Ankündigung ein »Controlling« durch die Schulaufsicht geben. Sie soll aufpassen, dass die Schulen ihre Ziele nicht aus den Augen verlieren – ganz egal, ob es jetzt um E-Learning, Medienkompetenz, Fehlzeiten, Abschlüsse, Lese- und Sprachförderung oder die Ergebnisse der Vergleichsarbeiten geht.

Doch allen großen Worten zum Trotz: Bereits bei der Ankündigung des neuen Programms war klar, dass die Ziele kaum zu bemessen sein werden – Corona hat auch und besonders an den Berliner Schulen alles durcheinandergebracht. Wie die Lern- und Veränderungsprozesse ohne die Pandemie verlaufen wären, ist deshalb genauso wenig zu klären wie die Frage, ob die Bonus- oder Challenge-Millionen die Zustände an den Berliner Schulen tatsächlich verbessert haben.

9. DAS SCHIKANIEREN DER FREIEN SCHULEN

Freie Schulen sind für viele verzweifelte Eltern in Berlin die letzte Hoffnung. Manche würden lieber das Angebot einer staatlichen Schule nutzen. Die einen aus Überzeugung, weil sie eine ausgewogene soziale Mischung für richtig halten und unterstützen wollen, die anderen, weil ihnen die Elternbeiträge schlicht zu teuer sind. Was sie ihren Kindern aber ersparen wollen: in einer Schule untergebracht zu werden, in der psychische und physische Gewalt unter Schülern üblich ist; in einer übervollen Klasse zu sitzen, in der achtzig Prozent und mehr Schülerinnen und Schüler nur rudimentäre Deutschkenntnisse haben; es ständig mit fachfremden und überforderten Ersatzlehrkräften zu tun zu haben; sich nicht aufs Klo zu trauen, weil die sanitären Anlagen völlig heruntergekommen und eklig sind; ständig von einem Behelfscontainer zum nächsten zu ziehen; ordentlichen Sportunterricht nur dem Namen nach zu kennen; für den Weg zur Schule morgens und nachmittags eine Stunde und länger durch die ganze Stadt fahren zu müssen.

Aber vermutlich gäbe es in Berlin keine Freien Schulen, wenn das Grundgesetz nicht wäre. Denn ihre Existenz wurde bei der Gründung der Bundesrepublik bewusst nicht der föderalen Freiheit im Bildungswesen anheimgestellt. »Das Recht zur Errichtung von privaten Schulen ist gewährleistet«, steht in großer Klarheit in Paragraf 7, Artikel 4. So klar, dass selbst die links verortete Gewerkschaft Erziehung und Wissenschaft (GEW) vor einigen Jahren befand, es sei »sinnlos, sie grundsätzlich zu bekämpfen«.

Dies zu akzeptieren, fiel der SPD, die seit 1996 ununterbrochen das Bildungsressort innehat, immer schwerer, je mehr sie nach links rückte. Dabei stand sie vor einem Dilemma; einerseits getrieben vom politischen Wunsch, die Freien Schulen an einer weiteren Ausdehnung zu hindern, andererseits konfrontiert mit der grundgesetzlichen Vorgabe, sie nicht verbieten zu können. So beschloss man, das Problem über die Finanzierung zu lösen.

Es galt daher, eine Bezuschussungsform zu finden, die den Freien Trägern keinen weiteren Auftrieb geben sollte, ohne aber die Finanzierung so zu beschneiden, dass ihr Besuch nur noch einer vermögenden Elite möglich wäre. Denn auch das schreibt das Grundgesetz vor: Freie Schulen sind nur dann zu genehmigen, wenn sie die Schülerinnen und Schüler nicht nach den Besitzverhältnissen der Eltern trennen.

Aus dieser Zwickmühle fand die SPD aber keinen Weg heraus. So verschob sie die Gewichte zunächst kaum spürbar, aber doch konsequent peu à peu zu Ungunsten der Freien Träger. Eine gute Möglichkeit dazu boten ihr die Sparzwänge zu Beginn der 2000er Jahre. Bis dahin hatten die Freien Schulen vom Land Berlin einen Zuschuss bekommen, der 97 Prozent der Personalausgaben für die öffentlichen Schulen entsprach. Seit 2002 wurden aber nur noch 93 Prozent angesetzt. Die freien Träger akzeptierten das, in Kenntnis der damals in allen Bereichen verhängten Ausgabenkürzungen. Was sie dann aber zunehmend empört feststellten, war, dass alle Kürzungen im Laufe der Zeit zurückgenommen wurden – nur die bei ihnen nicht.

Auch in der SPD selbst wurde damals wahrgenommen, dass mit der Finanzierung etwas nicht stimmte. »Das jetzige System ist nicht mehr zu vertreten«, befand 2005 Karl-Heinz Nolte, der damalige Haushälter der SPD-Fraktion, zur Erleichterung der Freien Schulen. Denn Abgeordnete wie Nolte waren bereit anzuerkennen, dass es mit den Personalmitteln ja nicht getan war. Schulen müssen ja auch gebaut, gereinigt und unterhalten, Lehr- und Lernmittel angeschafft werden. Die staatlichen Zuschüsse reichten damit kaum aus, um auch nur zwei Drittel der tatsächlichen Kosten der Freien Schulen zu decken.

Was aber ein Schulplatz kostet, alles inklusive, wusste seltsamerweise niemand genau zu sagen. Die Behörden waren nicht in der Lage aufzuschlüsseln, was sie insgesamt pro Schulplatz ausgaben. Jedes bezirkliche Schulamt nannte einen anderen Betrag, weil die Kostenstellen auf zu viele verschiedene Ämter verteilt waren – und es bis heute sind. Und so geschah, was oft passiert, wenn Politiker nicht weiterwissen: Sie gründeten einen Arbeitskreis – allerdings erst 2016, elf Jahre nach der Erkenntnis, dass es so nicht weitergehen kann.

Immerhin stellte die neue rot-rot-grüne Koalition damals fest, dass mit der Erarbeitung eines neuen »Finanzierungsmodells auf Vollkostenbasis« schon mal »begonnen« worden war. Bis Ende 2017 sollte dieser Prozess abgeschlossen sein, 2019 sollte das neue Modell eingeführt werden können. Auf der Grundlage von Vollkostensätzen würde es endlich mehr Transparenz und Planungssicherheit geben. Allerdings fiel den Skeptikern der Freien Schulen auch gleich noch ein neuer Trick ein: Mehr Geld als bisher sollte es nur für jene Schulen geben, die »verstärkt inklusiv arbeiten und Schülerinnen und Schüler aus sozial benachteiligten Familien aufnehmen« – das aber »kostenneutral«.

Damit war die Reform der Finanzierung jedoch von vornherein zum Scheitern verurteilt. Denn so gut und richtig das Ziel von mehr Inklusion auch ist: »Kostenneutralität« würde ja bedeuten, dass man Schulen, die nicht inklusiv arbeiten, Zuschüsse kürzen müsste. Sie würden also noch weniger als nur rund zwei Drittel ihrer Ausgaben ersetzt bekommen. In diesem Fall würde das aber dazu führen, dass die Elternbeiträge steigen müssten, was wiederum die Selektivität dieser Schulen erhöht. Also das Gegenteil dessen, was die Koalition als Ziel vorgegeben hatte. Somit blieb alles beim Alten.

9.1. Eine Schule macht alles richtig und wird doch ausgehungert

Noch während Rot-Rot-Grün verhandelte, tauchte ein Problemfall auf, der die Überfälligkeit der Reform beleuchtete. Die Freie interkulturelle Waldorfschule Berlin drohte nämlich bankrottzugehen, weil sie genau das tat, was Rot-Rot-Grün ja eigentlich wollte: Um keine finanziellen Schranken aufzubauen, begnügte sie sich mit geringen Elternbeiträgen.

Dass derart geringe Einnahmen Finanzlöcher schlugen, die trotz Krediten, teilweisem Gehaltsverzicht der Beschäftigten und kostenloser Elternmitarbeit finanziell nicht zu überbrücken waren, hat einen einfachen Grund: Berlin vergibt seine Zuschüsse erst, wenn eine Freie Schule ein paar Jahr lang bewiesen hat, dass sie ein seriöses Fundament hat. Bei Grundschulen sind das fünf Jahre. Fünf Jahre ohne einen einzigen Cent vom Land.

Erst im letzten Moment und durch Intervention der Realo-Grünen Stefanie Remlinger und Silke Gebel, die um Hilfe gebeten worden waren, wurde die Pleite der interkulturellen Waldorfschule abgewendet. Der mächtigste Mann der SPD-Fraktion, Raed Saleh, wurde von Gebel für die Rettung der Schule gewonnen. Er verstand, dass es nur schwer erklärbar gewesen wäre, eine Freie Schule in den Bankrott zu schicken, die genauso integrativ arbeitet, wie die SPD es immer wieder als Ziel vorgegeben hatte.

Was für Außenstehende in Zeiten des Schulplatzmangels logisch klang – die Rettung einer kleinen, bescheidenen, nicht selektiven Schule –, war für Rot-Rot-Grün aber keineswegs eine Selbstverständlichkeit. Es dauerte rund ein Jahr vom ersten Alarmsignal bis zur Rettung in letzter Minute. Denn der Linken war die Sache schlicht egal, wie ihr Nichtstun signalisierte. Freien Schulen wird grundsätzlich nicht geholfen, nach dem Motto: Nur der Staat weiß, wie's richtig geht. Und da es mit der staatlichen Berliner Schule ja so gut funktioniert …

Die Grünen und die SPD arbeiteten auch nur mit halber Kraft an der Sache, weil der jeweils linke Flügel in den Freien Schulen traditionell keine Bereicherung, sondern eine Gefahr sieht. Befürchtet wird, dass Freie Schulen den staatlichen Schulen die Engagierteren unter den Eltern abspenstig machen könnten, egal ob Geringverdiener oder Wohlhabende.

Aber auch Bildungssenatorin Sandra Scheeres intervenierte nicht, obwohl von Amts wegen niemandem in der Stadt mehr als der Bildungssenatorin daran gelegen sein müsste, eine gut arbeitende Schule zu retten, zumal in Zeiten knapper Schulplätze. Dabei hätte es eine Grundlage dafür gegeben, die Schule vor Ablauf der fünf Jahre zu unterstützen. In der einschlägigen Verordnung steht nämlich, dass die Schulaufsichtsbehörde »nach Maßgabe des Haushalts« bereits nach drei Jahren Zuschüsse gewähren kann, wenn die Schule »ohne wesentliche Beanstandung arbeitet«.

Eines machte der Fall jedenfalls deutlich: Wer will, dass Freie Schulen sozial durchlässiger werden, muss die Wartefrist verkürzen und die Zuschüsse erhöhen, zwei auf der Hand liegende Erkenntnisse, die dennoch im letzten Augenblick den Weg in das Schulgesetz verpassten. Im rot-rot-grünen Tauziehen vor der Wahl im Herbst 2021 fehlte es an der entsprechenden Prioritätensetzung. Somit verharrte die Reform der Privatschulfinanzierung auch in der dritten Legislatur als eine Art Stiefkind der sozialdemokratisch geführten Koalitionen auf der Arbeitsebene.

In den fünfzehn Jahren Stillstand bei der Reform der Finanzierung blieben die Freien Schulen allerdings höchst agil. Trotz der im Bundesvergleich knappen Zuschüsse gab es immer wieder Initiativen, die sich nicht abschrecken ließen. Jedes Jahr kamen neue Schulen hinzu, darunter auch welche, die ausdrücklich für benachteiligte Kinder da sein wollten. Anders als die Freie interkulturelle Waldorfschule in Berlin schlüpften sie allerdings unter das Dach eines anerkannten Schulträgers, so dass sie von Anfang an Zuschüsse erhielten und somit überleben konnten, ohne dass ständig die Pleite drohte.

Dennoch gab es Schwierigkeiten, denn die Benachteiligung der Freien Schulen hat in Berlin noch mehr Facetten. So werden die Zuschüsse auch dann, wenn man mit einem anerkannten Schulträger kooperiert, in den Anfangsjahren um 25 Prozent gesenkt. Somit sind noch nicht einmal fünfzig Prozent der Kosten eines öffentlichen Schulplatzes gedeckt. Und anders als in einigen anderen Bundesländern werden die 25 Prozent auch nicht im Nachhinein erstattet.

Ein weiterer Aspekt der gezielten Benachteiligung: Obwohl das Land nur die Personalkosten, nicht aber die Gebäudekosten subventioniert, wird den Freien Schulen kaum geholfen, preiswert an öffentliche Gebäude heranzukommen. Die Stärke der Unterstützung beziehungsweise Behinderung variiert je nach politischer Ausrichtung des jeweiligen Bezirks.

Die stärkste Gegenwehr gibt es in Friedrichshain-Kreuzberg, wo in den Zeiten des Schülerrückgangs etliche Schulhäuser leer standen. Kein Gebäude wurde in dieser Zeit einem Freien Träger übergeben, obwohl es jahrelange Versuche in diese Richtung gab. Lieber ließ der Bezirk in bester Lage wertvolle Immobilien ungenutzt liegen, als dass er sie einem Freien Träger gegeben hätte. Die Bezirksverordnetenversammlung sah das mehrheitlich ähnlich.

9.2. Eine Schule macht alles richtig, bekommt aber kein Haus

So erging es auch dem engagierten Unternehmer Nizar Rokbani, der zusammen mit einem der erfolgreichsten Schulreformer Berlins, Jens Großpietsch, eine Schule gründen wollte. Dass Rokbani als Sohn tunesischer Einwanderer und auf dem Hintergrund seiner eigenen schlechten Schulerfahrungen den Wunsch hatte, einen guten Lernort besonders für Schüler aus Einwandererfamilien zu schaffen, half ihm nicht weiter bei der Suche nach einer Immobilie.

Auch dass Jens Großpietsch zuvor in 39 Jahren an einer öffentlichen Brennpunktschule in Moabit bewiesen hatte, dass er sehr genau weiß, wie man Benachteiligte fördert, wurde von der Politik ignoriert. Dabei war sein Wirken dort sogar national gewürdigt worden: Die *Süddeutsche Zeitung* hatte es »Das Wunder von Moabit« genannt, wie Großpietsch mit seinem Kollegium eine Verliererschule in eine Gewinnerschule gedreht hatte.

Doch alles das ließ die involvierten Akteure auf Bezirks- und Landesebene kalt, denn auch eine gute Freie Schule ist für linke Ideologen keine gute Schule. So landeten Großpietsch und Rokbani nicht im Brennpunkt, wo sie hingewollt hatten, sondern gründeten ihre Freudberg-Gemeinschaftsschule im harmlosen und gar nicht brennenden Wilmersdorf, wo gerade das ehemalige Gebäude einer Freien Schule leer stand.

Der Fall sei auch »die Geschichte einer Stadt, die ein marodes Schulsystem hat – sich aber wehrt, wenn private Initiativen bessere Schulen schaffen wollen«, befand damals, 2016, der Bildungsjournalist Christian Füller in der *Welt*. Dieses Vorgehen sei doch recht erstaunlich, zumal, so Füller, »Berlins Schulen zum Schlechtesten gehören, was in der Republik zu finden ist«.

Einige Jahre zuvor war bereits eine andere Elterninitiative daran gescheitert, ein leerstehendes Schulgebäude in Kreuzberg zu übernehmen, um dort eine evangelische Schule zu gründen. Moment mal: eine evangelische Schule? In Kreuzberg? Das geht ja gar nicht! Der Bezirk und die damalige Bildungsstadträtin Monika Herrmann von den Grünen wussten, wie eine solche Konkurrenz für die maroden öffentlichen Schulen zu verhindern ist. »Mit Frau Herrmann war nicht zu reden. An ihr ist das Projekt gescheitert«, sagte damals Manfred Hermann, der als Vorstandsvorsitzender der Evangelischen Schulstiftung die Verhandlungen führte. Es habe keine Perspektive gegeben.

Dabei fehlte es der Elterninitiative nicht am Durchhaltevermögen. An zwei Standorten hatte sie sich versucht, aber beide Gebäude wurden ihr versagt, obwohl sie damals und auch noch lange danach ganz oder zumindest teilweise leer standen. Eine von ihnen: die ehemalige Gerhart-Hauptmann-Schule, die infolge des Leerstands im Dezember 2012 erst von linken Aktivisten, dann von Geflüchteten und Asylbewerbern besetzt wurde. Millionensummen zahlte der Bezirk allein für einen Wachdienst. Erst fünf Jahre später war die ehemalige Schule wieder frei – sie fiel als Komplettsanierungsfall zurück an den ratlosen Bezirk.

»Es gibt den fiskalischen Aspekt und den gesellschaftlichen«, hatte noch im Januar 2014 die grüne Finanzstadträtin Jana Borkamp die Gebäudepolitik des Bezirksamts verteidigt und gesagt, man versuche eben, »Dingen Raum zu geben«, die mit hohen Mieten nicht möglich seien. Doch die »Dinge« entglitten dem Bezirk an jenem Standort, den eine engagierte Freie Schule sinnstiftend für die Kinder im Kiez hatte nutzen wollen. Stattdessen wurde der Name der Gerhart-Hauptmann-Schule untrennbar verknüpft mit Drogenhandel und Gewalt. Erst als eine Hausbesetzerin erstochen worden war und das »Projekt« völlig außer Kontrolle geriet, wurde das Gebäude Anfang 2018 geräumt.

Wenig Glück hatte der Bezirk auch mit der Rosegger-Grundschule im Bergmann-Kiez. Den schmucken Altbau hatte die Stadträtin und spätere Bürgermeisterin Herrmann weder der evangelischen Elterninitiative noch der von Nizar Rokbani und Jens Großpietsch geben wollen. Stattdessen erhielt eine »Hochschule für Weltmusik« den Zuschlag. Die schaffte es dann allerdings nicht, als Hochschule akkreditiert zu werden. So blieben jahrelang drei von vier Etagen abgesperrt. Leerstand in bester Lage. Im April 2021 zog die verhinderte Hochschule als »Global Music Academy« in ein kleineres Gebäude nach Neukölln. Dabei hatten Rokbani und sein Team von der Freudberg-Schule mit den Musikleuten bereits ein gemeinsames Konzept erarbeitet. Schule und Weltmusiker hätten gern kooperiert, genug Platz wäre vorhanden gewesen. Aber dem Bezirk passte das nicht.

Zu verstehen ist das eigentlich nicht. Rokbani hatte erklärtermaßen keine Schule für Besserverdiener gründen wollen. Ein Drittel der Plätze sollte für Kinder reserviert werden, deren Eltern kein Schulgeld zahlen könnten. Das hätte exakt der Berliner Mischung entsprochen. Aber auch das zog nicht. So war klar: Es ging nicht nur gegen Schulen »für Reiche«, sondern ganz pauschal gegen alle Freien Schulen.

Damit war der Bezirk ganz nah an der SPD-Senatspolitik, nur dass die Senatsverwaltung für Bildung den Freien Schulen keine Gebäude, sondern eine auskömmliche Finanzierung vorenthielt. Das hatte nicht nur der Fall der Freien Interkulturellen Waldorfschule in Berlin gezeigt, die fast pleitegegangen wäre, sondern auch der Fall zweier Initiativen in Mitte.

9.3. Eine Schule macht alles richtig, überlebt aber nur dank Sponsoren

Beide Initiativen – die Quinoa-Schule und die geplante Schule der so genannten Bürgerplattform – verfolgten das Ziel, für Kinder aus mittellosen Familien da zu sein. Dennoch bekamen sie kaum Starthilfe. Dass die Quinoa-Schule letztlich dennoch 2014 eine Klasse aufmachen konnte und bis heute erfolgreich existiert, lag nicht am Land Berlin, sondern an Sponsoren wie der Vodafone Stiftung und den kundigen Sozialunternehmern Fiona El Kehal und Stefan Döring.

Der Bürgerplattform gelang die Umsetzung nicht. Zwar bot die Bildungsverwaltung dem Zusammenschluss aus multikulturellen Moscheen, Kirchengemeinden und Kitas nach zähen Verhandlungen die Zusammenarbeit mit einer öffentlichen Schule an. Aber das reichte den Engagierten nicht, da sie zu einem »externen Kooperationspartner« herabgestuft werden sollten, anstatt Partner auf Augenhöhe zu sein. So mussten die zahlreichen angemeldeten Kinder, von denen viele aus prekären Verhältnissen stammten, im Sommer 2014 rasch anderweitig verteilt werden.

»Letztlich scheiterte es an der Finanzierung«, sagt im Rückblick Martin Hoyer, der Vize-Vorsitzende des Paritätischen Wohlfahrtsverbandes. Ein solches Projekt aufzusetzen und dauerhaft in der Not zu sein, Sponsoren und Spender zu finden, sei sehr ambitioniert gewesen. »Das Land Berlin hat letztlich kein Entgegenkommen gegenüber der Bürgerplattform gezeigt, ein solches Modellprojekt war aus meiner Sicht politisch einfach nicht gewollt.« Im Gegenteil. Es war ja auch die Zeit, in der von einer »Flut von Schulgründungen« gesprochen wurde und mit der Änderung des Schulgesetzes die Gründung von Filialen durch erfahrene Schulträger eingeschränkt werden sollte.

Es ist aber nicht nur die Starthilfe, an der es mangelt und wegen der es Freien Schulen in Berlin schlechter geht als in vielen anderen Bundesländern. Hier sind auch die Personalprobleme größer, weil Berlin besonders wenig Lehrer ausbildet und ihnen anschließend keine gute Perspektive bieten kann. Die Freien Schulen können den Lehrkräften wegen der niedrigen Zuschüsse oft nur schlechtere Konditionen bieten, und nur die Waldorfschulen haben in Grenzen das Recht, selbst Lehrkräfte auszubilden.

Der Bonner Staatsrechtler Udo Di Fabio warf in einem Gutachten für den Deutschen Privatschulverband im Jahr 2018 die Frage auf, »ob die verfassungsrechtlich garantierte Privatschulfreiheit verletzt ist, wenn staatliche Stellen der sich abzeichnenden Mangelerscheinung tatenlos zusehen oder sogar diese Mangellage zu Lasten der Schulen in freier Trägerschaft verschärfen« – etwa, indem sie mit Steuergeldern bessere Konditionen anbieten und auf diese Weise sogar noch Lehrkräfte von Freien Schulen abwerben.

Dem renommierten Juristen erscheint es sogar geboten, »nicht nur bestehende Wettbewerbsnachteile der Schulen in freier Trägerschaft auszugleichen, sondern ihnen sowohl in der wissenschaftlichen Ausbildung von Lehrkräften als auch in der schulischen Vorbereitungsphase des Referendariats verstärkte Einfluss- und Partizipationsmöglichkeiten einzuräumen«.

Von alldem ist Berlin weit entfernt. Es bildet nicht nur seit Jahren zu wenig Lehrkräfte aus; das Land erschwert es den Freien Schulen auch, bei den Gehältern konkurrenzfähiger zu werden, und benachteiligt sie bei der Personalsuche. So sind die Freien Schulen nicht zugelassen, wenn Berlins Bildungsverwaltung ihre Informationsmessen für Lehrkräfte und Quereinsteigende abhält.

Das ist aber noch nicht alles. Vielmehr werden die Freien

Schulen regelmäßig ausgeklammert, wenn Berlin außerplanmäßig Geld in die Bildung pumpt. Ob es sich um Programme für Sozialarbeiter oder gegen Gewalt handelt, ob es um die Corona-Sommerschule geht oder um die Demokratieförderung – die Freien Schulen sind erst einmal außen vor.

Einzige Ausnahme: das Brennpunktprogramm. Da dürfen auch Freie Schulen mitmachen, sofern sie über fünfzig Prozent Kinder aus Sozialtransferfamilien betreuen. SPD-Fraktionschef Raed Saleh setzte das durch, auch wenn ein Abgeordneter vom linken SPD-Flügel das Gegenteil »denklogisch« gefunden hatte.

Ansonsten aber ist von Gleichbehandlung nichts zu spüren. Im Bestreben, die Freien Schulen schlechterzustellen, werden sogar Bundesmittel zurückgehalten, die ausdrücklich auch für Freie Schulen sind. So war es zuletzt bei den Digitalpaktgeldern. Erst Monate nach den öffentlichen Schulen durften die Freien die ihnen zustehenden Gelder beantragen. Bei den Lehr- und Lernmitteln ist es nicht viel anders: Auch von diesen Millionenbeträgen profitieren die Freien Schulen nur zum Teil.

All das könnte man vielleicht sogar noch im Ansatz nachvollziehen, wenn die staatlichen Schulen sehr viel besser funktionieren und zur Überwindung der gesellschaftlichen Segregation beitragen würden. Tatsächlich stehen die privaten Schulen in beiden Punkten besser da, trotz aller gezielten Benachteiligung und Behinderung. Unter der Überschrift »Der falsche Gegner« rechnete die *taz*-Redakteurin Anna Lehmann dem Senat im Jahr 2018 vor, wie schlecht die staatlichen Schulen bei einem Sozialvergleich tatsächlich abschneiden. Sie bezog sich dabei auf den Status-Index HISEI, der Berufe auf einer Skala von 10 bis 89 bewertet. Demnach unterschied sich die Zusammensetzung der Elternschaft an staatlichen und privaten Grundschulen zwar um neun Punkte, die zwischen staatlichen Gymnasien und staatlichen Oberschulen ohne Gymnasialzweig jedoch um fünfzehn Punkte. Für Lehmann war damit klar: »Privatschulen fördern nicht per se gesellschaftliche Spaltung.«

Dies passt zur Analyse von Pisa-Chef Andreas Schleicher, der seine zwanzigjährige Erfahrung mit internationalen Bildungsvergleichen so zusammenfasste: Es gebe zwischen der Bildungsgerechtigkeit und dem Privatschüleranteil auf Systemebene »praktisch keinen Zusammenhang«. Die positive Verknüpfung aber zwischen dem Anteil der Schülerinnen und Schüler, die Privatschulen besuchen, und den Schülerleistungen erkläre sich in erster Linie »aus der größeren Autonomie, die diese Schulen genießen«.

10. KEIN MUT ZUR LEISTUNG

Pisa hin, Pisa her: Die größte Bildungsstudie der Welt enthält manche Ungereimtheit, und die Bücher über den vermeintlichen »Pisa-Schwindel« füllen ganze Regale. Das weiß auch Chef-Tester Andreas Schleicher, dem mitunter nachgesagt wird, die Ergebnisse so zu kommunizieren und zu kommentieren, dass es seinen eigenen Vorstellungen von »richtiger« Bildungspolitik entspricht.

Als Schleicher aber in seiner 400-Seiten-Bilanz »Weltklasse« auf zwanzig Jahre Pisa zurückblickte, versuchte er – jenseits aller Excel-Tabellen und Fußnoten – ein paar Konstanten zu finden. Und hier kann man lesen, was er für eines der schlüssigsten Ergebnisse der PISA-Studie hält: dass nämlich »in den meisten Ländern, in denen die Schülerinnen und Schüler davon überzeugt sind, für ihren schulischen Erfolg hart arbeiten zu müssen, praktisch alle Schüler durchgehend hohe Leistungsstandards erfüllen«. Von dieser Langzeitbeobachtung Schleichers ausgehend, können Berlins Schülerinnen und Schüler nicht besonders davon überzeugt sein, »für ihren Erfolg hart arbeiten zu müssen« – die Leistungsstandards sind durchgehend niedrig. Und auch der Anteil der Schulabbrecher ist hier um dreißig Prozent höher als im Bundesdurchschnitt. Im Jahr 2019 wurde jeder siebte bis achte Sekundarschüler ohne einen Abschluss ins Leben entlassen.

Ob es nun um die Leseleistung der Viertklässler geht oder die Rechenkünste der Neuntklässler: Berlin belegt bei nationalen Vergleichen seit Jahren verlässlich einen der letzten Plätze. Das ist umso bemerkenswerter, als Berlin bei wichtigen Paradigmen aufgeholt hat. Die Zeiten, als Berlin die wenigsten Unterrichtsstunden aller Bundesländer hatte, sind jedenfalls vorbei. Sowohl in der Grundschule als auch in der Mittelstufe, also Klasse 7 bis 10 der Gymnasien, liegt das Land Berlin inzwischen mit den meisten Stunden auf Platz 1. Ebenfalls weit vorn liegt es bei der Anzahl der Unterrichtsstunden an den Sekundar- und Gemeinschaftsschulen sowie an den beruflichen Schulen. Und auch ein weiterer Betreuungsindex ist offenbar gut: Bei der Schüler-Lehrer-Relation erreicht Berlin nach einer Untersuchung der Initiative Neue Soziale Marktwirtschaft den besten Wert aller Bundesländer. Nirgendwo sonst kümmern sich demnach derart viele Pädagogen um die Kinder und Jugendlichen. Quereinsteigende ohne oder mit nur eingeschränkter Ausbildung sind da allerdings eingerechnet.

In krassem Gegensatz zur formal guten Ausstattung mit Unterrichtsstunden und Lehrkräften stehen die erreichten Leistungen. Das lässt sich eindeutig feststellen, denn wegen der schwachen deutschen Pisa-Befunde werden regelmäßig bundesweit Vergleichsarbeiten geschrieben und Kompetenzen erhoben, um die so genannten Bildungstrends festzustellen. Die Länder wollen diese Trends kennen, um gegebenenfalls intervenieren zu können – und um nicht immer wieder auf die Befunde der Pisa-Studie angewiesen zu sein. Vorbei die Zeit, als Öffentlichkeit und Kultusministerien ausschließlich über das Pisa-Konsortium über den Wissensstand ihrer Schülerschaft unterrichtet wurden.

Ende 2018 waren neue, für Berlin alarmierende Befunde bekannt geworden. Die Ergebnisse der Drittklässler- Vergleichsarbeiten zeigten, dass rund dreißig Prozent der Kinder beim Lesen und in der Mathematik noch nicht einmal die Mindestanforderungen erreichten. Ein knappes Viertel kam zudem nicht über die Mindestanforderungen hinaus. Über die Hälfte der Berliner Drittklässler erfüllte die regulären Erwartungen nicht.

Zu diesem Zeitpunkt stand Scheeres schon fast neun Jahre an der Spitze der Bildungsverwaltung. Das Ergebnis der Drittklässler-Vergleichsarbeiten war deshalb auch für sie ein verheerendes Zeugnis. Sogar der sonst eher moderat formulierende Landeselternausschuss befand, die Senatorin habe »bei diesen Themen für uns ihre Glaubwürdigkeit verloren«. Es sei eine Farce, dass der Senat sich mit der Behauptung schmücke, Bildung sei durch die finanziellen Entlastungen beim Schulessen oder den Lernmitteln nicht mehr vom »Portemonnaie der Eltern« abhängig – wenn sich doch die gleichen Eltern infolge von Lehrkräftemangel und Unterrichtsausfall gezwungen sähen, für Nachhilfe oder eine Privatschule zu bezahlen.

Angesichts von dreißig Prozent der Schülerinnen und Schüler, die in der dritten Klasse nicht einmal die Mindeststandards der elementaren Grundtechniken im Lesen, Schreiben und Rechnen erfüllten, sprach das Elterngremium von einem Alarmsignal – und forderte umgehend einen Krisengipfel.

Derart unter Druck trat Scheeres die Flucht nach vorn an. Anfang 2019 beauftragte die Bildungssenatorin die Expertenkommission um den Kieler Professor Olaf Köller damit, einen Statusbericht des Berliner Kita- und Schulwesens zu erstellen und Verbesserungsvorschläge vorzulegen. Es war klar: Das würde unangenehm werden. Aber es kam schlimmer.

Köllers Expertenkommission stellte fest, was bis heute gilt. Die Mangelleistungen der Drittklässler des Jahres 2019 waren keinesfalls ein Ausreißer, im Gegenteil: Sie entsprachen der allgemeinen Berliner Lage. Die mathematischen und sprachlichen Kompetenzstände der Berliner Schülerinnen und Schüler, wurde bekräftigt, liegen »regelmäßig signifikant unter dem nationalen Mittelwert«, Berlin befindet sich im Ranking der 16 Länder »üblicherweise« auf einem der unteren Plätze.

Das Fazit mit Blick auf die vielen Schülerinnen und Schüler, die nicht einmal das unterste Level erreichen: Die Bildungsziele werden im großen Stil verfehlt. Die dramatische Folge laut Studie: Den betroffenen Kindern und Jugendlichen fehlt eine wichtige Voraussetzung für die Teilhabe an Gesellschaft und Berufswelt – wer an die Mindeststandards nicht heranreicht, wird es kaum schaffen, einen Ausbildungsplatz zu finden oder eine Ausbildung erfolgreich abzuschließen.

Die Forscher ließen auch eine gängige Berliner Begründung für Schlechtleistungen nur bedingt gelten, nach der Berlin es aufgrund vieler Arbeitsloser und Migranten mit Sprach- und Integrationsproblemen eben schwerer habe. Die Kommission stellte unmissverständlich klar: Berlins sozioökonomischer Status liege trotz alledem erheblich über dem bundesdeutschen Durchschnitt.

Einzig die höhere Inklusionsleistung ließen die Expertinnen und Experten als Relativierung gelten. 9,2 Prozent der Berliner Kinder haben sonderpädagogischen Förderbedarf, im Bundesdurchschnitt sind es sieben Prozent. Und Berlin inkludiert auch mehr dieser Schülerinnen und Schüler, und zwar drei von vier – im Durchschnitt der anderen Länder ist es nur jedes zweite Kind.

Das ist durchaus von Bedeutung. So hat Petra Stanat, Direktorin des bundesdeutschen Instituts für Qualitätsentwicklung im Bildungswesen (IQB), einen Zusammenhang zwischen der Inklusions- und Migrationsquote einerseits und der Leistung andererseits festgestellt. Als nämlich die Viertklässler bei den bundesweiten Vergleichen im Jahr 2017 so viel schlechtere Ergebnisse als 2011 erreichten, führte Studienleiterin Stanat den Leistungsrückgang auf die wachsende Heterogenität der Schülerschaft zurück. Es sei für Lehrkräfte »viel anspruchsvoller geworden, einen Unterricht zu machen, der alle Schülerinnen und Schüler erreicht«.

Andere Erkenntnisse der Köller-Kommission zeichneten dagegen ein drastisches Bild vom Misserfolg der Berliner Bildungspolitik. In den vierten Klassen landet ein Fünftel unterhalb der Mindestanforderungen, in den neunten Klassen fast ein Drittel, deutlich schlechter als der Bundesdurchschnitt. Beim Zuhören und der Rechtschreibung gibt es ähnliche Ergebnisse.

Wenn man den Fokus ändert und nur die Achtklässler an den Integrierten Sekundarschulen und Gemeinschaftsschulen betrachtet, sieht man, dass über die Hälfte nicht einmal die Minimalanforderung schafft. An eine Berufsbildungsreife ist für sie nicht zu denken: Sie könnten nicht einmal ausmessen, welche Fläche ein Fenster hat. Auch die Herstellung einer Mischung zum Haarefärben würde sie vor große Probleme stellen – wenn sie etwa eine Friseurlehre machen wollten.

Die Berliner Gymnasien bieten ebenfalls keinen Anlass zur Freude. Die oberste Leistungsstufe erreichten zuletzt nur zwölf Prozent der Achtklässler – halb so viele wie etwa in Baden-Württemberg. Und schlimmer noch, es wurde auch im Spitzenbereich ein »negativer Trend« festgestellt, denn 2013 hatten sich hier noch knapp zwanzig Prozent der gymnasialen Berliner Achtklässler befunden.

In den Naturwissenschaften sieht es noch dramatischer aus. Als die Kultusministerkonferenz im Jahr 2019 die neuen Bildungstrends für die Bundesrepublik bekannt machte, gab es für die Hauptstadt eine besonders brutale Nachricht: »In Berlin werden im Jahr 2018 in allen untersuchten Fächern und Kompetenzbereichen die Regelstandards seltener erreicht oder übertroffen und die Mindeststandards häufiger verfehlt als deutschlandweit.«

Dieser Rundumschlag betraf tatsächlich alle drei Fächer: Biologie, Chemie und Physik. Im Fach Mathematik setzt sich der Befund fort. Berlin schafft in Mathematik nur den vorletzten

Platz vor dem armen Bremen. Mehr als ein Viertel der Viertklässlerinnen und Viertklässler erreichte 2016 nicht einmal die Mindeststandards – der bundesweite Mittelwert lag bei 15,4 Prozent. Und, in der Folge wenig überraschend, gleichwohl niederschmetternd: Nicht einmal die Hälfte der Berliner Schülerinnen und Schüler erreichte die Regelstandards – bundesweit liegt hier der Wert weit über sechzig Prozent.

Bei den Berliner Neuntklässlern scheiterte 2018 ein Drittel an den Mindeststandards, auch hier der vorletzte Platz vor Bremen, der Bundeswert liegt bei 25 Prozent.

Wie kaum anders zu erwarten, ändert sich an den Befunden nicht mehr viel bis zum Mittleren Schulabschluss (MSA) in Klasse 10. Das führt dazu, dass vierzig Prozent der Schülerinnen und Schüler der Integrierten Sekundarschulen und der Gemeinschaftsschulen ihre schriftliche Prüfung mangelhaft oder ungenügend abliefern.

Wer hier noch auf die Gymnasiasten hofft, wird wieder enttäuscht. Bei ihnen erreicht ein Drittel nicht den Regelstandard in Mathematik, gegenüber einem Fünftel bundesweit. Und dies ist nicht etwa darauf zurückzuführen, dass in Berlin ein höherer Anteil eines Jahrgangs das Gymnasium besucht als im Bundesschnitt. Hamburg etwa hat einen noch höheren Gymnasialanteil, und dennoch verfehlen dort nur 25 Prozent den Regelstandard, nicht 33 Prozent wie in Berlin.

10.1. Wie ein Student aus Bayern die Berliner Abituraufgaben seziert

Wohin das führt, wies im Jahr 2018 ein Masterstudent der Humboldt-Universität zu Berlin nach. Severin Wenzeck untersuchte die Mathematik-Aufgaben, die Berliner und bayerische Studenten im Abitur bekommen. Dabei war er davon ausgegangen, dass das Berliner Abitur schwerer sein müsse. Denn hier schreiben nur jene Schülerinnen und Schüler eine Abiturprüfung, die ein Fach auch extra gewählt haben, und zwar als intensives Hauptfach (»Leistungsfach«) oder als drittes oder viertes Prüfungsfach. In Bayern hingegen werden alle Abiturienten in Mathematik geprüft.

Doch der Student irrte: Er rechnete hin und her, schlüsselte auf und verglich und merkte schließlich, dass die Prüfungen, die von allen bayerischen Schülerinnen und Schülern zu bewältigen sind, einen deutlich größeren Schwierigkeitsgrad haben als in Berlin.

So sieht das auch Andreas Filler, Professor am Institut für Mathematik der Humboldt-Universität zu Berlin und dort auch stellvertretender Direktor für Studium und Lehre. Er hat Wenzecks Arbeit begutachtet und kommt zu dem Schluss: »Das Grundkursabitur ist in Berlin deutlich einfacher als das Abitur in Bayern.« Daraus sowie aus der Tatsache, dass das schriftliche Abitur in Mathematik nicht für alle Berliner Schüler obligatorisch ist, ergibt sich für Filler die Feststellung, »dass insgesamt deutlich höhere Anforderungen an die mathematischen Kenntnisse und Fähigkeiten bayerischer Schüler gestellt werden«.

Aber ist der Vergleich mit Bayern wirklich fair? Was dafür spricht: Berlin verfügt, wie beschrieben, über den höchsten sozioökonomischen Index aller Bundesländer. Umso dramatischer erscheinen da die schlechten Schülerleistungen. Allerdings ist auch ein bedeutsamer internationaler Index nicht über jeden Zweifel erhaben. Der soziale Status lässt sich jedenfalls unterschiedlich beschreiben.

Das für die bundesdeutschen Schulvergleiche maßgebliche Institut für Qualität im Bildungswesen (IQB) benutzt einen Index, der vom zuletzt ausgeübten Beruf der Eltern abhängt.

Hierbei landet Berlin auf dem sozioökonomischen Platz 1 der 16 Bundesländer. Auch die Berliner Qualitätskommission unter der Leitung des renommierten Bildungsforschers Olaf Köller nutzte diesen Index, wiederum mit Verweis auf das IQB.

Allerdings offenbart der »Highest International Socio-Economic Index«, kurz HISEI, nur einen Teil der Wahrheit. Die Arbeitslosenquote berücksichtigt er nicht. Und da liegt Berlin wiederum nur knapp vor Bremen, eine Belastung, die berücksichtigt werden sollte. Der »zuletzt ausgeübte Beruf«, an dem sich der HISEI orientiert, egal ob und wie lange jemand schon arbeitslos ist, hilft da nur eingeschränkt weiter. Die Begleiterscheinungen von Arbeitslosigkeit, die das Aufwachsen von Kindern beeinflussen – wie Armut, ein unstrukturierter Alltag oder auch Antriebslosigkeit, Frustration und Mutlosigkeit der Eltern –, fallen bei dieser Betrachtung völlig unter den Tisch.

Wie irreführend der »letzte ausgeübte Beruf« sein kann, wenn man der Berliner Schulmisere auf den Grund gehen will, zeigt ein Blick auf die Risikolagen der Schülerinnen und Schüler unter 18 Jahren. Berlin liegt auch hierbei – gemäß nationalem Bildungsbericht – an vorletzter Stelle. Dies bedeutet, dass Berlins Kinder und Jugendliche nach ihren Altersgenossinnen und -genossen aus Bremen am stärksten finanziellen und sozialen Risiken ausgesetzt sind, eine direkte Folge der Arbeitslosigkeit ihrer Eltern.

Dass dieser Umstand in den maßgeblichen Studien nicht gewürdigt wird, begründet das IQB damit, dass die Angabe zum Beruf wichtig sei, wenn es darum gehe, die »langfristige Lernumgebung und das Anregungsniveau« in der Familie zu erfassen. Allerdings geben die Wissenschaftler zu, dass dieser Index als alleiniges Maß für sozioökonomische Verhältnisse weniger gut geeignet sei: »Dies sollten wir in unseren Berichten zukünftig vielleicht noch klarer darstellen.«

Abgesehen davon, dass die soziale Lage der Berliner Kinder schlechter ist, als es der verwendete Index nahelegt, ist der Vergleich mit Bayern auch noch aus einem anderen Grund fragwürdiger, als es auf den ersten Blick erscheint. Dabei geht es um das Kriterium »mit Zuwanderungsgeschichte«. In Bayern trifft dies auf dreißig Prozent, in Berlin auf vierzig Prozent der Viertklässler zu. Aber die reinen Zahlen sagen da wenig aus. Zwischen denjenigen, die eine »Zuwanderungsgeschichte« haben, gibt es, wie bereits beschrieben, erhebliche Unterschiede. So hat Bayern viel weniger Schülerinnen und Schüler aus dem Libanon, die wiederum in Berlin als besonders benachteiligt gelten. Zudem sind auch Menschen mit Zuwanderungsgeschichte in einem Land mit so hoher Beschäftigungsquote wie Bayern weniger häufig von Arbeitslosigkeit betroffen. Mit anderen Worten: Bayern hat weniger Migranten, die dazu auch noch aus weniger benachteiligten Gruppen kommen und seltener arbeitslos sind.

Allerdings warnt nicht nur Sybille Volkholz, zur Wendezeit Bildungssenatorin der Grünen und eine der profiliertesten deutschen Bildungsexpertinnen, die Berliner Leistungsprobleme zu »ethnisieren«. Sie hält das für sinnlos. Stattdessen rät Volkholz dazu, nach Verbesserungspotential zu suchen, und zwar dort, wo die Politik Einfluss hat. Ganz oben auf ihrer Liste: die berlintypische »organisierte Verantwortungslosigkeit« zu beenden.

10.2. Vom gescheiterten Versuch, ein bisschen Eigeninitiative zuzulassen

Tatsächlich gab es einen Versuch, die Zuständigkeiten zumindest für die Schule besser zu klären. Das Modellprojekt nannte sich »Eigenverantwortliche Schule«. Das ist jetzt bald zwanzig

Jahre her, und es begann mit viel Euphorie. 31 Schulen hatten sich gemeldet und stürzten sich ins Abenteuer. Es klang ja auch verlockend: unabhängiger werden von den ewigen Dienstwegen, endlich selbst entscheiden können, was für die eigene Schule am besten ist. Den Rahmen dafür bildete, wieder einmal, ein neues Schulgesetz.

Nichts sollte schiefgehen damals. Die Leitung bekam ein aufstrebender Referent, Siegfried Arnz, der vorher eine Hauptschule erfolgreich geleitet hatte und später zum Abteilungsleiter aufstieg. Alle Ebenen und mehrere Senatsverwaltungen waren beteiligt.

Für den wichtigen Blick von außen wurde ein »Board« hinzugeholt, dem auch Sybille Volkholz angehörte. Sie war vom Ziel des Modellversuchs überzeugt und begeisterte weitere Experten, sich zu beteiligen. So gelang es ihr, auch eine echte Größe des bundesdeutschen Bildungsbetriebs hinzuzuholen: Ingo Richter, den ehemaligen Direktor des Deutschen Jugendinstituts in München. Er kannte die Diskussionen um mehr Schulautonomie noch aus den 70er Jahren und begab sich mit viel Freude ins Geschehen.

Anfang 2021 legte Richter seine »bildungspolitische Autobiographie« vor, auch seine Erfahrungen aus Berlin spielen darin eine Rolle. Und nicht zufällig heißt das entsprechende Kapitel »Das ist die Berliner Luft, Luft, Luft«. Richter beschreibt darin, wie die Enthusiasten aus dem Kreis der Reformfreudigen mit der Verwaltung »die alten Schlachten« schlugen: »Die Bezirke wiesen darauf hin, dass die Schulen ja bereits Eigenmittel zur eigenen Verfügung erhielten, die Senatsverwaltung betonte, dass die Schulen in Personalfragen ja durchaus Mitwirkungsrechte hätten.« Zwar hätten ihm diese Diskussionen durchaus »Spaß gemacht«. Am Ende aber blieb: Berliner Luft.

»Vieles ist in sich zusammengebrochen«, konstatiert im

Rückblick auch der damalige Projektleiter Siegfried Arnz. Neue kleine Freiheiten wie die eigenständige Verfügung über einige Unterrichtsstunden wurden bald wieder »eingefroren«, andere Spielräume seien am »dirigistischen Vorgehen der politischen Spitze« und an ängstlichen Verwaltungsbeamten zerschellt. Dazu kamen die strikten Kürzungsvorgaben, die auch Stellenkürzungen bei der Schulaufsicht zur Folge gehabt hatten. Das Ergebnis: Wem die Zeit fehlt, diskutiert nicht lange – über neue Spielräume wurde nicht mehr lange verhandelt, es gab schlicht keine mehr.

»Es war ein großartiger Versuch, aber am Ende fehlte der Mut«, bedauert auch Peter-Michael Rulff, dessen berufliches Oberstufenzentrum damals zu den 31 Modellschulen gehörte. Einerseits habe die SPD »die Zügel in der Hand behalten wollen«, was dem Versuch nicht gutgetan habe. Andererseits sei es auch bequemer für Schulen, immer mit dem Finger auf die Verwaltung zu zeigen, wenn wieder etwas nicht funktioniert, anstatt selbst verantwortlich zu sein.

Wie wenig Berlin in diesen Fragen vorangekommen ist, sieht man auch daran, dass die Schulen sogar über die wenigen Mittel, die sie noch haben, nicht frei verfügen können: Wenn das Budget für Vertretungslehrer verbraucht ist, hat der Schulleiter keine Möglichkeit, ungenutzte andere Beträge einzusetzen, etwa solche, die vom Bücherkauf übrig sind. Das ist so ungefähr das Gegenteil von der Idee, die damals, vor zwanzig Jahren, so viele begeistert hatte.

Es ist aber auch das Gegenteil von dem, was Pisa-Chef Andreas Schleicher empfiehlt, um Schulen voranzubringen: »Für Autonomie im Bildungssystem spricht, dass sie stärkere Innovationsanreize hervorbringen kann«, konstatiert der beste Kenner des internationalen Schulwesens. Im internationalen Autonomie-Ranking befindet sich Deutschland im unteren Drittel.

Autonomie wird je weniger vermisst, desto besser die Verwaltung funktioniert. In Bayern, dem Mutterland von Effektivität und Zuverlässigkeit, dürfte Autonomie oder zumindest Eigenverantwortung wesentlich weniger vermisst werden als in Berlin oder anderen schlecht verwalteten Kommunen.

Gerade in Berlin aber wäre mehr Eigenverantwortung für viele Schulen ein Segen. Sie haben es nämlich auch noch mit zwei verschiedenen Behörden zu tun, die nicht immer das Gleiche wollen. Die Senatsverwaltung für Bildung gibt den Lehrplan vor und soll das pädagogische Personal sowie die Verwaltungskräfte beschaffen, das bezirkliche Schulamt ist für die gesamte Gebäudeunterhaltung sowie die Hausmeisterinnen und Hausmeister zuständig.

Dabei sind auch die bezirklichen Schul- und Hochbauämter nicht frei in ihrem Handeln: Der Senat gibt ihnen vor, wie viel Personal sie bekommen, den Rest, also die Verteilung, regeln die Bezirksämter je nach parteipolitischen Vorlieben und aktuellen Zwängen. Alsdann entscheidet ein meist fachfremder Bildungsstadtrat darüber, wie das zugeteilte Personal und die Mittel eingesetzt werden. Wenn Schulen also Pech haben, sind sie nicht nur der mangelhaften Lehrkräfteversorgung und sprunghaften Politik der Senatsverwaltung ausgesetzt, sondern auch noch einem »schwachen« Stadtrat, der erst dann eine neue Schließanlage priorisiert, wenn die neuen Laptops zum zweiten Mal gestohlen wurden.

Die Sache der Schulen wird auch nicht dadurch leichter, dass die Senatsverwaltung für Bildung ihnen in die Bezirke Schulaufsichtsbeamte entsendet. Deren Rolle zwischen – mitunter – »gefürchteter« Kontrolle und kluger Beratung ist Gegenstand unendlicher Diskussionen. Meist scheitert eine gute Zusammenarbeit aber an der mangelnden Qualität der Arbeit der Schulaufsicht. Wann immer es zu harten Konflikten in Schulen kommt, die eskalieren, steht im Hintergrund eine versagende Schulaufsicht. So war es 2006 an der Neuköllner Rütli-Schule, so war es 2018/19 an der Tempelhofer Johanna-Eck-Schule.

Auch hier rächt sich die mangelnde Personalentwicklung durch die Bildungsverwaltung: Es gibt nicht nur zu wenig Lehrkräfte, sondern auch, etwa mangels Bewerbern, keine wirkliche Bestenauslese bei den Schulleitungen und Schulaufsichten. Womit man wieder bei den mangelnden Schülerleistungen wäre: Um sie zu verbessern, sollen Schulleitungen und Schulaufsicht die Resultate gemeinsam analysieren und daraus Zielvereinbarungen ableiten.

Was »sollen« in Berlin bedeutet, wurde 2019 deutlich, als jede dritte Schulleitung angab, noch kein entsprechendes Auswertungsgespräch mit der Schulaufsicht geführt zu haben. Über die Hälfte der Aufsichtsbeamtinnen und -beamten sah sich »nicht ausreichend für diese Aufgabe qualifiziert«, wie die Expertenkommission mit Bezug auf eine Umfrage des Instituts für Schulqualität (ISQ) berichtete.

TEIL III

Auswege aus dem Bildungsdesaster

1. LEHRKRÄFTEMANGEL *Staatsvertrag statt Kleinstaaterei*

Berlin steht mit dem Problem des Lehrkräftemangels nicht allein da. Bis auf Baden-Württemberg hat in den vergangenen Jahren kein einziges Bundesland bedarfsdeckend ausgebildet. Berlins ehemaliger Bildungsstaatssekretär Mark Rackles, inzwischen als Bildungsberater tätig, stellte dies fest, als er im Jahr 2020 die bundesweite Lage der Lehrkräftebildung in einer viel beachteten Studie darlegte.

Seine Rückschau auf die Bundesländer-Statistiken der Vorjahre ergab, dass 13 der 16 Bundesländer »weit unterhalb des eigenen Bedarfs ausgebildet haben«. Diese Länder hätten sich letztlich auf den erhofften Überschuss aus drei Ländern verlassen, die über den Eigenbedarf hinaus ausbildeten: Baden-Württemberg, Bayern und Rheinland-Pfalz.

Überdies gehörten Berlin und Sachsen mit Sachsen-Anhalt, Mecklenburg-Vorpommern, Brandenburg, Hamburg und Thüringen zu den Ländern, die noch nicht einmal genug Lehrkräfte ausbildeten, um die durchschnittlich pro Jahr in den Ruhestand wechselnden Pädagoginnen und Pädagogen zu ersetzen, ganz zu schweigen von zusätzlichem Personal für Reformen oder Schülerzuwächse.

Nicht besser sieht es aus, wenn man statt der Studienplätze die Referendariatsplätze vergleicht, also die Kapazitäten für den Vorbereitungsdienst der künftigen Lehrkräfte. Im Jahr 2018 bildeten lediglich zwei Länder mehr Referendare aus, als rechnerisch nötig gewesen wären: Bayern und Rheinland-Pfalz. Die Diskrepanz je nach Bundesland betrug sechs bis 170 Prozent, wobei der Maximalwert, wen wundert's, Berlin betraf.

Rackles kommt zu dem Schluss, dass das deutsche System

dauerhaft nicht funktioniert, »weil 16 unabgestimmte Einzellogiken keine bundesweite Bedarfsdeckung generieren können«. Der Lehrkräftemarkt sei schließlich kein regionaler, sondern ein bundesweiter Markt und müsse daher »länderübergreifend betrachtet werden«.

Dass Lehrermangel kein unabwendbares Schicksal ist, machen nicht nur die vorbildlich agierenden Bundesländer Bayern, Baden-Württemberg und Rheinland-Pfalz deutlich. Vielmehr ergab auch die letzte Pisa-Untersuchung von 2018, dass weltweit Staaten das Problem besser bewältigen. Nur in Luxemburg sehen noch mehr Schulleitungen als in Deutschland ihren Unterricht durch den Lehrermangel beeinträchtigt, stellten die Forscher fest. Durchaus ein Zeichen dafür, dass Lehrerversorgung kein Hexenwerk ist, sondern als machbar gilt. Aber wenn sich nahezu jeder auf den anderen verlässt oder nur an sich denkt, wie in der föderalen Bildungsrepublik Deutschland, wird das nichts mit der organisierten Versorgung.

Wie überflüssig bis absurd die deutsche Mangelsituation ist, wird auch mit Blick auf die Gehälter deutlich: Es gibt weltweit nur wenige Staaten, die ihre Lehrkräfte so gut bezahlen wie Deutschland. Die Bezahlung kann den Mangel demnach nicht erklären – und dürfte damit auch nicht die einzige Stellschraube sein.

Rackles hat daraus die Schlussfolgerung gezogen, dass die Länder einen Staatsvertrag abschließen sollten. Darin könnte alles festgeschrieben werden, was man für eine auskömmliche Versorgung bräuchte: von einer belastbaren Bedarfsstatistik bis hin zu den Studien- und Referendariatsplätzen.

Es sieht allerdings nicht so aus, als wenn dies in absehbarer Zeit gelingen würde. Bisher hat keine der bundesweiten Mangellagen je zu einem »Staatsvertrag« geführt. Selbst der Leidensdruck in den 60er und 70er Jahren brachte keine grundsätzlich neue Qualität der Planung oder Festlegung innerhalb der Kultusministerkonferenz (KMK). Damals ging die Babyboomer-Generation zur Schule, und die Lehrkräfte waren noch knapper als heute, sodass etwa in Nordrhein-Westfalen unstudierte Aushilfskräfte (»Mikätzchen«) einsprangen oder, wie in Niedersachsen, mehrere Unterrichtsfächer pauschal gestrichen wurden. Das (Zwangs-)Mittel einer »gelenkten« Berufswahl, wie in der DDR damals praktiziert, kam in der Bundesrepublik nicht infrage.

Die KMK jedenfalls fühlte sich im 72. Jahr ihres Bestehens in gewisser Weise von Rackles und seinen Befunden ertappt. Offen zugeben aber wollte das niemand. Die Zuständigen gaben sich ungewohnt schmallippig. Zugleich wurde deutlich, dass die Botschaft des Berliner Ex-Staatssekretärs durchaus angekommen war. Angesichts des eklatanten Lehrermangels war Nichtreagieren keine Option. Daher macht die KMK nun einige Bewegungen in die von Rackles empfohlene Richtung. So sollte der Wissenschaftsrat die Erstausbildung der Lehrkräfte an den Hochschulen und Universitäten untersuchen, um festzustellen, warum so viele Lehramtsstudierende ihre Studien abbrechen. Eine der Fragen: Ob das Studium nicht stärker auf den späteren Einsatz an der Schule vorbereiten sollte – ein überfälliger Schritt. Der Übergang in das Referendariat könnte so besser gelingen und die Zahl der Abbrecher reduzieren.

Den von Rackles geforderten Staatsvertrags zur Deckung des Lehrkräftebedarfs lehnt die KMK aber als zu dirigistisch ab. Ersatzweise wurde eine weniger verbindliche »Ländervereinbarung« beschlossen, die zu bedarfsgerechten Ausbildungskapazitäten führen soll. »Wir sind nicht am Ziel, aber eine ganze Strecke entfernt vom Punkt Null«, hieß es anschließend in Kreisen der KMK.

In jedem Fall hat Berlin den anderen Ländern in Sachen

Lehrkräftemangel zwei Aha-Effekte beschert. Zum einen die Rackles-Studie; zum anderen die Erfahrung, dass kein Land – sei es auch noch so »sexy« – die Nichtverbeamtung der Lehrkräfte allein gegen alle durchhalten kann. Wer dieses dicke Brett der Abkehr von der Verbeamtung irgendwann einmal wieder bohren will, braucht flankierend eine bundesweite Übereinkunft. Alles andere mündet in klägliche Rückzugsgefechte, wie sie seit zwanzig Jahren überall dort geführt wurden, wo man glaubte, die Lehrkräfte zum Verzicht zwingen zu können. All diese Länder knickten nach und nach ein. Ihr Fehler: Sie hatten die Konkurrenz der Nachbarländer unterschätzt – und sich zeitlich nicht abgestimmt.

Woran sich kaum noch jemand erinnert: Fast jedes Bundesland wollte die Verbeamtung der Lehrkräfte irgendwann einmal loswerden, vor allem wegen der hohen Pensionslasten, aber auch wegen der höheren Krankenquote. Nordrhein-Westfalen ging diesen Weg, selbst Horst Seehofer als Ministerpräsident von Bayern spielte mal mit dem Gedanken. Zahlreiche Länder zogen den Verzicht auf Verbeamtung jahrelang durch, gaben dann aber wegen der Lehrkräfteabwanderung auf. Das galt bereits 1999 für Hamburg und Schleswig-Holstein. Kiels Ministerpräsidentin Heide Simonis (SPD) wollte eigentlich nicht kapitulieren, wurde aber durch den drohenden Lehrkräftemangel politisch gezwungen. Ihre Versuche, das Problem anders zu lösen, nämlich durch ein Angleichen der Alterssicherung von Angestellten und Beamten, scheiterten.

Die Frage der Verbeamtung verlöre an Bedeutung, falls die Länder genügend Lehrkräfte ausbildeten. Wie das geschehen könnte, hat Rackles dargelegt, und er nannte auch das Zauberwort dafür. Es lautet »Verbindlichkeit«: Jedes Land muss sich verpflichten, Bedarfsdeckend auszubilden oder einen Ausgleich zu zahlen. Flankiert werden müsste das Ganze durch eine Re-

form der Lehrkräftebildung: Um zu verhindern, dass ein Großteil der Lehramtsstudierenden wie bisher im Laufe des Studi-
ums dem Beruf verloren gehen, müsste man sie an Pädagogischen Hochschulen enger an die Hand nehmen oder zumindest
reine Lehramtsstudiengänge an den Universitäten einrichten.

Die entscheidenden Stichworte hat Rackles alle geliefert.
Jetzt müsste es auf Länderebene zwei oder drei einflussreiche
Bildungsminister geben, die das Thema nicht aus den Augen
lassen. Es wäre ein Beitrag für die Geschichtsbücher.

2. REFORMGAU   *Lieber gut verwalten als schlecht reformieren*

Je plakativer, martialischer und gehäufter Reformen daherkommen, desto schlechter funktioniert anschließend das Schulsystem. Das ist eine Lehre, die andere Bundesländer aus den Berliner Erfahrungen mit der Grundschulreform lernen konnten (wenn sie es nicht schon aus eigener bitterer Erfahrung wussten). Was auf dem Reißbrett der Behörden und bei Parteitagen vortrefflich aufzugehen scheint, hält dem Praxistest in den seltensten Fällen stand.

Das Prinzip des Reform-Overkills ist zum Teil dem Bildungsföderalismus geschuldet: »Ich reformiere, also bin ich«, lautet die Tätigkeitsbeschreibung der Kultusministerinnen und Kultusminister, die alle fünf Jahre beweisen wollen, dass sie das Wesen des Föderalismus verstanden haben. Auf dieser Spielwiese wollen sie zeigen, wer sie sind, denn nur im Bereich der schulischen Bildung haben sie fast alle Karten in der Hand. Lehrkräfterekrutierung gehört dazu, Schulbau, sogar die Erfindung neuer Schulfächer oder Schulformen. Vieles ist möglich, wenn der Anspruch an Veränderung hoch ist.

Aber was ist der Richtungskompass für den Reformwillen? Wo verläuft die Grenze zwischen unguter Stagnation und schädlichem Reform-Overkill? Die Berliner Kommission zur Schulqualität hat sich darüber Gedanken gemacht, als sie im Schuljahr 2019/20 zu analysieren versuchte, warum die Berliner Schülerleistungen so schwach sind. Nach Dutzenden Gesprächen und eingehenden Datenanalysen durch die Kommissionsmitglieder, darunter einige der renommiertesten Bildungswissenschaftlerinnen und Bildungswissenschaftler Deutschlands, stand für den exklusiven Kreis der Fachleute fest: Berlin betreibt eine »Ad-hoc-Suche« nach Lösungen, anstatt die Probleme strategisch planend anzugehen. Und weiter: Der Senat setze schulpolitische Vorhaben um, ohne im Vorfeld die mögliche Wirksamkeit abzuschätzen und später zu überprüfen. Auch würden Ziele nicht klar umrissen und die Vorhaben untereinander nicht richtig verzahnt, werde der Umsetzungsprozess nicht adäquat gesteuert und die Relevanz für die Unterrichtsqualität nicht beachtet.

Diese fünf »Ursachenbündel« für Berlins Leistungsprobleme wiederum haben nach Einschätzung der Experten auch damit zu tun, dass die Schulverwaltung selbst suboptimal organisiert ist: Zuständigkeiten und Verantwortlichkeiten seien »vielfach unklar«, Abstimmungen zeitraubend. Damit wäre dies das sechste »Ursachenbündel«. Unter diesen Fehlfunktionen leidet alles – auch eine vielversprechende Reform wie die Früheinschulung.

Wie es besser geht, zeigen andere Landesregierungen, die überlegter starteten. Sie zogen die Schulpflicht nicht etwa Knall auf Fall um sechs Monate vor, sondern begannen erstmal mit einem Monat. Als sie merkten, dass es nicht funktionierte, konnten sie das Vorhaben problemlos stoppen. Der Berliner Senat hingegen holte Tausende Fünfjährige zusätzlich in die Schulen, hatte für sie dann aber gar keine Expertise.

Die Quintessenz: Selbst richtige und wichtige Reformen können nur dann die Risiken der damit einhergehenden Strukturbrüche rechtfertigen, wenn die Verwaltung und ihre Schulaufsicht vor und nach dem großen Paukenschlag genau das tun, wofür sie bezahlt werden, nämlich ihre Arbeit, und zwar gut. Aber was heißt das schon – gute Verwaltung? Was gehört alles dazu, und wie macht man das? Und was bedeutet das speziell für den Schulbereich? Die Kultusministerkonferenz lässt die Leistungen der Schülerschaft bundesweit vergleichen, aber wer vergleicht die Leistungen derer, die den Apparat in ihren Händen halten? Wäre es nicht eine lohnende Aufgabe für ein paar gewichtige Promotionen an der Deutschen Universität für Verwaltungswissenschaften in Speyer, wie in einem modernen Staat Schulverwaltung strukturiert sein sollte und von/mit welchem Bundesland sich am meisten lernen lässt? Im föderalen Deutschland gäbe es gewiss genügend Forschungsmaterial. Und dann müssten die Schulbeamten zwischen Bochum, Bamberg und Bautzen auch davon erfahren. Ein Ruck könnte durch Deutschlands Schulämter gehen. Warum eigentlich nicht?

3. BELIEBIGKEIT   *Pflichten durchsetzen oder aufgeben*

Wenn etwas partout nicht funktioniert – wie lange und wie oft sollte man dann nachbessern, bevor man aufgibt? Diese Frage drängt sich auf angesichts der beiden unendlichen Berliner Geschichten, die auf den ersten Blick nichts miteinander zu tun haben. Da ist zum einen das Gesetz mit dem Ziel, verpflichtende Sprachkurse für künftige Erstklässlerinnen und Erstklässler durchzusetzen; und zum anderen die Verordnung für eine verpflichtende Selbstevaluation für Lehrkräfte. Beides klang vernünftig, beides scheiterte, beides wird seit über zehn Jahren dennoch auf dem Papier beibehalten. Aber wie könnte man es besser machen, und was lässt sich daraus lernen?

Im Fall der Sprachkurspflicht geht der Blick – schon wieder – nach Hamburg. Denn die Stadt hat ihr Ziel erreicht, und zwar bereits 2006, wie die Schulbehörde zufrieden verkündet. Seither werden alle Kinder mit viereinhalb Jahren durch speziell ausgebildete Sprachlernberater getestet, und auf dieser Basis kann für das letzte vorschulische Jahr eine verpflichtende Sprachförderung ausgesprochen werden.

Die allerdings findet, anders als in Berlin, nicht bevorzugt am Ort »Kita« statt, sondern meist in den Vorschulklassen der Grundschulen. Denn Hamburg hat, wiederum anders als in Berlin, die Vorschulklassen nicht abgeschafft, sondern im Gegenteil ausgebaut. Auf diese Weise nehmen rund sechzig Prozent eines Jahrgangs am vorschulischen Jahr in der Grundschule teil, davon fünfzehn Prozent verpflichtend aufgrund der Sprachförderung, 85 Prozent freiwillig. So lautet die Hamburger Bilanz. Die Kinder werden in Hamburg demnach nicht nur zuverlässig getestet, nein: Die Hamburger Schulbehörde stellt auch sicher, dass die Kinder tatsächlich in der Förderung landen.

Da es die Vorklassen in Hamburg seit fünfzig Jahren gibt und sie in der Bevölkerung einen guten Ruf haben, drängen auch Familien hinein, deren Kinder nicht zum Besuch verpflichtet sind. Die Hamburger Schulbehörde berichtet von einer »Flut von Anmeldungen«, obwohl sie keine Werbung mache.

Auf den ersten Blick hilft dieses Vorbild wenig, wenn Städte wie Berlin ihre Vorklassen abgeschafft oder nie über Vorklassen verfügt haben. Selbst Anhänger der Vorklassen halten den nostalgischen Blick zurück für wenig vielversprechend, da die Strukturen der früheren Berliner Institution 2005 zerschlagen wurden. Dennoch könnte man sich auch einfach locker machen und sagen: Warum kann die Eigenverantwortung einer Schule nicht dafür genutzt werden, Vorklassen zu installieren, sofern es einen freien Raum gibt? So machen es etwa die Waldorfschulen.

Bewährt hat sich der Einsatz von »Stadtteilmüttern«, Familienberaterinnen mit Migrationshintergrund. Von ihnen bräuchte es mehr. Sie könnten den Schulämtern dabei helfen, jene Familien zu erreichen, deren Kinder als schulpflichtig gemeldet, aber bisher unter dem Radar der Ämter geblieben sind. Dabei käme es genau hier darauf an, die Kinder zunächst zum Sprachtest und dann, siehe Hamburg, tatsächlich auch zum Sprachkurs zu bringen. Denn für die Vorschulkinder gilt ja in noch stärkerem Maße, was für alle Kinder ab drei Jahren zutrifft: Wer in dieser Lebensphase keine Anregungen und keinen sprachlichen Input erhält, wird mit größter Wahrscheinlichkeit sein ganzes Leben dafür bezahlen müssen, und die Gesellschaft zahlt mit.

Eine ähnliche Sackgasse, wenn auch weniger dramatisch, ist das Problem mit der Selbstevaluation. Sogar das ehrgeizige

Hamburg verzichtet darauf, Lehrkräfte zu verpflichten, sich von ihren Schülerinnen und Schülern bewerten zu lassen. Hier könnte Berlin sogar von sich selbst lernen, denn es gibt Schulen, die seit vielen Jahren eigene exzellente Verfahren zur Selbstevaluation entwickelt haben. »Best Practice«-Beispiele liegen direkt vor der Tür: Das John-Lennon-Gymnasium in Berlin-Mitte und das Rosa-Luxemburg-Gymnasium in Pankow geben gern Auskunft.

Andererseits ist es durchaus von Nutzen, Lehrkräften eine Selbstevaluation zu verordnen. Zumal dann, wenn eine angesehene und wissenschaftlich über jeden Zweifel erhabene Institution wie das Institut für Schulqualität (ISQ) auf Basis ihres Know-hows intelligente Fragebögen erstellt. Warum aber dringt niemand durch? Warum verhalten sich die Lehrkräfte so abwehrend-destruktiv? Vielleicht aus Trotz, weil sie so schlecht verwaltet und auch regiert werden. Vielleicht, weil ihnen so eine kleine, klammheimliche Verweigerung guttut angesichts all der Zumutungen, die sie infolge der Sparjahre und der schlechten Schulaufsicht ertragen mussten. »Bei vielen Kollegen löst allein der Begriff ›Evaluation‹ Befürchtungen aus«, ergänzt der Berliner Lehrer Robert Rauh. Zum einen sei umstritten, ob und inwieweit vor allem die jüngeren Schüler kompetent seien, Unterricht sachgerecht einzuschätzen. Zum anderen befürchteten Lehrkräfte, es würden nur ihre Schwächen ermittelt. Dabei könnten, so Rauh, Befragungen durchaus auch Positives sichtbar machen, »was dann wiederum motivierend für den eigenen Unterricht sein kann«.

Es gibt die Vermutung, dass der Boykott der ISQ-Fragebögen, die alle zwei Jahre nur eine einzige Schulstunde beanspruchen würden, noch weitere Gründe hat. Zum Beispiel den, dass die Schulleitungen diese Evaluationspflicht gar nicht kommunizieren, weil sie selbst auch nicht evaluiert werden wollen.

4. MARODE SCHULEN *Von München und Hamburg lernen*

Beim Sanierungsstau ist Berlin in guter Gesellschaft: In weiten Teilen Deutschlands müffelt es nach unsanierten Toiletten, überall fehlt frische Farbe, zieht es durch verzogene Fenster. Deutschlands Kämmerer schieben einen hohen Investitionsrückstand bei den beruflichen und allgemeinbildenden Schulen von 46,5 Milliarden Euro vor sich her, pro Schülerin und Schüler entspricht das rund 4300 Euro.

Ein Länderranking – wer bröckelt am meisten? – kann die Kreditanstalt für Wiederaufbau, die die Daten einsammelt, nicht bieten, weil sie aus den Ländern und Kreisen keine flächendeckenden Informationen bekommt. Ein derartiges Ranking wäre ohnehin wenig belastbar, weil es keine länderübergreifende Festlegung gibt, welche Art von Sanierungsbedarf überhaupt gemeldet werden soll und welche nicht. Daher ist auch nicht genau feststellbar, um wie viel höher Berlins Sanierungsbedarf im Vergleich zu anderen Bundesländern ausfällt. Wenn man allerdings den Bundesbetrag von 4300 Euro pro Schüler mit der Berliner Gesamtschülerzahl multipliziert, kommt man nur auf 1,8 Milliarden Euro – ein Betrag, der erheblich unter dem tatsächlichen Berliner Sanierungsstau liegt. Es lässt sich also sagen: Berlins Schulen sind im Schnitt maroder – und da hier fast alle Schulen, mitunter sogar die neuen, sanierungsbedürftig sind, ist damit das Wesentliche gesagt.

Eine Lektion aus dem Sanierungsstau hat nicht nur Berlin bereits gelernt. Es ist kontraproduktiv, die Bauunterhaltung einzuschränken, so wie es in den Sparjahren seit 2002 geschehen war. Seit 2016 wurde der bauliche Unterhalt für die Schulen wieder auf jene 1,32 Prozent des Gebäudewiederbeschaffungswertes erhöht, der in der Immobilienwirtschaft empfohlen wird, um die Substanz nicht zu vernichten. Wenn es noch einen Kämmerer in Deutschland gibt, der damit liebäugeln sollte, Haushaltslücken durch Abstriche bei den notwendigen regelmäßigen Sanierungen von Dächern, Fenstern oder Fassaden zu stopfen, kann ihn der jeweilige Kollege aus dem Hochbaumt getrost auf Berlin mit seinen verfaulten Dachstühlen und nassen Kellern hinweisen.

Im Zentrum der nächsten Lektion steht die Frage, wie die politischen Strukturen beschaffen sein müssen, um die bereitgestellten Milliarden auch verbauen zu können. In Berlin mit seiner organisierten Unzuständigkeit, die zuweilen in eine unorganisierte Überzuständigkeit kippt, lässt sich sehen, wie es nicht funktioniert. Für eine hilfreiche Antwort auf die Frage gab und gibt es aber zwei gute Adressen: Hamburg und München.

Die wie meist gut organisierten Hanseaten haben es vor rund zehn Jahren geschafft, ihre auf alle sieben Bezirke verteilten Schulbauaktivitäten in der Hamburger Schulbau GmbH zusammenzufassen. Auch hier ging es darum, rasch und effektiv auf ein rasantes Schülerwachstum zu reagieren. Also neue Schulen bauen, die alten sanieren, alle gleichermaßen zuverlässig reinigen und mit Hausmeistern versorgen.

»Die Schulen gehören dem Sondervermögen ›Schulimmobilien‹ und der Mieter ist die Schulbehörde«, lautet das Grundgerüst. Innerhalb von zehn Jahren sei es gelungen, den Gebäudezustand nach Beurteilung der Schulen von der Note 3,5 auf eine fast gute 2,6 zu hieven, berichtet SPD-Staatsrat Rainer Schulz. Er spricht von einem »organisatorischen und finanziellen Kraftakt«, zeigt sich aber hochzufrieden mit dem Ergebnis. In der Schulbau GmbH säßen »die Profis für Immobilienmanagement«.

Was im Nachhinein wie ein Selbstläufer klingt, war allerdings nicht einfach. Zwar sind die Hamburger Bezirke von Altona bis Harburg niemals so autark gewesen wie die Berliner Bezirke, und ihre Kompetenzen sind auch nicht wie in Berlin durch die Landesverfassung geschützt. Aber Kämpfe gab es auch in Hamburg mit den Bezirken, die ihre Aufgaben nicht verlieren wollten.

Heute wird mit dem milden Blick des Erfolgs auf die damaligen »Scharmützel« geschaut. Die Konstruktion funktioniert so gut, dass neugierige Besucher aus der Hauptstadt gern herumgeführt werden. Dabei wird nicht verhehlt, dass auch Hamburg zur Mehrzahl der deutschen Städte gehört, die »vierzig Jahre nichts an den Schulen gemacht haben«, die »Vermögen vernichtet haben« durch fehlende Sanierung. Aber Hamburg hat die Kurve gekriegt.

Dennoch führte auch der Hamburger Weg über unebenes Gelände, hier und dort lauert eine Finanzierungslücke. Denn Hamburg ist zwar wohlhabender als Berlin, passt aber auch auf, wo die Steuereinnahmen bleiben. Für den Schulbau bedeutet das: Es entstehen keine Paläste. Stattdessen hat Hamburg ein recht bescheidenes »Klassenhaus« entwickelt, das – verkleidet mit verschiedenen Fassaden – in nur elf Monaten gebaut werden kann.

Zur Hamburger Sparpolitik gehört, dass die Stadt im Jahr 2021 einen Festpreis von rund 3300 Euro pro Quadratmeter vorgab. »Manch andere schaffen es nicht, für diesen Preis zu bauen«, gibt der Elbe-Senat freimütig und auch sichtlich stolz auf seine restriktive Schulbaufinanzierung zu. Da in Hamburg ebenso wie in Berlin pro Schüler zwölf Quadratmeter veranschlagt werden, kostet ein Schulplatz in Hamburg rund 40 000 Euro, sofern das Grundstück der Stadt gehört und auch sonst keine weiteren Besonderheiten wie verseuchtes Bauland oder abzureißende Altlasten die Sache verteuern.

Das ärmere Berlin ist da freigiebiger, Schulplätze kosten hier eher 50 000 Euro. Sogar 100 000 Euro pro Schulplatz und mehr sind schon aufgetaucht – nicht nur dann, wenn die landeseigene Wohnungsgesellschaft Howoge baut. Aber, immerhin, die Nutzer schwärmen von diesen Schulen: gute Qualität, dazu im Zeitplan und mit kundigen Ansprechpartnern am Start. Zudem gibt Berlin zu bedenken, dass man die Berliner und die Hamburger Zahlen nicht so einfach vergleichen könne; es würden unterschiedliche Kosten kalkuliert.

Was beide Länder eint: Ihren GmbH-Modellen haftet der Ruch der Schattenhaushalte an. Die Milliardenschulden, die sie aufnehmen, um den Schulbau finanzieren zu können, schlagen nicht als Schulden der Länder zu Buche. So umgehen sie mit einem Trick die Schuldenbremse. Die Initiative »Gemeingut in Bürgerinnenhand« hatte das scharf kritisiert, auch die Landesrechnungshöfe sehen das bundesweit ungern. Denn beide GmbHs sind ja Töchter des Landes, so dass ihre Schulden langfristig sehr wohl von Belang für die jeweiligen Landeshaushalte sind. Zudem muss die öffentliche Hand die Schulen von ihren »Töchtern« mieten, und die dürfen nicht zimperlich sein bei ihren Kalkulationen und den daraus folgenden Mietforderungen, um wirtschaftlich arbeiten zu können. Noch im Oktober 2021 geißelte die Präsidentenkonferenz der Rechnungshöfe des Bundes und der Länder diese Form der Geldbeschaffung: Eine »Umgehung der Schuldenbremse durch Auslagerung der Kreditaufnahme aus den Kernhaushalten etwa in Fonds, Nebenhaushalte und andere Konstruktionen« gelte es zu vermeiden, schrieben die Rechnungshöfe in ihrer »Berliner Erklärung für eine nachhaltige Finanzpolitik«.

Weit weg von diesen Problemen ist München. Zwar mussten auch hier seit 2014 rund sechzig neue Schulen sowie Dutzende Pavillons gebaut werden, und 6,5 Milliarden Euro von insgesamt neun Milliarden flossen in 40 000 zusätzliche Schulplätze. Aber dennoch ging es ohne den Umweg über eine Landes-GmbH, die den Milliardenkredit aufnimmt: Hier baut die Stadt selbst, muss also keinen von den Rechnungshöfen kritisierten »Schattenhaushalt« führen. Zudem hat München so rechtzeitig auf die Herausforderungen reagiert, dass – anders als in Berlin – nahezu durchgängig individuelle Schulen geplant werden können: Die Verwaltung der Stadt München verfügt demnach über Strukturen, die mit zahlreichen Ausschreibungen und Wettbewerben umgehen können. Die Grundlage für variantenreiche Schularchitektur ist somit gegeben. Zudem profitiert der regionale Mittelstand, weil München die Aufträge nicht gebündelt an Generalunternehmer vergeben muss, um Zeit zu sparen.

Dabei war Münchens Ausgangslage ähnlich prekär wie die von Berlin. Auch dort stanken die unsanierten Toiletten, auch dort hatten die Verantwortlichen jahrelang am baulichen Unterhalt gespart, auch dort machte der politische Gegner mit dem Thema »marode Schulen« Wahlkampf. Dann aber wurde der Schalter umgelegt und das Mammutprogramm gestartet. Das neue Konzept der »Lernhäuser«, das München dafür entwickelte, wurde später auch nach Berlin exportiert: geräumige Schulen, in denen Schüler nicht mehr auf Fluren aneinander vorbeilaufen, sondern sich jahrgangsweise in Foren und Teilungsräumen treffen, wo sie auch in Lerngruppen arbeiten können.

Der Erfolg der Münchner Schulbauoffensive ist mit dem Namen des damaligen Schulreferenten und Stadtschulrat Rainer Schweppe verbunden, der auch die Münchner Lernhäuser (»Compartment-Schulen«) begründete. Die Berliner Bau-Entscheider pilgerten deshalb mit seiner fachlichen Leitung nicht nur nach Hamburg, sondern auch nach München und holten Schweppe sogar als externen Berater. Berlins Landeselternsprecher Norman Heise war so begeistert von den Münchner Schulen, dass er Dutzende Fotos von seiner Reise in die Bayerische Landeshauptstadt mitbrachte; sie sind bis heute auf der Homepage des Landeselternausschusses zu finden. Heise schwärmt von den räumlich großzügigen Schulen und wirbt dafür, trotz engerer Corona-Haushalte an den Entwürfen festzuhalten.

»Der entscheidende Punkt der Münchener Erfolgsgeschichte war die Budgetierung pro Neubauschule mit Finanzpuffer – es waren fünfzehn bis zwanzig Prozent«, sagt Ex-Staatssekretär Mark Rackles, der für die Schulbauoffensive zuständig war. »Damit war keine kleinteilige Wiedervorlage bei jeder Kostenänderung nötig und fast jedes Projekt konnte als Erfolg gefeiert werden, weil es den – gepufferten – Kostenrahmen eingehalten hat. In Berlin wird jedes Projekt systematisch zum Kostenüberzieher, weil unrealistisch knapp kalkuliert wird. Da ist München einfach schlauer.« Der Münchener Weg sei mit Finanzsenator Matthias Kollatz nicht zu machen gewesen, der mit Gesamtpauschalen über alle Projekte hinweg und kleinteiligem Kostencontrolling habe arbeiten wollen, sagt Rackles.

Was für München spricht, ist aber nicht nur der Finanzpuffer, die pädagogische Architektur und der Nutzwert der neuen Schulen, sondern auch die rasante Verwaltung. »Die Kollegen haben in die Hände gespuckt«, sagt Schweppe. München habe die Verwaltungsstrukturen »optimiert« und es somit geschafft, das bedeutende Schülerwachstum zu bewältigen.

Anders als Berlin eilt München allerdings ohnehin der Ruf voraus, über eine gute Verwaltung zu verfügen – so wie Bayern überhaupt. Wer einmal versucht hat, an einem Freitagnachmittag in einem beliebigen bayerischen Schulamt eine Auskunft zu bekommen, versteht, was gute Verwaltung bedeutet: 1. Es ist jemand da. 2. Die- oder derjenige geht ans Telefon (oder hat zumindest einen Anrufbeantworter geschaltet). 3. Es wird noch am Freitag zurückgerufen. 4. Die Probleme werden gelöst (jedenfalls die meisten).

Das hat allerdings nicht nur mit dem Selbstverständnis von Verwaltung oder der Qualität von Verwaltungsakademien zu tun, sondern auch mit dem Spitzenpersonal, das hier die Maßstäbe setzt. Berlin hat da nicht viel zu bieten, hier gibt es ein latentes Personalproblem. Zum einen werden Spitzenleute in die Bundesbehörden gelockt, die besser zahlen. Zum anderen werden mehr Schlüsselpositionen als in Stuttgart, Hamburg oder München parteipolitisch besetzt.

Das betrifft vor allem die Bezirksebene: Während in anderen Städten Verwaltungsfachleute in Abhängigkeit von Erfahrung und Kompetenz Leitungsposten erhalten, werden in Berlin 72 Stellen, die jeweils mit rund 9000 Euro Monatsbrutto vergütet sind, ohne Bestenauslese nach Parteibuch verteilt – pro Bezirk sechs Stadträte inklusive Bürgermeister. Einer von ihnen bekommt dann die Zuständigkeit für den Hochbau, meist ohne je im Leben mit Hochbau zu tun gehabt zu haben.

Was in normalen Zeiten und mit guten Fachleuten und vollständig besetzten Ressorts funktionieren kann, fährt in Krisenzeiten – gepaart mit bedrohlichem Personalmangel – gegen die Wand. Und mit einer Art Krise hat man es zu tun, wenn die Schülerzahl so rapide steigt wie zuletzt in München, Hamburg oder Berlin.

Berlins Verwaltung, so viel steht inzwischen fest, ist einer Krise nicht gewachsen. Das hat mit der Doppelstruktur aus Senat und Bezirken zu tun, auch mit der Mentalität in einer Stadt, die lange von Subventionen lebte, aber ebenso mit einem auffallenden Verzicht auf Exzellenz. Am Parteibuch allein liegt es nicht: Auch Hamburgs Schulbehörde ist sozialdemokratisch geprägt, was in der Kaufmannsstadt aber ganz anders daherkommt als in Berlin, wo wirtschaftlicher Erfolg gern als anrüchig wahrgenommen wird.

Der Münchner Schulentwickler Rainer Schweppe hat ebenfalls ein SPD-Parteibuch. Aber seine Berufung auf den Posten
des Münchner Schuldezernenten hing nicht damit zusammen,
sondern mit seiner Arbeit im nordrhein-westfälischen Herford,
wo er als Abteilungsleiter für Bildung ein bundesweit beachte-
tes Modell der offenen Ganztagsschule entwickelt hatte. Das
war den Münchner Grünen aufgefallen. Und es hing damit zusammen, dass die Leitungsposition des Münchner Stadtschul-
rates und berufsmäßigen Stadtrates bundesweit ausgeschrieben
worden war – mithin eine ganz andere Art von Personalbe-
schaffung, als sie bei Berlins Stadträten passiert.

Allerdings musste auch Schweppe nach fünf Jahren gehen:
Nach Münchner Maßstäben ging die Sanierung der Schulen
unter Schweppe nicht schnell genug.

5. DIGITALISIERUNG   *Klarheit, Verlässlichkeit und Kommunikation*

Eine Publikation der Kultusministerkonferenz mit dem Titel »Bildung in der digitalen Welt. Strategie der Kultusministerkonferenz« zeigt auf dem Titelbild eher unfreiwillig das größte Problem und zugleich den direktesten Weg zur Lösung. Zu sehen ist ein Tablet, mit dem jemand eine Schiefertafel mit einfachen Mathe-Aufgaben fotografiert. So simpel, so schlicht, so daneben.

Tatsächlich müssen diejenigen, die das Thema Digitalisierung in der Bildung ernst nehmen, eine Menge Kreide fressen. Das Verständnis dessen, worum es dabei eigentlich geht, ist bei vielen Verantwortlichen noch immer sehr unterkomplex ausgeprägt. Oder, in den einfachen Worten der KMK ausgedrückt: »Den digitalen Wandel der Gesellschaft in die Lehr- und Lernprozesse im Bildungssystem zu integrieren, ist ein äußerst komplexer Prozess. In mehreren Handlungsfeldern müssen gleichzeitig Maßnahmen geplant, aufeinander abgestimmt und umgesetzt werden.« Was für eine Erkenntnis. Ständig und überall müssen in mehreren Handlungsfeldern gleichzeitig Maßnahmen geplant, aufeinander abgestimmt und umgesetzt werden, das ist keine neue Herausforderung der Digitalisierung. Ein schlechter analoger Prozess ist auch ein schlechter digitaler Prozess.

So gilt es auch heute noch, mit den einfachen Dingen anzufangen: Was soll erreicht werden, was ist das Ziel? Die Anschaffung von Geräten allein ist kein Plan, die Einrichtung von E-Mail-Adressen allein keine Idee, die Bereitstellung von Breitbandanschlüssen eine Selbstverständlichkeit. Digitalisierung ist immer nur Werkzeug, das gilt auch für die Bildung. Sie ergänzt, sie hilft, aber sie ersetzt nicht den pädagogischen Weg und nicht die administrative Ordnung.

Wer sich mit den Studien, Strategien, Forderungen und Appellen beschäftigt, die zur Digitalisierung der Bildung in hoher Frequenz veröffentlicht werden, findet eine hohe Übereinstimmung in den wesentlichen Punkten. An Erkenntnis mangelt es ganz offenbar nicht. Woran aber liegt es dann, dass so vieles Stückwerk bleibt? Eben daran: Die einzelnen Teile werden nicht richtig oder zu spät zusammengeführt.

In Berlin lässt sich exemplarisch erkennen, wie es besser ginge, aber nur dann, wenn aus den Fehlern gelernt wird. Eine digitale Infrastruktur ohne klares pädagogisches Bild nutzt wenig. Eine Verteilung der Aufgaben ohne klare Verantwortlichkeit verschleppt zwangsläufig jedes Projekt. Ziele ohne Roadmap zu formulieren, führt nur irgendwohin, aber nicht dorthin, wohin man eigentlich wollte. Eine Verwaltung muss genau wissen, wofür sie viel Geld ausgibt und was sie damit erreichen will, welche anderen Stellen zu beteiligen sind und wie aus dem ahnungslosen Nebeneinander ein abgestimmtes Miteinander wird. Die Politik muss diesen Prozess zentral steuern, und das bedeutet: koordinieren und kontrollieren.

Bei der Digitalisierung kommt ein Aspekt hinzu, der sonst oft fehlt: Fast alle sind dafür, irgendwie, aber viele haben auch ein bisschen Angst vor der Zukunft, die hier ungewisser erscheint als ohnehin schon, und vor der eigenen Rolle darin. Hier werden Milliardensummen bewegt, die nicht in Häusern, Straßen oder Panzern zu berechnen sind. Wer mit Haushältern spricht, die das Geld kanalisieren und freigeben müssen, hört oft, dass sie unsicher sind, dass sie das Gefühl haben, die Themen nicht ganz zu durchdringen. Zugeben würden das aber nur die wenigsten, niemand will sich blamieren. Und so bleibt der Elefant, den jeder sieht, aber über den niemand spricht, unbehelligt im Raum stehen. Das lässt sich nur ändern, wenn die Digitalisierung auch in der Exekutive eine gleichwertige Rolle spielt: durch eine eigenständige Senatsverwaltung oder ein zentral zuständiges Ministerium.

In den Schulen ist es nicht viel anders. Hier wird ohnehin schon an der Belastungsgrenze gearbeitet und oft auch darüber hinaus. Zusätzliche Aufgaben, zumal dann, wenn sie nicht auf Anhieb zu verstehen sind, erzeugen eine innere Abwehr, insbesondere, wenn auch noch eine Blamage droht: Es herrscht unterbewusst bei Lehrerinnen und Lehrern die Angst, ihre Autorität, die auf einem Wissensvorsprung gegenüber den Schülern beruht, durch Unsicherheit im Umgang mit der Technik einzubüßen. Die Belastung ist groß, und sie nimmt tendenziell zu. Selbst Hobby-Tüftler unter den Pädagogen, die an ihren Schulen zu den Ersten mit Ahnung vom neuen Fach gehörten, sind heute der technischen Entwicklung oft hoffnungslos hinterher. Das Tempo der Veränderung ist enorm, der Anspruch hoch.

Daraus folgt erstens die Notwendigkeit einer eigentlichen Selbstverständlichkeit: Das Lernen der Lehrer zu allen Aspekten der Digitalisierung muss ernster genommen werden, es beginnt in den Hochschulen, und es darf an den Schulen nicht enden. Dazu brauchen die Lehrkräfte Zeit, und zwar Arbeitszeit; es geht um professionelle Digitalisierung, nicht um ein Hobby für Interessierte. Zweitens muss die Zeit der Technikbastelei an den Schulen ein Ende haben. Hier müssen Profis ran, die einheitliche IT-Lösungen durchsetzen. Drittens brauchen die Schulen einen ständigen, verlässlichen Support, vielleicht nicht unbedingt sofort 24/7, aber mindestens fünf Tage in der Woche während der schulischen Öffnungszeit.

Was auch dringend hermuss: das Verständnis dafür, dass Lehrkräfte ganz selbstverständlich wie alle anderen Verwaltungsbediensteten auch einen digitalen, voll ausgestatteten Arbeitsplatz brauchen. Mehr noch: dass sie darauf einen Anspruch haben, mit der notwendigen Software, unterteilt ins Pädagogische und ins Administrative, versehen mit einem zuverlässigen Support, mit regelmäßigen Updates von Hard- und Software. Laptops einmal mit großer Geste wie Goodies zu verteilen, ist eine Missachtung der Arbeit, ja: eine Unverschämtheit.

Der Prozess der Digitalisierung kennt keine letztendliche Wahrheit, aber er braucht jederzeit Klarheit und Verlässlichkeit, sowohl bezüglich der jeweiligen Rollen der Beteiligten wie auch der eingeschlagenen Wege. Diese können sich ändern. Aber sie müssen zu jedem Zeitpunkt eindeutig kommuniziert werden. Das hilft, störende Ärgernisse zu vermeiden. Hat die Datenschutzbehörde eine reaktiv kontrollierende oder auch eine proaktiv agierende Funktion? Verhindert sie nur oder berät sie auch? Das kann man so oder so sehen. Aber klar kommuniziert muss es werden. Arbeitet die Bildungsverwaltung mit einer Whitelist oder mit einer Blacklist? Öffnet man den Lobbyisten die Tür oder dem Wahnsinn der Auswahl? Hier hat das Berliner Parlament eine Entscheidung für die Positivliste getroffen, teils wegen der Bedenken der Datenschutzbeauftragten, teils wegen der Vorbehalte der für die IT-Sicherheit zuständigen Staatssekretärin, teils wegen der Sorge mancher Eltern und Kollegien, die Kinder und Jugendlichen würden zu sehr abgelenkt. Eine Entscheidung gegen die unübersichtliche Vielfalt, aber auch gegen die Lernmittelfreiheit. Aber immerhin, es wurde eine Entscheidung getroffen.

Die Digitalisierung ist kein Projekt, das irgendwann fertig ist. Wer bei der Planung vergisst, dass Geräte alle paar Jahre auszutauschen sind, dass Software alle paar Jahre zu erneuern ist, läuft immer nur hinterher. Wer sich für die scheinbar günstigste Cloudlösung eines bekannten Anbieters entscheidet, dem fehlt womöglich schon bald der Speicherplatz. Wer keine Standards schafft, produziert »Customized Chaos«. Wer keine eigene Matrix schafft, geht verloren.

Der Landeselternausschuss in Berlin hat die Erfahrungen der vergangenen Jahre in einen Forderungskatalog übersetzt. Die wichtigsten Punkte, die auch bundesweit relevant sind:
– konsequente und systematisch evaluierte Fort- und Weiterbildung der Lehrkräfte im Umgang mit digitalen Lehr- und Lernmitteln
– Kompetenzerwerb für die Nutzung digitaler Lehr- und Lernmittel bereits im Studium und in der Ausbildung von Quereinsteiger*innen
– Vollausstattung mit möglichst nachhaltigen digitalen Endgeräten, flächendeckendem WLAN und LAN und Bereitstellung mobiler Datenkarten für den schulischen Gebrauch.
– Nutzung von neuen digitalen Lernformen wie interaktiven Lernanwendungen, kollaborativen Arbeitsmethoden und -werkzeugen
– zentrale Prüfung der Lernanwendungen und digitalen Werkzeuge
– langfristiger Ersatz eines Großteils der bisherigen Schulbücher durch regelmäßig zu aktualisierende digitale Bücher oder Lernanwendungen
– Durchführung des Unterrichts mit einem Mindestanteil von 10 Prozent (Primarstufe) beziehungsweise 25 Prozent (Sek I und Sek II) unter Einsatz von digitalen Lehr- und Lernmitteln
– Verankerung des Themas Digitalisierung und ihrer (auch negativen) Auswirkungen sowie ein verantwortungsvoller Umgang damit als Schwerpunktthema in den Rahmenlehrplänen

– Einrichtung von Funktionsstellen an jeder Schule, deren Aufgabenbereich die Instandsetzung, Wartung und Bedarfsermittlung digitaler Geräte, vorhandener Netz-Infrastruktur und Softwareausstattung umfasst. Die Stellen sollen täglich vor Ort besetzt sein, um auch kurzfristig auf Engpässe und Probleme reagieren zu können.

Die Forderungen der Arbeitsplattform machberlindigital.de, der Digitalexpertinnen und -experten aus Wirtschaft, Gesellschaft, Politik und Verwaltung angehören, gehen ebenfalls in die gleiche Richtung. Hier die wichtigsten Punkte:
– Es muss eine Senatsverwaltung für Digitalisierung mit einem/r starken CDO (Chief Digital Officer) eingerichtet werden, Größe: 150 Leute.
– Die Senatsverwaltung für Digitalisierung unterstützt mit einer Technik-Taskforce die Senatsverwaltung für Bildung bei der technischen Umsetzung der Digitalisierung an Schulen. Digitalisierungsbegeisterte Lehrer und Schulleiter werden mittels einer Plattform untereinander vernetzt, um sich gegenseitig auszutauschen und voneinander zu lernen.
– Digitalisierung muss für die Bürger schneller spürbar werden, indem Berlin bereits im In- und Ausland etablierte Lösungen konsequent nachnutzt .
– Mindestens ein Prozent der landesweiten Ausgaben müssen für E-Government-Aufgaben zur Verfügung gestellt werden.

Die Ständige Wissenschaftliche Kommission der KMK empfiehlt folgenden Ausbau der digitalen Fähigkeiten von Schülerinnen und Schülern der Sekundarstufe I:
– Digitale Fähigkeiten sind in drei Dimensionen zu vermitteln, beispielsweise in fachlicher Perspektive als Modellierung oder Simulation in der Corona-Pandemie oder der Klimaforschung.

- Es braucht eine informationsbezogene und computerbezogene Grundbildung, das heißt Computerkenntnis, die fächerübergreifend thematisiert werden soll. Dazu gehören das Suchen, Verarbeiten, Aufbewahren, Problemlösen, Produzieren, Präsentieren und Reflektieren.
- Im Fach Informatik sollen die Schülerinnen und Schüler Programmieren lernen.
- Die Nutzung digitaler Werkzeuge soll über Klassenarbeiten und zentrale Abschlussprüfungen obligatorisch werden.

Die Kreditanstalt für Wiederaufbau sieht den größten Handlungsbedarf bei Lernplattformen und Cloudlösungen. In einer Studie stellt die KfW den Mangel an ausreichend qualifiziertem Personal als bedeutendes Hindernis für die Kommunen als Schulträger fest. Förderprogramme wie den Digitalpakt bewertet die KfW grundsätzlich positiv, kritisiert aber komplizierte Vorgaben und Antragsverfahren und fordert eine dauerhafte finanzielle Stärkung der Kommunen zur digitalen Ausstattung und Erneuerung der Schulen.

Die Berliner Bildungsverwaltung stellte im August 2021 eine gemeinsam mit dem Landesbeirat Digitalisierung erarbeitete Digitalisierungsstrategie für Schule vor. Die wichtigsten Punkte:
- Ein zentrales Schulportal bündelt alle Aktivitäten.
- Für die Schule wird eine verlässliche digitale Infrastruktur aufgebaut.
- Für eine zeitgemäße Gestaltung von Lehr- und Lernprozessen sowie für die Schulverwaltung werden digitale Lösungen bereitgestellt.
- Die Entwicklung der digitalen Kompetenzen der Schülerinnen und Schüler sowie des gesamten pädagogischen Personals ist systematisch zu fördern.

Sandra Scheeres, bis zur Wahl im September 2021 Senatorin für Bildung, Jugend und Familie, kündigte an: »Wir bündeln alle Kräfte, um die Digitalisierung unserer Schulen voranzutreiben. Unsere Digitalisierungsstrategie muss begleitet sein von einer auskömmlichen IT-Infrastruktur, von einem übergreifenden Service- und Supportangebot, einer langfristigen strategischen Steuerung und, ganz wichtig, von breit angelegter Aus-, Fort- und Weiterbildung des gesamten pädagogischen Personals.«

Es klang wie der Auszug aus einem alten Koalitionsvertrag zu Beginn des damals noch neuen Jahrtausends.

6. SCHULEN IM SOZIALEN BRENNPUNKT *Richtig fördern, notfalls schließen*

Die meisten großen Städte der Welt werden sie einfach nicht los: die »Restschulen«. In fast jedem Bezirk gibt es ein, zwei oder drei dieser Unglückshäuser, die man seinem eigenen Kind niemals zumuten würde. Muss das sein? Muss eine Stadtgesellschaft es hinnehmen, dass Tag für Tag Tausende Schülerinnen und Schüler in ihr Unglück laufen?

Nein, sagt Jens Großpietsch, der eine dieser Berliner Restschulen vor rund zwanzig Jahren mit ein paar engagierten Kolleginnen und Kollegen »umdrehte«. Wenn gar nichts helfe, müsse man eine solche Schule eben schließen. Das sei allemal besser, als sie in diesem trostlosen Zustand immer weiterlaufen zu lassen. Aber die Schließung ist auch für ihn nur die allerletzte Option, wenn alles andere versucht wurde. Was Großpietsch mit »allem anderen« meint:

- Schulen in schwieriger Lage bekommen das erste Zugriffsrecht auf einzustellende Pädagogen und werden für fünf bis sieben Jahre personell besser ausgestattet. Damit einher geht die Verpflichtung zur Teilnahme an Fortbildungsmaßnahmen.
- Lehrerkräfte dieser Schulen werden für einen bestimmten Zeitraum höher besoldet – nicht nur mit den 300 Euro aus der Brennpunktzulage, sondern noch obendrauf mit einer erhöhten Berlinzulage in gestaffelter Form: Im ersten Jahr 500 bis 600 Euro und dann jedes Jahr 100 Euro weniger – bei einer Verpflichtung, mindestens sieben Jahre an der betreffenden Schule zu bleiben. Andernfalls müsste die Zulage zurückgezahlt werden.

- Besser noch als erhöhtes Gehalt wären deutlich verbesserte Arbeitsbedingungen, etwa durch kleinere Klassen.
- Die Fortbilder, die hier eingesetzt werden, müssen selbst Erfahrungen mit Schulen in schwieriger Lage haben. Erfolgreiche Schulen werden verpflichtet, Fortbildungen speziell für Kollegen aus Schulen in schwieriger Lage anzubieten.
- Kollegen aus zwei solcher Schulen bilden Tandems: Eine bestimmte Anzahl von Kollegen aus »erfolgreichen Schulen« und solche aus wenig erfolgreichen Schulen tauschen für einen bestimmten Zeitraum – mindestens ein Schuljahr – die Schule. Zudem gibt es verpflichtende wöchentliche Teamsitzungen.
- Perspektivisch erhalten alle Pädagogen einen eigenen festen Arbeitsplatz an der Schule. Die betreffenden Schulen werden technisch und baulich bevorzugt ausgestattet.
- Schulleitungen werden ebenso wie andere »Beförderungsämter« generell befristet vergeben.
- Die Beamtinnen und Beamten der Schulaufsicht sind einen Arbeitstag pro Woche vor Ort und – noch besser – unterrichten vier Wochenstunden in dieser Schule.

Wenn Schulen sich trotz der oben genannten Unterstützungsmaßnahmen nicht deutlich positiv entwickeln, »sollten sie aufgelöst werden«, meint Großpietsch. Die Schulleitungen würden zurückgestuft und wieder als Lehrerinnen und Lehrer eingesetzt. Eine erfolgreiche Schule aus der Nähe könnte die geschlossene Schule als »Filiale« einrichten. Alternativ könne der Standort nach erfolgter Schließung und Auflösung auch mit anderem Namen neu aufgebaut werden.

Während die meisten deutschen Schulträger Schließungen allenfalls wegen Geburtenrückgangs, niemals aber nur wegen schlechter Qualität erwägen, haben die lokalen Bildungsfachleute im thüringischen Jena ganz anders agiert. Um das Jahr 2010 herum krempelten sie den sozial stark belasteten Stadtteil Jena-Lobeda schulpolitisch um. Als ein Herzstück der Aktion gilt die Schließung einer kombinierten Haupt-Realschule, die damals nur noch wenige Anmeldungen hatte.

»Eine Schulentwicklung war dort nicht mehr zu erwarten«, begründet Jenas Fachdienstleiterin für Jugend und Bildung, Christine Wolfer, die damalige Entscheidung zur Schließung der Alfred-Brehm-Schule. Die Lehrkräfte und Schüler wurden auf zwei weitere Schulen verteilt. Nach der Sanierung des Gebäudes fing die Bildungseinrichtung mit neuem Konzept, neuem Kollegium und neuer Leitung nochmal von vorn an, um ab Klasse 1 hochzuwachsen. Der neue Name: Kulturanum-Gemeinschaftsschule.

»Wir kooperieren unter anderem mit einer Musik- und Kunst-Schule, um die Schüler zusätzlich zu unterstützen, deren Eltern es nicht selbst schaffen, ihre Kinder in dieser Richtung zu fördern oder sie am Nachmittag zum Klavierunterricht zu fahren«, erläutert Wolfer eines der besonderen Angebote. Zudem gibt es eine gemeinsame gymnasiale Oberstufe mit der benachbarten Kaleidoskopschule. Was den damaligen treibenden Kräften in Jena entgegenkam, war die besondere Geschichte Jenas als Zentrum der Reformpädagogik. Schon vor hundert Jahren wurde hier eine Schule mit konsequenter Jahrgangsmischung erdacht, die so genannte Jenaplan-Schule. Sie fand weltweit Nachahmer.

»Jena war schon immer sehr reformpädagogisch, nur unterbrochen von der NS- und DDR-Zeit«, beschreibt Wolfer den langen Reformatem der Stadt. Gleich nach der Wende 1990 habe sich der neu gegründete »Runde Tisch für Bildung« zusammengesetzt und auf die Wurzeln besonnen. Mit der »Kaleidoskop-Schule« wurde in Lobeda sogar noch eine zweite Jenaplan-Schule aufgebaut, ein Gymnasium ergänzt das Angebot.

Einen Aufschrei habe es nicht gegeben bei der Schließung der Alfred-Brehm-Schule, sagt Wolfer: »Die Schule stagnierte, das Kollegium wollte auch nicht mehr so richtig.« Zudem sei klar gewesen: »Wir wollen eine neue Schule gründen.«

Wunder sind allerdings nicht zu erwarten – auch nicht im sozialen Brennpunkt Lobeda. »Die Probleme sind nicht weg, aber durch viel Sozialarbeit und Vernetzung aller Akteure im Sozialraum wird gegengesteuert«, sagt die Jenaer Bildungsexpertin. Die Problematiken seien auch an der Gemeinschaftsschule Kulturanum nach wie vor »herausfordernd«. Man müsse sich eben jeden Tag der Frage stellen, »wie es gelingt, die Schule gut weiterzuentwickeln« und Bedingungen zu schaffen, die dies befördern.

Und die Sache mit den Schulabbrechern, die bei der Alfred-Brehm-Vorgängerschule auch ein Problem war? »Es gibt keine Abbrecher mehr«, sagt Britta Müller, die Leiterin der Gemeinschaftsschule. Seit der Gründung seien es »vielleicht zwei« gewesen. Müller war dabei, als die neue Schule 2012 mit 44 Kindern, fünf Lehrkräften und einem Erzieher für den Hort begann – damals noch in vier Räumen einer Förderschule. Lehrkräfte seien trotz Lehrermangels für so eine Schule durchaus zu finden. Ein Neuanfang könne eine »Zugnummer« sein.

Und was sagt die Wissenschaft? Stephan Gerhard Huber von der Pädagogischen Hochschule in Zug in der Schweiz begleitete das Turnaround-Programm der Robert-Bosch-Stiftung, das die Neuköllner Kepler-Schule und neun weitere Brennpunktschulen betraf. In seinem Abschlussbericht bilanziert Huber, dass für einen »School Turnaround«, also einer Wende zum Besseren, neben der Schulleitung und dem mittleren Management eine konzertierte Aktion und Unterstützung von Schulaufsicht, Schulträger sowie eine »intensive externe Schulentwicklungsbegleitung« von großer Bedeutung seien.

Die Bedingungen, die Huber für den Erfolg definiert, ähneln jenen, die auch Jens Großpietsch benennt, ein passgenaues Personalmanagement gehört dazu. Hubers Fazit seiner Arbeit im »Turnaround«-Projekt: Um Schulen erfolgreich zu »drehen«, sei sehr viel mehr nötig, als bisher an deutschen Brennpunktschulen investiert werde. Neben zusätzlichen Ressourcen an Geld und Personal brauche es mehr Eigenverantwortung sowie die »konsequente Professionalisierung der schulischen Akteure«, so Hubers anspruchsvolle Kritik. Seine Befürchtung, wenn das nicht gelingt: ein Prozess, bei dem es immer nur »einen Schritt vor und zwei Schritte zurück geht«.

Wer die Rückschritte verhindern will, braucht Geduld. Deutlich mehr als vier Jahre seien notwendig, meint Huber, bis ein »nachhaltiger Strukturwandel« wirksam etabliert ist. Entsprechend lange dauere es, bis sich auch die Lernleistungen der Schüler signifikant verbessern. Huber rät dringend, offene Stellen zeitnah zu besetzen, »insbesondere Funktionsstellen« – am besten »prioritär«. Diese Schulen, so Hubers Erfahrung mit den Berliner Turnaround-Schulen, brauchten neben der Unterrichtsversorgung zusätzliches Personal für die Steuerung und Umsetzung ihres Veränderungsprozesses sowie für krankheitsbedingte Ausfälle. Daraus folgt aber auch: Wenn Schulleitungen oder Lehrkräfte eine Versetzung wünschten oder wenn sie trotz Unterstützung »an den Herausforderungen scheitern«, soll die Schulaufsicht ihre rechtlichen Gestaltungsspielräume nutzen, »um beim Personalwechsel zu helfen«. Dies aber bedeutet nichts anderes, als dass ausgerechnet Berlin mit seinem akuten Lehrkräftemangel die schlechteste Ausgangsposition hat, eben die Empfehlungen umzusetzen, welche die Wissenschaft aus den Erfahrungen mit Berliner Brennpunktschulen abgeleitet hat. Ein Berliner Paradox.

7. MIGRATION UND BILDUNG   *Durch Frühförderung*
                                Potentiale entfalten

Als Frankreichs Präsident Emmanuel Macron 2019 damit begann, dreijährige Franzosen in die Vorschule zu holen, winkten Deutschlands Familienpolitiker ab. Undenkbar sei das hier. Denn das Grundgesetz lasse es gar nicht zu, das elterliche Bestimmungsrecht derart auszuhebeln. Bis zur Schulpflicht laufe da gar nichts. Etliche Verfassungsjuristen sekundierten mit entsprechenden Stellungnahmen. Aber die Diskussion darüber geht weiter.

Mit dem mehrjährigen Kitabesuch verbindet sich die Hoffnung, Sprachdefizite der Kinder aus zugewanderten Familien zu mildern. Dies allerdings gibt nur einen Bruchteil dessen wieder, was für den frühen Kitabesuch oder eben die »Vorschule« spricht. Tatsächlich geht es um sehr viel mehr. In den ersten fünf bis sechs Jahren werden die Weichen für die gesamte Schullaufbahn gestellt; und damit wird auch festgelegt, wie die Chancen auf ein selbstbestimmtes Leben stehen.

Die Nationalakademie »Leopoldina« weiß, was auf dem Spiel steht, wenn Kinder nicht in ihrer frühen Kindheit gefördert werden. Ein Ergebnis ihrer mehrjährigen Forschungsarbeit lautet auch hier: Wer Kindern aus bildungs- und anregungsarmer Umgebung zu besseren Chancen verhelfen will, muss lange vor dem Schuleintritt ansetzen. Bereits 2014 hatten Wissenschaftler der Leopoldina das ganze Spektrum der biologischen, psychologischen, linguistischen, soziologischen und ökonomischen Perspektiven in ihrem gleichnamigen Beitrag zur frühkindlichen Sozialisation betrachtet. Mit großer Vehemenz stellten sie klar, um was es geht – und was unrettbar verloren ist, wenn das kindliche Gehirn nicht ausreichend aktiviert wird.

Die Forscher untermauerten damit eine Erkenntnis, die zwar hinlänglich bekannt ist, aber in der politischen Agenda Deutschlands noch immer zu wenig berücksichtigt wird. Doch an den Forschungsergebnissen der Leopoldina kann niemand mehr vorbei. Sie lauten so: In der frühen Kindheit gibt es kritische und sensible Phasen, in denen »zwingend« bestimmte Umwelterfahrungen gemacht werden müssen. Nur dann können sich wichtige Strukturen des Nervensystems »und die daran gekoppelten Verhaltensweisen in voller Ausprägung entwickeln«. Umgekehrt bleibt die neuronale Entwicklung unvollständig und bestimmte Verhaltensweisen könnten gar nicht oder nur mit Einschränkungen erworben werden, wenn diese kritischen Phasen nicht mit den erforderlichen Umwelteinflüssen »bedient« werden. Diese Defizite sind »irreversibel«, bleiben mithin ein Leben lang bestehen, und sie können auch durch ein intensives Training in späteren Lebensphasen »selten vollständig, manchmal gar nicht mehr ausgeglichen werden«.

So weit die Leopoldina. Die naheliegende Schlussfolgerung der Wissenschaftler: Es ist »aus der Lebensverlaufsperspektive besonders sinnvoll, Bildungsinvestitionen für die frühe Kindheit bereitzustellen«. Dies gilt für die Entwicklung aller Kinder, in besonderem Maße aber für Kinder, die von »prekären Familienverhältnissen, mangelhaften Betreuungsverhältnissen oder Bildungsferne der Eltern« betroffen sind, mahnen die Wissenschaftler. Investitionen in qualitativ hochwertige frühkindliche Bildungs- und Betreuungsangebote seien daher »sowohl individuell als auch gesamtgesellschaftlich besonders rentabel, da sie positive Voraussetzungen für weitere Entwicklungsschritte gewährleisten«. Kinder aus bildungsfernen Schichten blieben mit größerer Wahrscheinlichkeit hinter ihrem Potential zurück, es sei denn, sie würden durch geeignete Angebote gefördert.

Für die Migrantenförderung in Deutschland sind diese Forschungsergebnisse von besonderer Bedeutung. Zuwanderer stammen überproportional aus bildungsfernen Schichten, das zeigen alle einschlägigen Erhebungen bis hin zum »Nationalen Bildungsbericht«. Dass die Frühförderung unabdingbar ist, gilt für sie also ganz besonders. Das bestätigen auch regelmäßig die Ergebnisse der Berliner Einschulungsuntersuchungen. Die in den Berliner Gesundheitsämtern tätigen Kinderärzte beobachten Jahr für Jahr, dass insbesondere bildungsferne Kinder, die nicht in der Kita waren, mit gravierenden Nachteilen in die Schule kommen.

Ein oft genanntes Beispiel ist die mangelnde Auge-Hand-Koordination, die dazu führt, dass Fünfjährige keinen Stift und keine Schere halten, geschweige denn Linien nachmalen oder nachschneiden können. Sie sind daher beim Schrifterwerb gehandicapt, was sie im Zusammenspiel mit den Sprachproblemen doppelt belastet. Aber auch andere elementare Wahrnehmungsfunktionen wie das Hören oder kognitive Leistungen wie die Handlungskontrolle und sozial-emotionale Verhaltensweisen entwickeln sich ungenügend in anregungsarmer Umgebung.

Das gleiche Phänomen wie bei den Einschulungsuntersuchungen hat der deutsche Soziologe Jan Skopek 2021 an der Universität Dublin bei der Auswertung des Nationalen Bildungspanels entdeckt. Anhand der Bildungsbiographien Zehntausender Testpersonen zeigt sich, wie früh Kinder gezeichnet sind durch das Fehlen der familiären Förderung: »Von Jahr zu Jahr reißt der Herkunftsspalt weiter auf – bis die Kinder eingeschult werden«, resümierte Martin Spiewak in der *Zeit* die Befunde von Skopek. Die Nachweise für die Notwendigkeit der frühen Förderung sind erdrückend, die unabweisbare Schlussfolgerung: Der Kitabesuch ist das Beste, was zur Förderung von Kindern mit Zuwanderergeschichte getan werden kann – deshalb gilt es, den zu erleichtern. Dazu braucht es nicht zwingend eine Kitapflicht wie in Frankreich. Aber der Zugang muss so niedrigschwellig sein wie nur irgend möglich, und es muss ausreichend Plätze geben.

Doch genau daran hapert es. Wie eine Untersuchung des Berliner Research Institute on Longlife Learning (Rilll) 2021 zeigte, geht der Kitaplatzmangel vor allem auf Kosten der Migranten. Aufgrund von Sprachproblemen, Diskriminierung oder Überforderung geben sie die Suche nach einem Kitaplatz eher auf als Eltern ohne Zuwanderungsgeschichte. Infolgedessen besuchen in manchen Regionen nur die Hälfte der Kinder dieser Gruppe eine Kita. Damit sei klar, dass der Kitaplatzmangel ausgerechnet die Kinder treffe, »die zum Beispiel aufgrund von Sprachbarrieren am meisten von einer guten Kindertagesbetreuung profitieren würden«, mahnt Stefan Spieker vom bundesweit agierenden Kitaträger Fröbel e.V., der die Studie angeregt hatte.

Wer also, den Leopoldina-Befunden folgend, mit maximalem Effekt Familien mit Migrationsgeschichte unterstützen will, muss Kitaplätze schaffen. Doch anstatt die Bemühungen darauf zu konzentrieren, wurden vielerorts die Planungen sogar erstmal gestoppt – eine Folge von Steuerausfällen. Dabei wäre es deutlich günstiger, jetzt Kitas zu bauen, als später zusätzliche Förderlehrkräfte zu bezahlen. Für einen neuen Kitaplatz bei Freien Trägern steuert eine Kommune einmalig 30 000 Euro bei, eine zusätzliche Lehrkraft kostet jährlich rund 80 000 Euro.

Im zweiten Schritt geht es darum, diese Plätze zielgerichtet zu offerieren und zu besetzen. Eine einzige Stellschraube reicht dafür nicht, es braucht da schon einen ganzen Werkzeugkasten. Ins Sortiment gehören Stadtteilmütter ebenso wie aufmerksame Hebammen und kostenlose Kitaplätze für Bedürftige. Der langjährige CDU-Jugendstadtrat Falko Liecke berichtet von Erfolgen mit Sozialarbeiterinnen, die in Kinderarztpraxen auf Eltern zugehen, um sie vom Sinn des Kitabesuchs zu überzeugen.

Um dem Ziel der Bildungsgerechtigkeit näher zu kommen, plädiert auch OECD-Pisa-Chef Andreas Schleicher für eine gezielte Unterstützung von Schülerinnen und Schülern mit Migrationshintergrund. Er empfiehlt als Vorabmaßnahme »gezielte Hausbesuche«, um die Teilnahme an frühkindlicher Bildung zu fördern und Familien zu helfen, ihr Kind zu Hause beim Lernen zu unterstützen.

Auch Familienzentren spielen in diesem Zusammenhang eine große Rolle. Sie sollen Eltern eine Rundumberatung sowie Erziehungs-, Deutsch- und Ernährungskurse anbieten. Doch dafür reicht das Geld nicht. Hier müsste ein echtes »Gute-Kita-Gesetz« ansetzen. Stattdessen wird es den Ländern freigestellt, mit einem Teil der Millionensummen den Wegfall von Kitagebühren zu kompensieren. Doch viel mehr als ein Wahlkampfgag ist das nicht – die eigentliche Zielgruppe wird so kaum erreicht. Stattdessen profitieren von den Geschenken Bessergestellte, die sich die Gebühren auch selbst leisten könnten und würden. Das Geld, das hier verschwindet, fehlt dann für die notwendigen Reparaturarbeiten: »Spätere korrigierende Maßnahmen sind nicht unwirksam, aber um ein Vielfaches aufwändiger, für das Individuum anstrengender und für die Gesellschaft teurer«, warnen die Leopoldina-Forscher mit ihrem Appell für mehr Anstrengungen bei der Frühförderung.

Und noch ein dritter Aspekt ist für eine gelungene Frühförderung wichtig: Selbst Plätze in ausreichender Zahl und eine hohe Besuchsfrequenz reichen allein nicht aus. Letztlich kommt es auf die Qualität an. Yvonne Anders, Professorin für frühkindliche Bildung und Erziehung in Bamberg und Mitglied der Berliner Expertenkommission, fordert eine bessere Aus-, Fort- und Weiterbildung der Fachkräfte, damit die Zeit nicht nur verbracht, sondern auch tatsächlich für eine anregende Beschäftigung genutzt wird. Sie empfiehlt zudem, die Qualitätsentwicklung zunächst auf Kitas in Problemgebieten zu fokussieren. Einig war sich die Berliner Expertenkommission auch in diesem Punkt: Es braucht mehr und besser geschultes Personal zur Betreuung und Förderung von Kleinkindern unter drei Jahren. Zusätzliche Fachkräfte, die auch in Diagnose geübt sind, hält das Gremium für unabdingbar: Sie sollen unter anderem Konzepte entwickeln, wie sich die Zusammenarbeit mit den Familien systematisch verbessern lässt.

Fehler bei der Problemdiagnose wirken meistens fatal. Wenn erst der Arzt bei der Einschulungsuntersuchung Fähigkeitsmängel entdeckt, ist bereits kostbare Förderzeit verloren gegangen. Kita-Fachkräfte mit einschlägiger Kenntnis und Erfahrung könnten dagegen etwa Probleme bei der Aussprache der Kinder rechtzeitig feststellen – und mithilfe von Logopäden zu korrigieren versuchen.

Um Defizite bei der Diagnose und Förderung, aber auch beim Einsatz des Personals, bei der Elternarbeit und der Fortbildung aufzudecken, empfiehlt die Expertenkommission eine Art Inspektion, wie es sie bisher nur für die Schulen gibt. Die bisherige externe Kita-Evaluation ist meist folgenlos und reicht demnach nicht aus. Stattdessen soll die »weiterentwickelte« Evaluation einen »prüfenden Charakter« haben und ihre Ergebnisse auch den Eltern mitteilen – ein Quantensprung gegenüber den jetzigen Verhältnissen, unter denen Eltern kaum einen Einblick haben.

Die Potentiale zugewanderter Kinder und Jugendlicher aus bildungsarmen Familien zu entfalten, ist später an den Schulen ungleich schwerer als in den Kitas. Einfache Rezepte helfen nicht mehr, wenn sich die sprachlichen und kognitiven Probleme erst einmal verstärkt haben. Aus der Not heraus empfiehlt die Expertenkommission eine Fokussierung auf das, was zur Ausbildungsreife notwendig ist: Sprache und Mathematik. So soll erreicht werden, dass die künftigen Schulabsolventen die Chance bekommen, eines Tages auf eigenen Füßen zu stehen. Und das gilt für Schülerinnen und Schüler mit und ohne Migrationshintergrund gleichermaßen.

Ein weiterer Rat der Qualitätskommission: Von 2023 an soll es für alle Schülerinnen und Schüler bei Sprache und Mathematik ein Recht auf »individuelle Förderung« sowie die Teilnahme an einer sprachlichen oder mathematischen Förderung geben – »und gegebenenfalls auch eine Pflicht«. Bei Null anfangen muss die Politik dabei nicht. Das Gremium dekliniert in seinem Bericht die Programme durch, die es bereits gibt. Man muss sie nur nutzen wollen – und sich kontrollieren lassen: Die Experten legen Wert darauf, dass die vorhandenen Ressourcen für die Sprachförderung, immerhin Personalkosten von rund 87 Millionen Euro jährlich, in Berlin nicht mehr zum Stopfen anderer Löcher missbraucht werden dürften.

Die Analysen und Empfehlungen der Qualitätskommission für den Berliner Senat können auch in anderen Bundesländern helfen, benachteiligten Schülerinnen und Schülern einen besseren Bildungsstart zu ermöglichen. Der Zeithorizont: Wenn es innerhalb der kommenden vier Jahre gelingen sollte, systematisch basale sprachliche und mathematische Förderkonzepte für alle Jahrgangsstufen zu etablieren, könnten Veränderungen in sechs Jahren erkennbar sein.

Aber immer noch fehlt etwas, und zwar ein kritischer Blick auf die Lehramtsausbildung. Der Lehrer und Soziologieprofessor Aladin El-Mafaalani beklagt in seinem Bestseller *Mythos Bildung*, nie dafür ausgebildet worden zu sein, Begabungen und Defizite seiner Schülerinnen und Schüler »professionell zu erkennen«. Die Lehrerausbildung sei im Hinblick auf die

Diagnose des individuellen Potentials eines Kindes »mangelhaft, vielleicht sogar nah am Dilettantismus«. Und, was noch entscheidender sei: Die soziale Herkunft spiele »bei dem wenigen«, was man im Bereich Diagnostik lerne, »praktisch keine Rolle«. Insofern seien die Lehrkräfte blind, und »wo man blind ist, kann man nicht fördern«.

Ein klarer Fall: Die Lehramtsausbildung muss entscheidend verändert, nämlich erweitert werden. Aber wie? Und von wem? 16 Bundesländer, 120 Universitäten, 4745 lehramtsbezogene Studiengänge wie Staatssekretär a. D. Mark Rackles feststellte – und alle machen ihr eigenes Ding. Schnell wirkende Lösungen sind hier utopisch. So bleibt es bis auf weiteres die Aufgabe der Referendarausbilder, die Botschaft El-Mafaalanis in die Breite zu tragen. Mitunter reicht schon ein Perspektivwechsel.

8. SCHULFINANZIERUNG *Schluss mit dem Gießkannenprinzip*

Das Geld wird wieder knapper, nicht nur wegen der Steuerausfälle durch Corona. Investitionen werden geschoben, auch Schul- und Kitabauten sind davon betroffen.

Viel Spielraum bei den Ausgaben gibt es nicht, denn im Schulbereich sind rund achtzig Prozent der Ausgaben durch Personalmittel gebunden, und im Kitabereich fließt das Geld überwiegend in die Platzgelder. Es kommt also darauf an, die noch verbleibenden Millionen intelligent auszugeben und sich klarzumachen, dass der Finanzaufwand nicht automatisch etwas über die zu erwartende Leistung aussagt.

OECD-Pisa-Chef Andreas Schleicher bilanziert aus den Studien der letzten Jahre: »15-jährige Schülerinnen und Schüler in Ungarn, wo je Schüler zwischen sechs und fünfzehn Jahren 47 000 US-Dollar aufgewendet werden, schneiden genauso gut ab wie Schülerinnen und Schüler in Luxemburg, wo mehr als 187 000 US-Dollar je Schüler investiert werden, und zwar selbst nach Bereinigung um Unterschiede bei den Kaufkraftparitäten.« Luxemburg erzielt also trotz der viermal höheren Ausgaben keine besseren Bildungsergebnisse als Ungarn. Für den Bildungserfolg ist demnach nicht allein die Höhe der Ausgaben maßgeblich, sondern vielmehr, wie die bereitgestellten Mittel eingesetzt werden.

Einige Beispiele für dieses »Wie« hat Schleicher selbst gegeben. Dazu zählen zielgerichtete Zuschläge für Leistungsträger, die wissen, wie man schwache Schulen »dreht«. Auch Schulreformer Jens Großpietsch votiert für hohe Extrazahlungen, um die besten Kräfte in die sozialen Brennpunkte zu holen und sie dort auch zu halten.

Auch auf der strukturellen Ebene wäre einiges zu erledigen, wofür viele Haushaltsmittel gebraucht würden, allem voran der Kitaausbau. Diese Hausaufgabe liegt klar auf der Hand, wenn man die Bildungsberichte der vergangenen Jahre liest. Die Kommunen sollten möglichst darauf verzichten, selbst Kitas zu bauen, weil Freie Träger das preiswerter können. An sie sollten deshalb die öffentlichen Zuschüsse gehen und nicht an die eigenen Bauämter.

Auf der Schülerebene kommt es darauf an, gezielt den Schulen mehr Personal zu geben, die viele benachteiligte Schülerinnen und Schüler betreuen. Etliche Länder machen das schon vor – Nordrhein-Westfalen, Hamburg, Hessen, Berlin und Bremen –, allerdings mit sehr unterschiedlicher Präzision. Lediglich Hamburg wendet schon seit mehr als fünfzehn Jahren einen filigranen Sozialindex an: Alle Schulen werden je nach Bedürftigkeit ihrer Schülerinnen und Schüler in sechs verschiedene Gruppen aufgeteilt und erhalten bei einem hohen Index entsprechend die meisten Lehrkräfte.

In diese Richtung will auch die neue rot-grün-rote Koalition in Berlin gehen. Bisher ist das Berliner Verfahren weniger präzise und unterscheidet nur zwei Gruppen: Es bekommen lediglich die Schulen mehr Personal, die über vierzig Prozent bedürftige Schüler haben. Das wird seit langem als zu unspezifisch kritisiert – eine Kritik, die auch auf das Brennpunktprogramm zutrifft, von dem jede dritte Schule profitiert. Auch hier gilt: Die weniger von Armut betroffenen Schulen bekommen Gelder, die woanders mehr gebraucht würden.

Da die positive Wirkung differenzierter Sozialindizes international immer mehr Beachtung findet und auch Hamburg damit gute Erfahrungen macht, empfiehlt die Friedrich-Ebert-Stiftung, dieses Instrument bundesweit stärker einzubeziehen, wenn es darum geht, vorhandene Gelder möglichst effizient zu nutzen.

Insofern gäbe es genug Anhaltspunkte für Bildungs- und Haushaltspolitiker, sich in den Zeiten knapper werdender Kassen auf einige wenige Schwerpunkte zu konzentrieren, anstatt die Gelder etwa für eine millionenschwere pauschale Befreiung von Kita- und Hortgebühren einzusetzen oder sie per Gießkanne zu verteilen.

9. FREIE SCHULEN *Vielfalt fördern*

Das Schikanieren der Freien Schulen durch größtmögliche Willkür und schlechte Behandlung führt keineswegs zum Ausbluten derselben. Obwohl Berlin den Freien Trägern soweit möglich Gelder aus Förderprogrammen vorenthalten und ihnen eine maximale Wartezeit bis zur Zahlung von Zuschüssen auferlegt hat, haben Berlins Freie Schulen einen im Bundesvergleich überdurchschnittlichen Zuwachs erlebt. Mit einem Anteil von elf Prozent unter allen Schülerinnen und Schülern der allgemeinbildenden Schulen liegen sie zusammen mit Mecklenburg-Vorpommern und Sachsen im oberen Bereich der Länder – weit entfernt etwa von Schleswig-Holstein mit seinen rund fünf Prozent.

Die letzten Berliner Koalitionen gefährdeten außerdem mit ihrer Verschleppung einer Finanzierungsreform ihr deklariertes Ziel einer größtmöglichen sozialen Schulmischung. Denn sie versäumten ihre Pflicht, darauf zu achten, dass Freie Träger ihre Schulen nicht durch zu hohe Elternbeiträge sozial abschotten. Aber genau das passierte wegen des hohen finanziellen Drucks, der infolge der restriktiven Senatspolitik auf den Schulen lastet, und wegen der mangelhaften Kontrolle. Bekannt wurde das erst durch eine Untersuchung des Wissenschaftszentrums Berlin.

Das Privatschul-Bashing der Berliner Politik bei gleichzeitigem Verstoß gegen Aufsichtspflichten erreichte also das Gegenteil des Verkündeten, nämlich eine Expansion der zum Teil sehr teuren Freien Schulen – bei gleichzeitiger Behinderung der Neugründungen von sozial integrativen Schulen.

Dass es auch ganz anders geht, dafür gibt es zahllose Beispiele im In- und Ausland. So übernehmen etwa Nordrhein-Westfalen und Rheinland-Pfalz nahezu die kompletten Kosten der Freien Schulen, um sie unabhängig von Elternbeiträgen zu machen. Die finanzielle Hürde entfällt somit weitgehend, denn es lohnt sich für die dortigen Freien Träger gar nicht, zusätzliches Elterngeld zu nehmen, weil sie dann auf den entsprechenden Teil ihrer staatlichen Zuschüsse verzichten müssten.

Während also das Land Berlin etwa zehn Jahre lang über der Frage brütete, was ein öffentlicher Schulplatz kostet, um davon abgeleitet einen – abgespeckten – Zuschuss für die Freien Schulen errechnen zu können, erstatteten die genannten westdeutschen Länder längst nahezu die vollen Kosten. Und anders als es die Berliner Politik immer suggerierte, führte die gute Finanzierung eben nicht dazu, dass die Freien Schulen stärker expandierten als in Berlin. Im Gegenteil.

Wer die großen, bundesweit agierenden Träger Freier Schulen fragt, in welchem Bundesland es ihnen denn am besten gehe, bekommt keine klare Antwort. Erstens sei es gar nicht möglich, einen Überblick über alle Regelungen der 16 Kultusbürokratien zu haben. Zweitens gebe es überall Vor- und Nachteile. Das eine Land zahle eben mehr oder sogar alle Zuschüsse, mache dafür aber auch mehr Vorschriften, während das andere Land durch längere Wartefristen bis zur ersten Zahlung öffentlicher Gelder eher abschrecke. Im Grunde sei es überall schwierig. In allen Bundesländern geht die Angst um, dass Freie Schulen den öffentlichen die engagierten, bildungsinteressierten Familien wegnehmen.

Dass in den Freien Schulen generell tatsächlich mehr Kinder aus sozial bessergestellten Familien lernen als in öffentlichen Schulen, ist belegt. Das wäre aber auch dann so, wenn die Elternbeiträge komplett wegfallen würden. Denn unterprivilegierte Familien haben meist weniger Interesse an oder weniger

Kenntnis von Freien Schulen. Man müsste sie also gezielt darüber informieren. Das aber geschieht nicht in Ländern, die davon ausgehen, dass Schule eigentlich reine Staatsaufgabe ist und man die Freien Träger so weit wie möglich ausblenden sollte. Somit bleibt es dabei, dass die Freien Träger in erster Linie von bildungsnäheren Schichten frequentiert werden.

Zudem gibt es finanzielle Hürden: Im Durchschnitt zahlen deutsche Familien an Freien Schulen zweitausend Euro pro Jahr an Schulgeld. Zwar sind die Beiträge oft nach Einkommen gestaffelt und es gibt die Möglichkeit, durch Stipendien den Elternbeitrag sogar auf null zu bringen; aber in Ländern wie Berlin, wo den Freien Schulen nur rund zwei Drittel ihrer Kosten erstatten werden, sind die Träger auf Elternbeiträge angewiesen, sofern sie nicht von Kirchensteuern oder Stipendien profitieren.

Es gibt also einen offenkundigen Widerspruch im Vorgehen, die Freien Schulen einerseits zur Strafe für ihre Selektivität durch geringe Zuschüsse zu behindern, sie dadurch aber andererseits abhängig von hohen Elternbeiträgen zu machen.

Dass man die Selektivität auch ganz anders verhindern kann als nur durch eine möglichst große Behinderung und Bevormundung Freier Schulen, zeigen die Niederlande. OECD-Bildungsdirektor Andreas Schleicher hat dem »leistungsstarken Schulsystem« der Niederlande in seiner großen Pisa-Bilanz von 2019 ein ganzes Kapitel gewidmet. Er beschreibt, dass dort mehr als zwei Drittel der 15-Jährigen eine öffentlich finanzierte Privatschule besuchen, darunter überwiegend katholische und protestantische, aber auch einige Dutzend muslimische Schulen. Die Schulautonomie beruht laut Schleicher auf dem Grundsatz der »Bildungsfreiheit«, die seit 1917 in der niederländischen Verfassung garantiert sei. Demnach sei es jedem Menschen gestattet, »eine Schule zu gründen, den Unterricht zu gestalten und die pädagogischen, religiösen und weltanschaulichen Grundsätze festzulegen, auf denen er beruht«.

Der OECD-Direktor beschreibt, was das für das Schulsystem bedeutet und was zu tun ist, um der sozialen Entmischung entgegenzuwirken. Dazu gehört, dass die lokalen Behörden die Schulanmeldungen entweder »bis zu einem gewissen Grad steuern«, um Ungleichgewichten bei der Zusammensetzung der Schülerschaft entgegenzuwirken. Oder aber sie variieren die je Schülerin oder Schüler bereitgestellte Finanzierung, »um eine größere soziale Vielfalt in den Schulen zu fördern«. Dazu dienen Bildungsgutscheine, deren Umfang sich nach dem Bildungsniveau der Eltern richtet. Wichtig auch: Die niederländischen Privatschulen, die mit öffentlichen Mitteln finanziert werden, dürfen weder Schulgeld verlangen noch gewinnorientiert betrieben werden. Sie können ihr Budget jedoch durch freiwillige Beiträge von Eltern und Unternehmen aufstocken.

Schleicher erklärt die insgesamt hohe Qualität des niederländischen Bildungssystems »zum Teil mit dessen Vielfalt, dem Wettbewerb zwischen Schulen und dem hohen Maß an Autonomie, das Schulverwaltungen, Schulleitungen und Lehrkräfte genießen«. Dank der relativ einheitlichen Qualität der Schulen könnten sogar zentrale Prüfungen durchgeführt werden.

Ein höherer Anteil an Privatschulen, sagt der OECD-Direktor, werde oft als »Privatisierung der Bildung« tituliert und als Abkehr von Bildung als öffentlichem Gut gewertet. Dieser Zusammenhang werde jedoch »zu schnell hergestellt«, lautet seine Einschätzung. Vielmehr scheine es zwischen der Bildungsgerechtigkeit und dem Privatschüleranteil »auf Systemebene praktisch keinen Zusammenhang zu geben«. Eine zentrale Botschaft Schleichers lautet, dass sich der positive Zusammenhang zwischen dem Privatschüleranteil und den Schülerleistungen »in erster Linie« aus der größeren Autonomie erklärt, die diese Schulen genießen (siehe Kapitel 9.3.).

Schleicher findet es zudem »bemerkenswert«, dass die soziale Zusammensetzung öffentlicher und privater Schulen weniger stark auseinanderklafft, wenn die privaten Schulen mehr öffentliche Mittel erhalten. Aber er weist auch darauf hin, dass die Entmischung eben nicht nur durch finanzielle Hürden, sondern auch durch andere Faktoren passiert. Darum müsse man »übermäßig komplexe Bewerbungsverfahren, Ausschlusspraktiken, Informationsdefizite und andere Faktoren benennen und angehen, die Familien an der Ausübung ihres Rechts auf freie Schulwahl hindern«.

Das niederländische Schulsystem mit seinem schon seit rund hundert Jahren extrem hohen Anteil an Freien Schulen kann aber noch viel mehr. So wurde laut Schleicher bei einer Messung der Innovation im Bildungssystem im Zeitraum 2000 bis 2011 festgestellt, dass die Niederlande mit ihrem hohen Grad an Schulautonomie und Dezentralisierung zu den besonders innovativen Ländern zählten, zum Beispiel bei der Unterrichtspraxis. Mit anderen Worten: Privatschulen taugen nicht zum antisozialen Feindbild, wenn die öffentliche Hand den richtigen Rahmen setzt.

10. SCHWACHE LEISTUNG   *Mehr Macht den Schulen*

Wer als Schülerin oder Schüler vier Fünfen auf dem Zwischenzeugnis hat und dennoch die Versetzung schaffen will, muss systematisch vorgehen – und Prioritäten setzen. Die aussichtsloseste Baustelle bleibt erstmal liegen, die drei anderen werden nacheinander angegangen: mit einer neuen Tagesstruktur (Hausaufgaben!), mit weniger Handyzeit und viel weniger Social Media, mit Nachhilfe und Arbeitsgruppen im Freundeskreis. Ohne langen Atem wird das nichts.

Auch Berlins Schulpolitik wird einen langen Atem brauchen, bis die Leistungen besser werden. Die Expertenkommission unter Olaf Köller hat das Ziel ausgegeben, den Anteil der Risikoschülergruppe in den kommenden fünf Jahren um mindestens fünf Prozentpunkte zu senken. Zur Risikogruppe zählen Schüler, die Gefahr laufen, nicht ausbildungsfähig zu werden. Nicht mehr 20 Prozent der Viertklässler sollen demnach beim Lesen die Mindestanforderungen verfehlen, sondern nur noch 15 Prozent. Nicht mehr 34 Prozent der Neuntklässler würden an mathematischen Basiskenntnissen wie Bruchrechnen scheitern, sondern nur noch 29 Prozent. Oder sollten wir »nur« lieber in Anführungszeichen schreiben?

Ja, fünf Prozentpunkte, das klingt bescheiden. Aber würde dieses Ziel erreicht, hätte es eine große Bedeutung – für 1500 Schülerinnen und Schüler eines kompletten Jahrgangs, für 15 000 in den ersten zehn Klassenstufen. Das wäre doch was – und klingt zugleich nach einer ziemlichen Herausforderung.

Das Ziel von fünf Prozent wirkt auf den ersten Blick etwas willkürlich. Warum nicht gleich sieben oder gar zehn? Oder vielleicht doch erstmal drei? Fünf Prozent trennen Berlin von Hamburg, und der Stadtstaat Hamburg bietet sich als Vergleichsgröße an. Auch Hamburg stand vor wenigen Jahren noch ähnlich schlecht da wie heute Berlin. Doch die Stadt hat sich systematisch hochgearbeitet. Diesem Weg soll Berlin folgen.

Einer derjenigen, die mit am besten wissen, wie so etwas geht, ist Michael Voges. Der langjährige Staatsrat hatte im Hamburger Senat für die SPD zahlreiche Leitungspositionen inne, bevor er nach seiner Pensionierung nach Berlin zog. Hier moderierte er für den Kieler Bildungsforscher Olaf Köller 2019/20 die Arbeit der »Qualitätskommission zur Schulqualität in Berlin«. Jetzt leitet er den Beirat, der die Empfehlungen umsetzen soll.

Die Hamburger Erfolgsgeschichte ist geprägt von einem akribischen Umgang mit Leistungsdaten. Seit 2012 werden hier über die bundesweiten Vergleichsarbeiten in Klasse 3 und 8 hinaus die Fähigkeiten und Fertigkeiten in den Jahrgängen 2, 5, 7 und 9 erhoben. Das Ganze läuft unter der Bezeichnung »Kermit«. Der Sesamstraßenfrosch steht hier als Abkürzung für »Kompetenzen ermitteln«.

Petra Stanat, Deutschlands oberste Beauftragte für die Sicherung der Leistungsstandards, sieht in der viel stärkeren Qualitätskontrolle und intensiveren Leistungserfassung der Schulen eine Erklärung für Hamburgs Verbesserungen. Sie fasst das unter dem Motto »Kultur des Hinschauens« zusammen.

Vor dem Erfolg waren in Hamburg Widerstände zu überwinden: Nicht jeder lässt sich gern bei der Arbeit zuschauen oder gar bewerten. Was das für Berlin bedeutet, ist klar: Die Lehrkräfte reagieren hier auf Tests noch skeptischer als die Kollegen in Hamburg. Unterstützung kommt von der Gewerkschaft: »Die Sau wird vom Wiegen nicht fetter«, ist dort ein beliebter Spruch. Nicht einmal die Ergebnisse der bundesweit vorgeschriebenen Vergleichsarbeiten in den Klassen 3 und 8 (Vera 3 und Vera 8) werden in Berlin verbindlich genutzt.

Die Qualitätskommission empfiehlt Berlin denn auch nicht, »Kermit« zu übernehmen. Aber als ersten Schritt wird gefordert, die Auseinandersetzung mit den Resultaten von »Vera 3« und »Vera 8« künftig an- und auch ernst zu nehmen. Zudem soll eine Regelung rückgängig gemacht werden, wonach die Lehrkräfte die Zahl der Arbeiten in Klasse 8 bis 10 reduzieren dürfen.

Auch in anderen Punkten sind die Hamburger Erfahrungen wiederzufinden. So sollen die Berliner Kinder bereits mit drei bis vier Jahren auf ihre Sprachfertigkeiten und Zahlvorstellungen hin getestet werden. So bleibt vor der Einschulung mehr Zeit, um die Defizite abzuarbeiten. Auch kleine Kinder sollen wissen können, dass fünf Äpfel mehr sind als zwei. Generell wird von den Kitas erwartet, dass sie spielerisch »schulnahe« Fertigkeiten künftig besser fördern – in der Hoffnung, dass der Übergang in die Grundschule so für jedes Kind einfacher wird.

Damit wächst auch die Chance, dass der darauffolgende Wechsel besser funktioniert als bisher. Es ist in Berlin nicht selbstverständlich, dass Jugendliche das Einmaleins beherrschen, wenn sie in die siebte Klasse kommen.

Und noch eine Erfahrung aus Hamburg soll Berlin weiterhelfen: Die Expertenkommission schlägt vor, die gesamte Aus-, Fort- und Weiterbildung der Lehrkräfte in einem einzigen Institut zu bündeln – in Berlin sind diese Aufgaben bisher völlig zersplittert. Dieses Institut soll zudem zentral zuständig sein für den Einsatz von Coaches und Schulberatern. Gerade in Problemfächern wie Mathematik wurden gute Erfahrungen gemacht bei der Zusammenarbeit von Coaches, Beratern und Lehrkräften. Auch in der Idee eines zentralen Instituts zeigt sich wieder das Ziel einer klareren Zuständigkeit und einer besseren Übersicht, und damit auch einer effektiven Kontrolle.

Ein weiterer Vorteil eines zentralen Instituts für die Aus-, Fort- und Weiterbildung: Quereinsteigende können hier mit Hilfe der Unis gezielter für ihre Aufgabe qualifiziert werden. Denn die naheliegende, ja selbstverständlich klingende Empfehlung, in den Jahrgangsstufen 9 und 10 der Sekundarschulen, Gemeinschaftsschulen und Gymnasien möglichst nur studierte Fachlehrer einzusetzen, wird Berlin erst in ferner Zukunft umsetzen können. Anders als in Hamburg, Bayern oder Rheinland-Pfalz gibt es hier einfach nicht genug solcher Lehrerinnen und Lehrer.

Hamburg als Vorbild, o.k. Aber was ist mit China? Bei der Suche nach Ideen zur Verbesserung der schulischen Leistung wagt Pisa-Chef Schleicher einen Blick nach Shanghai. Sein Fazit: Die mit mehr als zwanzig Millionen Einwohnern größte Stadt Chinas schaffe es, sowohl gute PISA-Ergebnisse zu erreichen als auch die Unterschiede zwischen den Schülerleistungen gering zu halten. Dies verdanke sie nicht dem Zufall, sondern »entschlossenen Bemühungen, leistungsschwächere Schulen zu leistungsstärkeren zu machen«. Wie das gelingt? Schleicher bezieht sich auf eine Untersuchung des US-Bildungsforschers Marc Tucker, der das Phänomen untersucht hat. Demnach wurden durch bessere Beförderungsmöglichkeiten leistungsstarken Lehrkräften Anreize geboten, in benachteiligten Schulen zu unterrichten. Auch eine Zusammenarbeit zwischen leistungsstarken und leistungsschwachen Schulbezirken und Schulen wurde installiert. Die Regierung beauftragt zudem »leistungsstarke« öffentliche Schulen, die Leitung »leistungsschwacher« Schulen zu übernehmen. Ganze Teams werden entsandt.

Dieser Strategie liege die Erwartung zugrunde, dass Ethos, Führungsstil und Unterrichtsmethoden leistungsstarker Schulen auf leistungsschwache Schulen übertragbar sind, referiert Schleicher. Der OECD-Direktor ist davon überzeugt, dass Schulsysteme nur dann zur Spitze gehören können, wenn sie anerkennen, »dass alle Kinder hohen Lern- und Leistungsanforderungen genügen können, wenn sie sich anstrengen und entsprechend gefördert werden«. Dieses Signal, so Schleicher, müssen Schulleitungen senden.

Das klingt nicht so sehr viel anders als das, was auch in Deutschland zu Erfolgen geführt hat. Und es klingt auch nicht unmöglich. Wer allerdings jemals erlebt hat, wie schwer sich Berlin damit tut, überforderte Schulleitungen abzulösen, ahnt, wie weit der Weg dahin noch ist. Zwar sind die Zeiten vorbei, als das Leitungspersonal noch einfach aus einem Kollegium ausgewählt wurde. Doch wenn es der Schulaufsicht nicht gelingt, bei kompletten Fehlbesetzungen einen lückenlosen Nachweis über die fehlende Eignung zu führen, scheitert die Verwaltung, falls sie der Sache überhaupt nachgeht, regelmäßig vor dem Arbeitsgericht.

Auch Ulf Matysiak vom Netzwerk »Teach First«, das Jugendliche an Schulen in sozialen Brennpunkten unterstützt, sieht bei den Schulleitungen eine der größten Baustellen in der Bildungslandschaft. Matysiak setzt auf eine Bundesakademie, in der alle Länder einen Teil ihres Leitungspersonals fortbilden lassen können, immer mit dem einen großen Ziel vor Augen: Schulen besser machen, Lernerfolge stärken, um am Ende den Anteil der Risikoschüler zu senken.

Die Auswahl der Schulleitungen muss also besser werden. Aus dieser Erkenntnis heraus hat Hamburgs Schulbehörde bereits vor mehr als zwanzig Jahren Konsequenzen gezogen. Schulleitungen werden deshalb vom Landesinstitut auch für die Aufgabe der Personalentwicklung qualifiziert. In einer Art »Phase null« identifizieren sie den Leitungsnachwuchs in ihren

Kollegien und erproben ihn in ersten Leitungsfunktionen. »So kann man sehen, wie jemand mit Führungsfragen umgeht und wie er/sie es schafft, Kolleginnen und Kollegen für kooperatives Arbeiten – etwa in der Fachschaft, in einer Projektgruppe oder als Medienbeauftragte – zu gewinnen«, erklärt der ehemalige Hamburger Landesschulrat Peter Daschner den gar nicht so revolutionären Ansatz. Für die Auswahl von Bewerbern für Schulleitungsfunktionen wurde damals in Hamburg eine Art Assessmentverfahren eingerichtet. Bewerberinnen und Bewerber müssen seitdem ein auf die jeweilige Schule bezogenes Konzept vorlegen, vor den schulischen Gremien Rede und Antwort stehen und eine Findungskommission überzeugen, die auch mit externen Mitgliedern wie einem Unternehmer oder einer Pastorin besetzt ist. Bereits in den 1980er Jahren hatten die Stadtstaaten Bremen und Hamburg die Dienstzeit der Schulleitungen auf zehn Jahre begrenzt, was allerdings nach einem letztinstanzlichen Urteil in einem Bremer Fall wieder aufgegeben werden musste. Das öffentliche Dienstrecht ist in Deutschland stärker als der Wunsch, benachteiligten Schülerinnen und Schülern eine bessere Bildung zu bieten.

Ein kleiner Trost vielleicht für Berlin: Der Klassenkampf um bessere Schulen ist nicht nur hier hart und schwer. Aber er ist möglich.

EIN NACHWORT FÜR BERLINER ELTERN

Wer heute schulpflichtige Kinder hat, kann nicht auf bessere Zeiten warten. Weder wird der Lehrkräftemangel rasch überwunden, noch greifen in absehbarer Zeit die versprochenen Reformen; von der Sanierung maroder Gebäude mal ganz zu schweigen. Wer nicht auswandern will oder kann, muss die Berliner Schule so nehmen, wie sie ist.

Doch es gibt Unterschiede, auf die es sich zu achten lohnt. Wenn die Einschulung des eigenen Kindes näher rückt, der Wechsel auf die Sekundarschule oder das Gymnasium bevorsteht oder auch ein Umzug eine Neuorientierung nötig macht, geht es also darum, eine der besseren Schulen zu finden.

Die Suche beginnt im eigenen Wohnumfeld. Dazu gehören möglichst viele Gespräche mit aktiven Eltern und am besten auch Besuche der in Frage kommenden Schulen. Die meisten bieten einen Tag der offenen Tür an. Einen nützlichen Selbstbedienungsservice bietet die Berliner Bildungsverwaltung an. Im online verfügbaren Schulverzeichnis stehen viele relevante Informationen für jede einzelne Schule: www.bildung.berlin.de/Schulverzeichnis/

Besonders hilfreich bei der Suche sind die verlinkten Berichte der Schulinspektion. Auch wenn hier wichtigste Botschaften zuweilen zwischen den Zeilen stehen und mitunter auch sehr umstritten sind (siehe Kapitel »Ein Schulleiter wird abgestraft«), lässt sich ohne große Mühe erkennen, wie gut oder schlecht eine Schule geführt wird. Aufgelistet sind unter anderem die unentschuldigten Fehlzeiten, ein wichtiger Indikator für den Zustand der Schule und die Qualität des Unterrichts:

Die Vergleichszahlen für die Schulform, den Bezirk und ganz Berlin werden gleich mitgeliefert. Auch Besonderheiten des Schulprofils und Schwerpunkte lassen sich dort aufrufen. Diese bemerkenswert transparente Darstellung, bei der sich die Schulen tief in die Karten schauen lassen müssen, wurde vor mehr als zehn Jahren vom damaligen Bildungssenator Jürgen Zöllner durchgesetzt und hat seither Bestand.

Noch spannender ist der Blick auf die Daten der weiterführenden Schulen. Nach wenigen Klicks stößt man hier auf die Noten der Abschlussjahrgänge. So ist gut zu erkennen, wie die Zehntklässler und Abiturienten einer bestimmten Schule im Vergleich zu den Absolventinnen und Absolventen anderer Schulen abgeschnitten haben. Das Gleiche gilt auch für die Quote der Abgängerinnen und Abgänger ohne Abschluss.

Die Familien sind also bei der Auswahl nicht allein auf die Versprechungen von Schulleitungen oder verheißungsvoll klingende Darstellungen angewiesen. Aber auch ein näherer Blick auf die Websites der Schulen lohnt in jedem Fall. Hier ist einiges zu erfahren über das Engagement und den Zusammenhalt von Schülerschaft und Lehrkräften einer Schule. Wenn dort aber etwa noch die Feriendaten vom Vorjahr stehen, ist das ein sicherer Hinweis darauf, dass in der Schulorganisation nicht alles ganz rundläuft.

Ein weiterer Vorteil der Berliner Bildungslandschaft ist, trotz aller Unebenheiten und Gräben, ihre große Vielfalt. Berlin bietet eine herausragende Auswahl zwischen rund 360 Grundschulen und ebenso vielen weiterführenden Schulen. Dazu kommen unterschiedlichste pädagogische Konzepte, gängige Fremdsprachen ab Klasse 1 und ausgefallene Profile mit Schwerpunkten wie Tanz, Leistungssport, Musik, Vietnamesisch oder Japanisch.

Punkten kann Berlin auch mit der kostenlosen Hortbetreuung bis zum späten Nachmittag sowie mit dem verlässlichen, beitragsfreien Mittagessen – beides finanzpolitisch umstritten, aber für Eltern natürlich angenehm, sofern dafür nicht andere wichtigere Qualitätsverbesserungen unterbleiben.

Zudem bietet die Stadt in der Regel eine sechsjährige Grundschulzeit an. Das entspricht dem Wunsch vieler Eltern, sich nicht schon ab Klasse drei Sorgen machen zu müssen, ob ihr Kind den Sprung auf eine gute weiterführende Schule schafft. Andererseits gibt es für schnelle Lerner die Möglichkeit, schon ab Klasse 5 auf ein Gymnasium zu wechseln.

Auch die Freien Schulen Berlins sind vielfältig und bunt. Neben den konfessionellen Standardgymnasien erproben viele Träger mit Erfolg neue Formate. Da gibt es eine innovative Gemeinschaftsschule bei der Evangelischen Schulstiftung, Gymnasien mit internationalem Abitur oder auch Grundschulen, die ausdrücklich Familien mit geringem Einkommen suchen.

Leicht ist es nicht, in der heruntergewirtschafteten, zerklüfteten Berliner Bildungslandschaft eine gute, ja: die beste Schule für das eigene Kind zu finden. Aber die Suche lohnt sich.

DANKSAGUNG

Danken möchten wir all jenen, mit denen wir uns viele Jahre vertrauensvoll über alle möglichen und unmöglichen Schulthemen austauschen konnten und die uns mit ihrer Expertise geholfen haben, zu verstehen, was manchmal nur schwer zu verstehen ist.

Besonders wertvoll für dieses Buch waren die Erfahrungen, die Jens Großpietsch und Robert Rauh mit uns geteilt haben, die Expertise von Karin Babbe, Erhard Laube, Özcan Mutlu, Wilfried Seiring, Ralf Treptow, Sybille Volkholz und Andreas Wegener sowie die Mitarbeit von Nadine Voß, die uns beim Entstehen dieses Buches unterstützt hat.

Ein besonderer Dank gilt, stellvertretend für alle Lehrkräfte, die ihren Beruf lieben, Immo Saechtig.

LITERATUR UND QUELLEN

Teil I

O.V., *Allein gelassen im Brennpunkt.* In: Der Tagesspiegel (13. 01. 2017)

Dinger, Alexander, *Berliner Lehrer zündete aus Frust Rohrbomben.* In: Die Welt (14. 09. 2021)

Internetpräsenz der Senatsverwaltung für Bildung, Jugend und Familie, https://www.berlin.de/sen/bildung/ (Zugriff 25. 11. 2021)

Maroldt, Lorenz, *Berlins marode Schulen.* In: Tagesspiegel Checkpoint (22. 06. 2020)

Hönicke, Kevin (@KevinHoenicke), Tweet am 22. 04. 2020, 18:24 Uhr, https://twitter.com/KevinHoenicke/status/1252996710659502089

»Berlin gemeinsam gestalten. Solidarisch. Nachhaltig. Weltoffen.« Koalitionsvereinbarung zwischen SPD, Die Linke und Bündnis 90/Die Grünen für die Legislaturperiode 2016-2021

Jacobs, Stefan, *Schulische Schätzfragen.* In: Tagesspiegel Checkpoint (28. 08. 2018)

Vogt, Sylvia, *Sogar Lehrer ohne Abitur unterrichten jetzt Berlins Schüler.* In: Der Tagesspiegel (06. 06. 2019)

Stellenausschreibung der Senatsverwaltung für Bildung, Jugend und Familie: »Einstellung von Lehrkräften in den Berliner Schuldienst – Quereinstieg«. Im Karriereportal des Hauptstadtportals »berlin.de« (Zugriff 25. 11. 2021)

Beikler, Sabine, *Berlin fehlen in den nächsten Jahren 26 000 Schulplätze.* In: Der Tagesspiegel (05. 08. 2019)

»Neues Schuljahr startet wie altes Schuljahr endet«. Pressemitteilung des Berliner Landeselternausschusses (05. 08. 2019)

Hipp, Ann-Kathrin, o. T. In: Tagesspiegel Checkpoint (06. 08. 2019)

Fahrun, Joachim, *Bildungssenatorin Scheeres sucht gute Botschaften.* In: Berliner Morgenpost (08. 08. 2019)

»Berliner Koalitionäre: Aufwachen! Realitäten akzeptieren!« Pressemitteilung der Vereinigung der Oberstudiendirektoren des Landes Berlin e. V. zum Weggang Berliner Lehrkräfte in andere Bundesländer (07. 08. 2019)

Betschka, Julius/Vieth-Entus, Susanne, *Widersprüchliche Aussagen und neue Zahlen zur Lehrerflucht.* In: Der Tagesspiegel (25. 08. 2021)

Jacobs, Stefan, *Rechnen mit der Bildungsverwaltung: 3+3=5.* In: Tagesspiegel Checkpoint (22. 01. 2020)

Maroldt, Lorenz (@LorenzMaroldt), Tweet am 03. 09. 2020, 22:04 Uhr, https://twitter.com/lorenzmaroldt/status/1301612085667868672?lang=de

Maroldt, Lorenz (@LorenzMaroldt), Tweet am 23. 09. 2020, 22:36 Uhr, https://twitter.com/LorenzMaroldt/status/1308867746235584517?s=20

Myrrhe, Anke, *Grundschüler müssen ihr Zeugnis wieder abgeben.* In: Tagesspiegel Checkpoint (09. 02. 2018)

Koalitionsvereinbarung zwischen SPD und PDS für die Legislaturperiode 2001-2006

Koalitionsvereinbarung zwischen SPD und CDU für die Legislaturperiode 2011-2016

O.V., *Die peinlichsten Berliner 2019: Blamagen von Bushido bis Scheeres*. In: tip Berlin (08. 01. 2020)

Abel, Andreas, *Grundschule ist schon bei der Eröffnung zu klein*. In: Berliner Morgenpost (18. 12. 2017)

»Qualitätskommission zur Schulqualität in Berlin: Empfehlungen zur Steigerung der Qualität von Bildung und Unterricht in Berlin«. Abschlussbericht der Expertenkommission (2020)

Mitglieder der Kommission: Olaf Köller, Leibniz-Institut für die Pädagogik der Naturwissenschaften und Mathematik; Yvonne Anders, Universität Bamberg, Lehrstuhl für Frühkindliche Bildung und Erziehung; Michael Becker-Mrotzek, Universität zu Köln, Mercator-Institut für Sprachförderung und Deutsch als Zweitsprache; Rahel Dreyer, Alice Salomon Hochschule Berlin, Pädagogik und Entwicklungspsychologie der ersten Lebensjahre; Kai Maaz, Leibniz-Institut für Bildungsforschung und Bildungsinformation; Susanne Prediger, TU Dortmund, Deutsches Zentrum für Lehrerbildung Mathematik; Felicitas Thiel, FU Berlin, Fachbereich Erziehungswissenschaft und Psychologie; Michael Voges, Staatsrat a. D., als Berater und Moderator

Maroldt, Lorenz, *Ex-Staatssekretär Rackles rechnet ab*. In: Tagesspiegel Checkpoint (20. 06. 2019)

Corino, Eva/ Conradi, Friedrich, »*Warum mangelt es uns an Lehrkräften, Herr Rackles?*« In: Berliner Zeitung (20. 05. 2021)

Vieth-Entus, Susanne, *Scheeres verpasst Schulleitern einen Maulkorb*. In: Der Tagesspiegel (06. 11. 2017)

Schug, Sascha, o.T. In: Landes-SGK Extra (09/10 2021)

Maroldt, Lorenz, o.T. In: Tagesspiegel Checkpoint (14. 11. 2017)

Seeling, Björn, *Keine Plätze für Integration an vielen deutschen Schulen*, In: Tagesspiegel Checkpoint (29. 11. 2017)

Schriftliche Anfrage zu Überlastungsanzeigen von Lehrkräften in Berlin von Mario Czaja (CDU) und Antwort der Senatsverwaltung für Bildung, Jugend und Familie, Drucksache 18/16364 (17. 09. 2018)

Vieth-Entus, Susanne, *Berliner Abiturjahrgang beklagt Versagen seiner Schulleitung*. In: Der Tagesspiegel (16. 03. 2021)

Änderungsantrag zur Vorlage zur Beschlussfassung über das Vierte Gesetz zur Änderung des Schulgesetzes, §15 (3)/(3a) (Drucksache 18/3879)

Austilat, Andreas, *Mark Twain in Berlin: Bummel durch das europäische Chicago*, Berlin 2014

Starzmann, Paul/Ismar, Georg, *Unmut über SPD-Beschluss für Soldaten-Bann an Schulen*. In: Der Tagesspiegel (01. 04. 2019)

Oppermann, Thomas (@ThomasOppermann), Tweet am 01. 04. 2019, 7:46 Uhr, https://mobile.twitter.com/thomasoppermann/status/1112591949373030402?lang=ar-x-fm

Leinemann, Susanne, *Wie Berlins Verwaltung eine gute Schule für schlecht erklärt*. In: Berliner Morgenpost (04. 07. 2018)

Telefon-Interview mit den Autoren und Wilfried Seiring im Herbst 2021

Vieth-Entus, Susanne, *25 Jahre SPD-Bildungspolitik in Berlin – die Geschichte eines Versagens*. In: Der Tagesspiegel (01. 02. 2021)

Hipp, Ann-Kathrin, *Auf der Suche nach der DNA der Hauptstadt*. In: Der Tagesspiegel (09. 04. 2019)

Maroldt, Lorenz, *Bildungsverwaltung: Klassenstärke für Schulqualität unerheblich*. In: Tagesspiegel Checkpoint (05. 12. 2019)

Martenstein, Harald, *Was ist Ihre sexuelle Orientierung?* In: Der Tagesspiegel (17. 09. 2017)

Maurer, Andrea (@an_maurer), Tweet am 14. 06. 2018, 14:22 Uhr, https://twitter.com/an_maurer/status/1007236731178049537

Maroldt, Lorenz, *Kitaplatz für Wohnung – ein unmoralisches Angebot*. In: Tagesspiegel Checkpoint (06. 05. 2019)

»FluxFM packt's an und startet ›HAPPY HAUPTSTADT‹ – die Kampagne, die Berlin noch glücklicher macht«. Pressemitteilung von FluxFM (23. 08. 2019)

Myrrhe, Anke, o. T. In: Tagesspiegel Checkpoint (15. 11. 2019)

Haselberger, Stephan, *Gabriel: Schulen müssen Deutschlands Kathedralen werden*. In: Der Tagesspiegel (07. 05. 2016)

Langowski, Judith, *Schimmelbefall im Schulamt*. In: Tagesspiegel Leute (15. 06. 2018)

Vogt, Sylvia, *So will Berlin seine maroden Schulen sanieren*. In: Der Tagesspiegel (24. 04. 2018)

Hipp, Ann-Kathrin, *Die unendliche Sporthallenbaustelle von Pankow*. In: Tagesspiegel Checkpoint (22. 09. 2020)

Internetpräsenz der Charlotte-Pfeffer-Schule: »Fortschritt der Bauarbeiten. November/Dezember 2020 – die neue Turnhalle wächst«, https://www.charlotte-pfeffer-schule.de/baustelle/verlauf.html (Zugriff 25. 11. 2021)

BER Kreuzberg (@berkreuzberg), Tweet am 21. 10. 2019, 19:44 Uhr, https://twitter.com/berkreuzberg/status/1186337355789225984?ref_src=twsrc%5Etfw%7Ctwca mp%5Etweetembed%7Ctwterm%5E1186337355789225984%7Ctwgr%5E%7Ctwco n%5Es1_&ref_url=https%3A%2F%2Fwww.tagesspiegel.de%2Fberlin%2Fsieben-jahre-baustelle-eine-schule-wird-zum-ber-von-kreuzberg%2F25329414.html

Vieth-Entus, Susanne, *Schimmel-Verfall mit Ansage: Die Sperrung der Berliner Anna-Lindh-Schule hat eine lange Vorgeschichte*. In: Der Tagesspiegel (12. 04. 2021)

Gemeinsame Geschäftsstelle Schulbauoffensive: »Jahresbericht zur Kooperation der Berliner Bezirke im Rahmen der Berliner Schulbauoffensive« (11. 2020)

Myrrhe, Anke, *Wundervolle Verwaltungsphrasen*. In: Tagesspiegel Checkpoint (28. 05. 2021)

Fechner, Marco (@PankowerPflanze), Tweet am 06. 10. 2021, 23:30 Uhr, https://twitter.com/PankowerPflanze/status/1445864071509598212

Aktenvermerk des Bezirksamts Mitte vom 18. 02. 2009

Maroldt, Lorenz, *Schulleitungen beschweren sich über SPD-Stadtrat*. In: Tagesspiegel Checkpoint (20. 09. 2021)

Betschka, Julius, *Berliner Oberstufenzentren brauchen 94 Millionen Euro Soforthilfe*. In: Der Tagesspiegel (24. 08. 2021)

Maroldt, Lorenz, *Automatische E-Mail-Antwort des Straßenbauamts Reinickendorf auf eine Bürgeranfrage*. In: Tagesspiegel Checkpoint (06.12.2018)

Jung, Tilo (@TiloJung), Tweet am 06.10.2021, 14:19 Uhr, https://twitter.com/TiloJung/status/1445725388886487041

Maroldt, Lorenz, *Neue Mäuse für Berlins Schulen*. In: Tagesspiegel Checkpoint (14.11.2019)

Maroldt, Lorenz, *Smentek verteidigt Laptop-Teilung*. In: Tagesspiegel Checkpoint (06.09.2021)

Fahrun, Joachim/Schmidt, Florian, *Berlins Berufsschulen sind vom Netz abgehängt*. In: Berliner Morgenpost (23.09.2018)

»Bericht über die Entwicklung eines einheitlichen IT-Systems für Berliner Schulen«. Pressemitteilung der Berliner Senatskanzlei (28.09.2021)

Tergit, Gabriele, *Käsebier erobert den Kurfürstendamm*, Berlin, 1932

Vogt, Sylvia, *Schüler fordern besseren Schutz vor Coronavirus*. In: Der Tagesspiegel (11.03.2020)

Vieth-Entus, Susanne, *Revival für Waschbecken in Klassenräumen*. In: Der Tagesspiegel (24.04.2020)

Rackles, Mark, *Sieben Jahre, sieben Thesen*, Berlin, 19. Juni 2019

Corino, Eva, *Warum fehlt es uns an Lehrkräften, Herr Rackles?* Interview. In: Berliner Zeitung (21.05.2021)

Teil II

1. Das Land vertreibt seine Lehrkräfte

Senatsverwaltung für Bildung, Jugend und Familie (Hrsg.), *Blickpunkt Schule, Schuljahr 2020/21*, Berlin 2021

Autorengruppe Bildungsberichterstattung (Hrsg.), *Bildung in Deutschland 2020: Ein indikatorengestützter Bericht mit einer Analyse zu Bildung in einer digitalisierten Welt*, Bielefeld 2020

Beikler, Sabine/Vieth-Entus, Susanne, *Wir kämpfen für die Verbeamtung der Lehrer*. In: Der Tagesspiegel (27.03.2019)

Felber, Franziska, *Wer will Lehrer werden? Berlin lockt Kandidaten aus ganz Deutschland*. In: Der Tagesspiegel (10.05.2014)

Internetpräsenz des Ministeriums für Schule und Bildung des Landes Nordrhein-Westfalen: »Seiteneinstieg«, https://www.schulministerium.nrw/seiteneinstieg-schulpolitik (Zugriff 25.11.2021)

»Qualitätskommission zur Schulqualität in Berlin: Empfehlungen zur Steigerung der Qualität von Bildung und Unterricht in Berlin«. Abschlussbericht der Expertenkommission, 2020

Rackles, Mark, *Lehrkräftebildung 2021. Wege aus der föderalen Sackgasse*, Berlin 2020

Rauh, Robert, *Schule, setzen, sechs*, München 2015

Schleicher, Andreas, *Weltklasse. Schule für das 21. Jahrhundert gestalten*, Bielefeld 2019

Schriftliche Anfrage zu Lehrkräfte-Quereinsteigenden in den Berliner Schulen im Schuljahr 2018/2019 von Joschka Langenbrinck (SPD), Drucksache 18/17293 (03.01.2019)

Schriftliche Anfrage zu Lehrkräfte-Quereinsteigenden in den Berliner Schulen im Schuljahr 2018/2019 II von Joschka Langenbrinck (SPD), Drucksache 18/22394 (17.02.2020)

Schriftliche Anfrage zu Lehrkräften zum Schulanfang 2021/2022 in Berlin: Bestand und Bedarf von Paul Fresdorf (FDP), Drucksache 18/28111 (26.07.2021)

Stanat, Petra/Schipolowski, Stefan/Mahler, Nicole/Weirich, Sebastian/Henschel, Sofie (Hrsg.), »IQB-Bildungstrend 2018. Mathematische und naturwissenschaftliche Kompetenzen am Ende der Sekundarstufe I im zweiten Ländervergleich«. Münster 2019

Vieth-Entus, Susanne, *Warnung vor einer ›Entprofessionalisierung des Lehrerberufs‹.* In: Der Tagesspiegel (24.03.2014)

Vieth-Entus, Susanne, *Lehrerwerbung auf Bayerisch.* In: Der Tagesspiegel (05.05.2014)

Vieth-Entus, Susanne, *Sechs Grundschullehrer auf 33 offene Stellen.* In: Der Tagesspiegel (17.02.2016)

Vieth-Entus, Susanne, *Berlin braucht 1000 neue Grundschullehrer – hat aber nur 175.* In: Der Tagesspiegel (17.02.2016)

Vieth-Entus, Susanne, *Neue Lehrer im Klassenzimmer: Abgeworben aus Österreich.* In: Der Tagesspiegel (05.09.2016)

Vieth-Entus, Susanne, *Geldsegen für Berlins Schulen.* In: Der Tagesspiegel (30.11.2017)

Vieth-Entus, Susanne, *Ausnahmezustand im Klassenzimmer.* In: Der Tagesspiegel (15.05.2017)

Vogt, Sylvia, *CDU fordert Lehrer-Verbeamtung.* In: Der Tagesspiegel (13.03.2018)

Vieth-Entus, Susanne, *Ungelernte Lehrer ballen sich im sozialen Brennpunkt.* In: Der Tagesspiegel (20.03.2018)

Vieth-Entus, Susanne, *An Berlins Schulen werden sogar die Quereinsteiger knapp.* In: Der Tagesspiegel (31.05.2018)

Vieth-Entus, Susanne, *Notplan. Berlin sucht hunderte Lehrer.* In: Der Tagesspiegel (11.06.2018)

Vieth-Entus, Susanne/Vogt, Sylvia, *Jedes Fach ist ein Mangelfach.* In: Der Tagesspiegel (19.09.2018)

Vieth-Entus, Susanne, *SPD-Fraktion fordert Quereinsteiger-Quote an Berlins Schulen.* In: Der Tagesspiegel (08.01.2019)

Vieth-Entus, Susanne, *44 Prozent der neuen Lehrer in Berlin sind Quereinsteiger.* In: Der Tagesspiegel (31.01.2019)

Vieth-Entus, Susanne, *Forscher wollen Quote für Quereinsteiger.* In: Der Tagesspiegel (05.08.2019)

Vieth-Entus, Susanne, *SPD-Bezirkspolitiker appellieren an Parteitag.* In: Der Tagesspiegel (23.10.2019)

2. Der unheilvolle Zwang zur Reform

Klesmann, Martin, *Leistungen in der Schule: Früh eingeschulte Kinder wiederholen öfter.* In: Berliner Zeitung (07.07.2014)

Klesmann, Martin, *Schulbeginn: Probleme mit der frühen Einschulung.* In: Berliner Zeitung (07.10.2014)

Klesmann, Martin, *Ende der Früheinschulung: Berliner Kinder werden wieder mit sechs Jahren eingeschult.* Berliner Zeitung (06.10.15)

Müller-Lissner, Adelheid, *Spielen und lernen.* In: Der Tagesspiegel (26.10.2009)

Vieth-Entus, Susanne, *Bin ich schon reif für eine Prüfung?* In: Der Tagesspiegel (12.02.2013)

Vieth-Entus, Susanne, *Zu viel Reform, zu wenig Lehrer.* In: Der Tagesspiegel (14.07.2006)

Vieth-Entus, Susanne, *Start ohne Chaos – die Pessimisten wurden widerlegt.* In: Der Tagesspiegel (15.08.2005)

Vieth-Entus, Susanne, *Die Mischung macht's.* In: Der Tagesspiegel (23.08.2005)

Vieth-Entus, Susanne, *Skeptisch ins neue Schuljahr.* In: Der Tagesspiegel (27.06.2006)

Vieth-Entus, Susanne, *Förderung wegreformiert – Kinder landen in Psychiatrie.* In: Der Tagesspiegel (13.07.2006)

Vieth-Entus, Susanne, *Letzte Scharmützel.* In: Der Tagesspiegel (15.06.2010)

Vieth-Entus, Susanne, *Fast 70 Schulen dürfen JüL abschaffen.* In: Der Tagesspiegel (18.10.2011)

Vieth-Entus, Susanne, *Zöllner gegen Pflicht zur Früheinschulung.* In: Der Tagesspiegel (31.01.2007)

Vieth-Entus, Susanne, *Zöllner lockert Pflicht zur Früheinschulung.* In: Der Tagesspiegel (26.08.2009)

Vieth-Entus, Susanne, *Früh übt sich.* In: *Der Tagesspiegel* (05.06.2007)

Vieth-Entus, Susanne, *Viele Eltern klagen über Willkür.* In: Der Tagesspiegel (12.03.2013)

Vieth-Entus, Susanne, *Rückstellungen: Ein Kreuz genügt – fast.* In: Der Tagesspiegel (14.10.2013)

Vieth-Entus, Susanne, *Senat verteidigt Schule ab fünf.* In: Der Tagesspiegel (26.09.2012)

Vieth-Entus, Susanne, *8500 Schüler werden später eingeschult.* In: Der Tagesspiegel (02.12.2016)

Thibault, Matthias, *Die Engländer haben es vorgemacht.* In: Der Tagesspiegel (12.02.2013)

Schriftliche Anfrage zu Rückstellungsanträgen zum Schuljahr 2016/2017 in den Bezirken von Joschka Langenbrinck (SPD), Drucksache 18/10007 (02.11.2016)

Vogt, Sylvia, *Schlechtes Zeugnis für Berliner Grundschulen.* In: Der Tagesspiegel (05.09.2012)

3. Vergessene Pflichten und ignorierte Gesetze

Vieth-Entus, Susanne, *Fast 1200 Kinder besuchen vor Schulbeginn keine Kita*. In: Der Tagesspiegel (08. 08. 2019)

Vieth-Entus, Susanne, *Keine Bußgelder bei Missachtung der Kitapflicht in Berlin*. In: Der Tagesspiegel (11. 05. 2018)

Wortprotokoll der öffentlichen Sitzung des Ausschusses für Bildung, Jugend und Familie im Berliner Abgeordnetenhaus vom 18. März 2021

Tarkian, Jasmin/Riecke-Baulecke, Thomas/Thiel, Felicitas, *Interne Evaluation – Konzeption und Implementation in den 16 Ländern*. In: Tarkian, Jasmin/Riecke-Baulecke, Thomas/Thiel, Felicitas/Lankes, Eva-Maria/Maritzen, Norbert/Kroupa, Anna, *Datenbasierte Qualitätssicherung und -entwicklung in Schulen. Eine Bestandsaufnahme in den Ländern der Bundesrepublik Deutschland*, Wiesbaden 2019

»Qualitätskommission zur Schulqualität in Berlin: Empfehlungen zur Steigerung der Qualität von Bildung und Unterricht in Berlin«. Abschlussbericht der Expertenkommission (2020)

Verordnung über schulische Qualitätssicherung und Evaluation vom 29. November 2011 des Landes Berlin

Senatsverwaltung für Bildung, Jugend und Familie (Hrsg.): »Handlungsrahmen Schulqualität in Berlin. Qualitätsbereiche und Qualitätsmerkmale«, Berlin 2013

Internetpräsenz der Senatsverwaltung für Bildung, Jugend und Familie: »Selbstevaluation verbindlich durchführen«, https://www.berlin.de/sen/bildung/unterricht/schulqualitaet/massnahmen/ (Zugriff 25. 11. 2021)

Vieth-Entus, Susanne, *Lehrer lassen sich nicht gern von Schülern bewerten*. In: Der Tagesspiegel (12. 08. 2013)

Vieth-Entus, Susanne, *Berlins Lehrer sollen mehr Noten bekommen*. In: Der Tagesspiegel (31. 10. 2016)

Vieth-Entus, Susanne, *Scheeres will mehr Unterricht und mehr Kontrolle*. In: Der Tagesspiegel (24. 01. 2019)

»Schulisch angeleitetes Lernen zu Hause – Fragebogen Sekundarstufe«. Ansichtsexemplar des Schülerfragebogens des Instituts für Schulqualität der Länder Berlin und Brandenburg e. V.

4. Einstürzende Schulbauten: Wenn Sparsamkeit Substanz zerstört

»Unterrichtsausfall in Steglitz-Zehlendorf – der etwas andere Adventskalender«. Pressemitteilung des Bezirkselternausschusses Steglitz-Zehlendorf (28. 11. 2006)

Gemeinsame Geschäftsstelle Schulbauoffensive: »Jahresbericht zur Kooperation der Berliner Bezirke im Rahmen der Berliner Schulbauoffensive« (11. 2020)

Gemeinsame Geschäftsstelle Schulbauoffensive: »Infobrief # 7 – Mai« (05. 2021)

Vieth-Entus, Susanne, *Eine Schule wird zum ›BER von Kreuzberg‹*. In: Der Tagesspiegel (13. 12. 2019)

Vieth-Entus, Susanne, *Rechnungshof kritisiert Bezirk für den »BER von Kreuzberg«*. In: Der Tagesspiegel (14. 12. 2019)

O.V., *Die härtesten Fälle*. In: Der Tagesspiegel (20.12.2010)

Vieth-Entus, Susanne, *Es geht an die Substanz*. In: Der Tagesspiegel (09.12.2008)

Kögel, Annette, *Zusammen mit SPD-Fraktionschef Klaus Wowereit schaute sich der Senator mehrere Lehranstalten an*. In: Der Tagesspiegel (20.12.1999)

Vogt, Sylvia, *So will Berlin seine maroden Schulen sanieren*. In: Der Tagesspiegel (24.04.2018)

Vieth-Entus, Susanne, *Entmachtung der Bezirke – SPD will Schulsanierung einheitlich regeln*. In: Der Tagesspiegel (08.07.2016)

Vieth-Entus, Susanne/Vogt, Sylvia, *Was kann Berlin gegen die maroden Schulen tun?* In: Der Tagesspiegel (01.07.2016)

Vieth-Entus, Susanne, *Ein Armutszeugnis*. In: Der Tagesspiegel (15.07.2015)

Vieth-Entus, Susanne, *Verfall mit Ansage*. In: Der Tagesspiegel (02.11.2015)

Vieth-Entus, Susanne, *Feindliche Landnahme: SPD will Bezirke im Schulbau schwächen*. In: Der Tagesspiegel (29.06.2017)

Vieth-Entus, Susanne, *Von 15 neuen Bezirksstellen bisher nur eine besetzt*. In: Der Tagesspiegel (08.05.2019)

Gemeinsame Geschäftsstelle Schulbauoffensive der Berliner Bezirke: Jahresbericht 2020

Vieth-Entus, Susanne, *Da baut sich was zusammen: Berlin gibt drei Mal so viel Geld für neue Schulen aus wie geplant*. In: Der Tagesspiegel (05.04.2021)

Vieth-Entus, Susanne, *Berlin kann den Zeitplan für die neuen Schulen nicht halten*. In: Der Tagesspiegel (26.03.2021)

Jahresbericht 2020 des Berliner Rechnungshofs, S. 86ff.

Schriftliche Anfrage zu Schulbau in Berlin und Tempelhof-Schöneberg: Projekte und Kosten von Christian Zander (CDU), Drucksache 18/27657 (19.05.2021)

5. Wenn iPads mit Digitalisierung verwechselt werden

O.V., *Berlins Schulverwaltung stellt Vervielfältiger ein*. In: Bildung. Table (03.08.2021)

Deutsche Telekom Stiftung »Schule digital – der Länderindikator 2021. Eine repräsentative Befragung von Lehrkräften zum Lernen mit digitalen Medien. Eine Zusammenfassung« (11.2021)

Reaktion der Berliner Senatsverwaltung auf die Studie für Bildung, Jugend und Familie »Schule digital – der Länderindikator 2021« (Mail vom 03.11.2021)

Vieth-Entus, Susanne, *Berliner Senat scheitert an Digitalisierung der Schulen*. In: Der Tagesspiegel (12.08.2020)

Maroldt, Lorenz, *Alle Schulen Berlins bekommen jetzt schnelles Internet*. In: Tagesspiegel Checkpoint (03.03.2021)

»Breitband-Internet für 25 Schulstandorte«. Pressemitteilung der Senatsverwaltung für Bildung, Jugend und Familie (15.03.2021)

Maroldt, Lorenz, *Senat verpennt Breitbandanschluss der Schulen*. In: Tagesspiegel Checkpoint (12.08.2020)

Pressemitteilung zum Jahresbericht 2015 des Berliner Rechnungshofs (11.05.2015)

Maroldt, Lorenz, *Das Abgeordnetenhaus will den webbasierten Unterricht voranbringen*. In: Tagesspiegel Checkpoint (27.08.2020)

Maroldt, Lorenz, *Neue Mäuse für Berlins Schulen.* In: Tagesspiegel Checkpoint (14.11.2019)

Schriftliche Anfrage zur digitalen Infrastruktur für Berliner Schulen von Mario Czaja (CDU) und Antwort der Senatsverwaltung für Bildung, Jugend und Familie, Drucksache 18/28532 (15.09.2021)

»DigitalPakt Schule 2019 bis 2024«. Vereinbarung der Bundesrepublik Deutschland und den Bundesländern (05.2019)

Kroschewski, Laura (@LauraKroschewsk), Tweet am 17.04.2020, 18:08 Uhr, https://twitter.com/LauraKroschewsk/status/1251180667691565058

Jahresbericht der Berliner Beauftragten für Datenschutz und Informationsfreiheit zum 31. Dezember 2020

Schmoll, Heike, *Der bloße Einsatz digitaler Medien ist noch kein Fortschritt.* In: Frankfurter Allgemeine Zeitung (07.10.2021)

Unveröffentlichter Leserbrief von der Pädagogin Ulrike Dolezal an den Tagesspiegel (26.02.2021)

»Senatorin Scheeres legt Digitalisierungsstrategie für Schule in der digitalen Welt vor: Zentrales Schulportal bündelt alle Aktivitäten«. Pressemitteilung der Senatsverwaltung für Bildung, Jugend und Familie (11.08.2021)

6. Alleingelassen im Brennpunkt

Autorengruppe Bildungsberichterstattung (Hrsg.), *Bildung in Deutschland 2018: Ein indikatorengestützter Bericht mit einer Analyse zu Wirkungen und Erträgen von Bildung,* Bielefeld 2018

Lehmann, Anna, *Latif hebt ab.* In: taz am Wochenende (15./16.09.2018)

Robert Bosch Stiftung und Senatsverwaltung für Bildung, Jugend und Familie Berlin (Hrsg.), *School Turnaround – Berliner Schulen starten durch. Entwicklungsporträts der Projektschulen,* Berlin 2017

Füller, Christian, *Wunder unerwünscht.* In: Die Welt (22.05.2016)

Roll, Evelyn, *Das Wunder von Moabit.* In: Süddeutsche Zeitung (21.05.2010)

Vieth-Entus, Susanne, *Schlechte Schulen sollte man schließen.* In: Der Tagesspiegel (15.05.2012)

Dernbach, Andrea, *Köhler: Keine Demokratie ohne Bildung.* In: Der Tagesspiegel (22.09.2006)

Internetpräsenz der Staatlichen Gemeinschaftsschule Kulturanum/Kommunale Schule Jena, https://kulturanum.jena.de/ (Zugriff 25.11.2021)

Küppers, Jessica, *Aufstieg durch Bildung ermöglichen.* In: nds (11/12 2017)

Kurzbericht zur Inspektion der Kepler-Schule im Schuljahr 2017/18 (01.02.2019)

El-Mafaalani, Aladin, *Mythos Bildung: Die ungerechte Gesellschaft, ihr Bildungssystem und seine Zukunft,* Köln 2020

Robert Bosch Stiftung (Hrsg.), *Pilotprojekt ›School Turnaround – Berliner Schulen starten durch‹. Zentrale Erkenntnisse und Empfehlungen der wissenschaftlichen Begleitstudie,* Stuttgart 2018

Internetpräsenz der Robert Bosch Stiftung: *Entwicklungsnetzwerk zur Unterstützung für Schule in kritischer Lage. Akteur:innen aus Schulverwaltungen, -aufsichten, Landesinstituten und Projekten verschiedener Länder und Bundesländer arbeiten zusammen,* https://www.bosch-stiftung.de/de/projekt/entwicklungsnetzwerk-zur-unterstuetzung-fuer-schule-kritischer-lage (Zugriff 25. 11. 2021)

Beierle, Sarah/Hoch, Carolin/Reißig, Birgit, *Schulen in benachteiligten sozialen Lagen. Untersuchung zum aktuellen Forschungsstand mit Praxisbeispielen,* Halle: Deutsches Jugendinstitut (2019)

Internetpräsenz der Staatliche Gemeinschaftsschule Kulturanum/Kommunale Schule Jena, *Preisträgerporträt,* https://kulturanum.jena.de/2019/09/25/preistraeger-portraet/ (Zugriff 25. 10. 2021)

Arnz, Siegfried/Klieme, Torsten, *Warum wir so nicht sein wollen! Schulaufsicht neu denken. Aus: Schulaufsicht im Wandel,* Stuttgart 2020

Hochschild, Helmut, *Keine Zukunft für einen überholten und nicht reformfähigen Steuerungsansatz.* Aus: Huber, Stephan Gerhard/Arnz, Siegfried/Klieme, Torsten (Hrsg.), *Schulaufsicht im Wandel,* Stuttgart 2020

Rudolph, Michael/ Leinemann, Susanne, *Wahnsinn Schule. Was sich dringend ändern muss,* Berlin 2021

Klein, Esther Dominique, »Bedingungen und Formen erfolgreicher Schulentwicklung in sozial deprivierter Lage. Eine Expertise im Auftrag der Wübben Stiftung«, Düsseldorf 2017

Wellgraf, Stefan, *Schule der Gefühle: Zur emotionalen Erfahrung von Minderwertigkeit in neoliberalen Zeiten,* Bielefeld 2018

7. Der Ungleichheit auf der Spur: Das Dilemma bei der Migrantenförderung

Autorengruppe Bildungsberichterstattung (Hrsg.), Bildung in Deutschland 2016: Ein indikatorengestützter Bericht mit einer Analyse zu Bildung und Migration. Bielefeld 2016

Senatsverwaltung für Gesundheit, Pflege und Gleichstellung (Hrsg.), »Grundauswertung der Einschulungsdaten in Berlin 2017«, Berlin 2018

Senatsverwaltung für Bildung, Jugend und Familie (Hrsg.), »Blickpunkt Schule, Schuljahr 2020/21«, Berlin 2021

Stanat, Petra/Schipolowski, Stefan/Mahler, Nicole/Weirich, Sebastian/Henschel, Sofie (Hrsg.), »IQB-Bildungstrend 2018. Mathematische und naturwissenschaftliche Kompetenzen am Ende der Sekundarstufe I im zweiten Ländervergleich«, Münster 2019

Autorengruppe Bildungsberichterstattung (Hrsg.), »Bildung in Deutschland 2020: Ein indikatorengestützter Bericht mit einer Analyse zu Bildung in einer digitalisierten Welt«, Bielefeld 2020

Statistische Bibliothek: Ausländische Schülerinnen und Schüler nach Staatsangehörigkeit. Schuljahr 2020/21. Fachserie 11/1 (17. 09. 2021)

Gadban, Ralph, »Sind die Libanon-Flüchtlinge noch zu integrieren?« Vortrag in der Alten Synagoge Essen (26. 02. 2008)

Kleff, Sanem/Seidel, Eberhard, »Stadt der Vielfalt. Das Entstehen des neuen Berlin durch Migration«. Berlin: Der Beauftragte des Berliner Senats für Integration und Migration (Hrsg.), 2008

Stanat, Petra/Schipolowski, Stefan/Mahler, Nicole/Weirich, Sebastian/Henschel, Sofie (Hrsg.), »IQB-Bildungstrend 2018. Mathematische und naturwissenschaftliche Kompetenzen am Ende der Sekundarstufe I im zweiten Ländervergleich«, Münster 2019

Schriftliche Anfrage zu Ergebnissen der Sprachtests von Nicht-Kita-Kindern im Jahr 2018 sowie Teilnahme an den verpflichtenden Sprachtests und an der verpflichtenden Sprachförderung von Joschka Langenbrinck (SPD) und Antwort der Senatsverwaltung für Bildung, Jugend und Familie, Drucksache 18/20609 (11. 09. 2019)

Vieth-Entus, Susanne, *Keine Bußgelder bei Missachtung der Kitapflicht in Berlin*. In: Der Tagesspiegel (11. 05. 2018)

Wortprotokoll der öffentlichen Sitzung des Ausschusses für Bildung, Jugend und Familie im Berliner Abgeordnetenhaus vom 18. März 2021

Jessen, Jonas/Spieß, C. Katharina/Waights, Sevrin/Judy, Andrew, »Gründe für unterschiedliche Kita-Nutzung von Kindern unter drei Jahren sind vielfältig«. In: DIW Wochenbericht Nr. 14/2020

Vieth-Entus, Susanne, *Berliner SPD fordert Kitapflicht für Kinder ab vier Jahren*. In: Der Tagesspiegel (16. 09. 2019)

Vieth-Entus, Susanne, *Buschkowsky will Kita-Pflicht in Problemkiezen*. In: Der Tagesspiegel (04. 01. 2010)

Vieth-Entus, Susanne, *Berliner Bezirke sollen Sprachförderkurse ›zuweisen‹*. In: Der Tagesspiegel (27. 08. 2021)

Schleicher, Andreas, *Weltklasse. Schule für das 21. Jahrhundert gestalten*. Bielefeld 2019

»Qualitätskommission zur Schulqualität in Berlin: Empfehlungen zur Steigerung der Qualität von Bildung und Unterricht in Berlin«. Abschlussbericht der Expertenkommission, 2020

Baumann, Barbara/Becker-Mrotzek, Michael, »Sprachförderung und Deutsch als Zweitsprache an deutschen Schulen: Was leistet die Lehrerbildung?« Köln: Mercator-Institut für Sprachförderung und Deutsch als Zweitsprache, 2014

Schipolowski, Stefan/Edele, Aileen/Mahler, Nicole/Stanat, Petra: »Mathematics and science proficiency of young refugees in secondary schools in Germany«. In: Journal for Educational Research/Online Journal für Bildungsforschung Online, Münster 2021

Fincke, Gunilla/Lange, Simon, »Segregation an Grundschulen: Der Einfluss der elterlichen Schulwahl«. Berlin: Sachverständigenrat deutscher Stiftungen für Integration und Migration (SVR) GmbH (Hrsg.) (2012)

Schleicher, Andreas, *Weltklasse. Schule für das 21. Jahrhundert gestalten*. Bielefeld 2019

Burchard, Amory/Warnecke, Tilmann, *Berlin bleibt unter den Schlusslichtern*. In: Der Tagesspiegel (13. 10. 2017)

Leupolz-Oebel, Brigitta, Max-Planck-Realschule, »Alphabetisierung in der Zweitschrift Deutsch – Ergebnisse einer Handschriftenuntersuchung arabisch erstalphabetisierter SeiteneinsteigerInnen der Sekundarstufe I«, Freiburg 2020

Becker-Mrotzek, Michael/Hentschel, Britta/Hippmann, Kathrin/Linneman, Markus, »Sprachförderung in deutschen Schulen – die Sicht der Lehrerinnen und Lehrer. Ergebnisse einer Umfrage unter Lehrerinnen und Lehrern«, Köln 2012

Lütke, B., »Deutsch-als-Zweitsprache in der universitären Lehrerausbildung. Der fachintegrative Ansatz im Master of Education an der Humboldt-Universität zu Berlin«. In: Ahrenholz, Bernt (Hrsg.), *Fachunterricht und Deutsch als Zweitsprache,* Tübingen 2010

Rjosk, Camilla (2015), »Zuwanderungsbezogene Klassenzusammensetzung: Messung sowie direkte und vermittelte Effekte auf Leistung und psychosoziale Schülermerkmale«. Berlin: Dissertation, Humboldt-Universität, 2015

Fincke, Gunilla/Lange, Simon, »Segregation an Grundschulen: Der Einfluss der elterlichen Schulwahl«. Berlin: Sachverständigenrat deutscher Stiftungen für Integration und Migration (SVR) GmbH (Hrsg.) (2012)

Heise, Katrin/Thiel, Felicitas, *Was zählt, ist der gute Unterricht.* Gespräch in Deutschlandfunk Kultur (14. 10. 2017)

Senatsverwaltung für Gesundheit, Pflege und Gleichstellung (Hrsg.): »Grundauswertung der Einschulungsdaten in Berlin 2017«, Berlin 2018

Küppers, Jessica, »Aufstieg durch Bildung ermöglichen«. In: nds (11/12 2017)

Vieth-Entus, Susanne, *Wenn Cousins Cousinen heiraten.* In: Der Tagesspiegel (20. 05. 2003)

Wensierski, Peter, *Schlechtes Blut.* In: Der Spiegel (36/2209)

Akyol, Cigdem, *Alles bleibt in der Familie.* In: taz (27. 09. 2011)

Schmelcher, Antje, *Darüber spricht (und forscht) man nicht.* In: Frankfurter Allgemeine Zeitung (06. 06. 2011)

Vieth-Entus, Susanne, *Die Kinder kennen keine Stille.* In: Der Tagesspiegel (12. 06. 2006)

Vieth-Entus, Susanne, *Schwere Defizite bei Berlins künftigen Erstklässlern.* In: Der Tagesspiegel (07. 02. 2019)

Schleicher, Andreas, *Weltklasse. Schule für das 21. Jahrhundert gestalten,* Bielefeld 2019

8. Die verprassten Chancen: viel Geld, aber keine Expertise

Wortprotokoll der öffentlichen Sitzung des Ausschusses für Bildung, Jugend und Familie im Berliner Abgeordnetenhaus am 18. März 2021. Anhörung zur verpflichtenden Sprachförderung nach § 55 Schulgesetz

Statistisches Bundesamt (Destatis) (Hrsg.), »Bildungsfinanzbericht 2020. Im Auftrag des Bundesministeriums für Bildung und Forschung und der Ständigen Konferenz der Kultusminister der Länder in der Bundesrepublik Deutschland«. Wiesbaden 2020

Böse, Susanne/Neumann, Marko/Maaz, Kai, »BONUS-Studie. Wissenschaftliche Begleitung und Evaluation des Bonus-Programms zur Unterstützung von Schulen in schwieriger Lage in Berlin. Zweiter Ergebnisbericht über die Erhebungen aus den Schuljahren 2013/2014, 2015/2016 und 2016/2017«. Berlin: Deutsches Institut für Internationale Pädagogische Forschung, 2018

Vogt, Sylvia, *Bonusprogramm für Schulen bringt kleine Erfolge.* In: Der Tagesspiegel (21. 09. 2018)

Robert Bosch Stiftung (Hrsg.), »Pilotprojekt ›School Turnaround – Berliner Schulen starten durch‹. Zentrale Erkenntnisse und Empfehlungen der wissenschaftlichen Begleitstudie«, Stuttgart 2018

Internetpräsenz der Senatsverwaltung für Bildung, Jugend und Familie: »Der Schulvertrag«, https://www.berlin.de/sen/bildung/unterricht/schulqualitaet/schulvertrag/ (Zugriff 25. 11. 2021)

Bericht an den Hauptausschuss »Umsetzung der Maßnahmen für Schulen im Bonus-Programm«, Rote Nummer 0213 (23. 01. 2017)

Gallersdörfer, Margarethe, *Bildungsverwaltung startet Brennpunkt-Zulage für Kitas.* In: Der Tagesspiegel (08. 09. 2021)

Munzinger, Paul: »Das Durchfallen fällt durch«. In: Süddeutsche Zeitung (29.9. 2020)

Beierle, Sarah/Hoch, Carolin/Reißig, Birgit, »Schulen in benachteiligten sozialen Lagen. Untersuchung zum aktuellen Forschungsstand mit Praxisbeispielen«, Halle: Deutsches Jugendinstitut (2019)

9. Das Schikanieren der Freien Schulen

Vieth-Entus, Susanne, *Privatschulen im Aufbruch.* In: Der Tagesspiegel (13. 09. 2005)

Vieth-Entus, Susanne, *Rot-Rot-Grün schachert um die freien Schulen.* In: Der Tagesspiegel (19. 05. 2021)

Vieth-Entus, Susanne, *Schwere Zeiten für freie Schulen in Berlin.* In: Der Tagesspiegel (07. 09. 2019)

Vieth-Entus, Susanne, *Freie Waldorfschule in Berlin-Treptow wird gerettet.* In: Der Tagesspiegel (01. 12. 2020)

Vieth-Entus, Susanne, *Dreamteam für eine neue Schule.* In: Der Tagesspiegel (01. 11. 2016)

Statistisches Bundesamt (Destatis) (Hrsg.), »Bildung und Kultur. Private Schulen. Schuljahr 2018/2019«, Wiesbaden 2019

Di Fabio, Udo, »Gutachten zur Staatlichen Infrastrukturverantwortung für das Lehrpersonal freier Schulen«, Bonn 2018

Tigges, Johanna/Huijen, Pim/Goddar, Jeannette, *Das niederländische Schulsystem. Private und staatliche Schulen.* In: NiederlandeNet (2004/2014)

Goddar, Jeannette, *Das niederländische Schulsystem. Pisa: Sieger Niederlande – mit Abstrichen.* In: NiederlandeNet (2014)

Apfel, Petra, *Das Geheimnis, warum Hollands Kinder gern zur Schule gehen.* In: Focus (10. 10. 2018)

Grundgesetz der Bundesrepublik Deutschland, Artikel 7 (4)

Schulgesetz für das Land Berlin, § 101 (4)

Füller, Christian, *Wunder unerwünscht.* In: Die Welt (22. 05. 2016)

Vieth-Entus, Susanne, *Schöner streiten statt schöner lernen.* In: Der Tagesspiegel (12. 08. 2014)

Van Laak, Claudia, *Eine Chance für benachteiligte Kinder.* In: Deutschlandfunk Kultur. Die Reportage (01. 03. 2015)

Lehmann, Anna, *Der falsche Gegner*. In: taz (30. 03. 2018)

Demmer, Marianne, »Privatschulen: rechtlich teils auf tönernen Füßen. Vorwort«. Frankfurt: Gewerkschaft Erziehung und Wissenschaft (2011)

»Berlin gemeinsam gestalten. Solidarisch. Nachhaltig. Weltoffen.« Koalitionsvereinbarung zwischen SPD, Die Linke und Bündnis 90/Die Grünen für die Legislaturperiode 2016-2021

Di Fabio, Udo, »Gutachten zur Staatlichen Infrastrukturverantwortung für das Lehrpersonal freier Schulen«, Bonn 2018

10. Kein Mut zur Leistung

Klesmann, Martin, *Lehrer-Brandbrief: Nur ein Drittel der Schüler schafft einen Abschluss.* In: Berliner Zeitung (23. 05. 2016)

Heise, Katrin/Thiel, Felicitas, *Was zählt, ist der gute Unterricht.* Gespräch in Deutschlandfunk Kultur (14. 10. 2017)

Gallersdörfer, Margarethe, *An den Übergängen haben wir große Probleme.* In: Der Tagesspiegel (03. 07. 2021)

Sälzer, Christine, »Lesen im 21. Jahrhundert. Lesekompetenzen in einer digitalen Welt. Deutschlandspezifische Ergebnisse des PISA-Berichts ›21st-century readers‹«, Düsseldorf, Vodafone Stiftung Deutschland gGmbH (Hrsg.), 2021

»INSM-Bildungsmonitor 2021. Bildungschancen stärken – Herausforderungen der Corona-Krise meistern«. Studie im Auftrag der Initiative Neue Soziale Marktwirtschaft (INSM), Köln 2021

Kraus, Josef, *Der Pisa-Schwindel,* Wien 2005

Schleicher, Andreas, *Weltklasse. Schule für das 21. Jahrhundert gestalten.* Bielefeld 2019

Vieth-Entus, Susanne, *Schreiben ungenügend.* In: Der Tagesspiegel (31. 08. 2015)

Vieth-Entus, Susanne, *Deutsch, Mathe, Englisch – keine Besserung in Sicht.* In: Der Tagesspiegel (28. 10. 2016)

Vieth-Entus, Susanne, *Berliner Elternausschuss fordert Krisengipfel.* In: Der Tagesspiegel (05. 08. 2019)

»Neues Schuljahr startet wie altes Schuljahr endet«. Pressemitteilung des Berliner Landeselternausschusses (05. 08. 2019)

»Qualitätskommission zur Schulqualität in Berlin: Empfehlungen zur Steigerung der Qualität von Bildung und Unterricht in Berlin«. Abschlussbericht der Expertenkommission 2020

Stanat, Petra/Schipolowski, Stefan/Rjosk, Camilla/Weirich, Sebastian/Haag, Nicola (Hrsg.), »IQB-Bildungstrend 2016. Kompetenzen in den Fächern Deutsch und Mathematik am Ende der 4. Jahrgangsstufe im zweiten Ländervergleich«, Münster 2017

Stanat, Petra/Schipolowski, Stefan/Mahler, Nicole/Weirich, Sebastian/Henschel, Sofie (Hrsg.), »IQB-Bildungstrend 2018. Mathematische und naturwissenschaftliche Kompetenzen am Ende der Sekundarstufe I im zweiten Ländervergleich«, Münster 2019

Schriftliche Anfrage zu Berliner Ergebnissen von VERA 3 im Jahr 2019 von Tommy

Tabor (AfD) und Antwort der Senatsverwaltung für Bildung, Jugend und Familie, Drucksache 18/20042 (05. 07. 2019)

Hofmann, Laura, »Berliner Drittklässler können viel zu wenig«. In: Der Tagesspiegel (20. 07. 2019)

Hofmann, Laura/Warnecke, Tilmann, »Ein ›Schlag ins Gesicht‹ der Berliner Bildungspolitik«. In: Der Tagesspiegel (21. 07. 2019)

Heise, Norman, »Elternausschuss fordert Unterstützung für Schulen«. In: Der Tagesspiegel (10. 09. 2019)

Burchard, Amory/Warnecke, Tilmann, »Berlin bleibt unter den Schlusslichtern«. In: Der Tagesspiegel (13. 10. 2017)

Autorengruppe Bildungsberichterstattung (Hrsg.), »Bildung in Deutschland 2018: Ein indikatorengestützter Bericht mit einer Analyse zu Wirkungen und Erträgen von Bildung«. Bielefeld 2018

Vieth-Entus, Susanne, *Berlins Mathe-Abiturienten haben es leichter.* In: Der Tagesspiegel (20. 08. 2018)

Richter, Ingo, *Meine deutsche Bildungsrepublik*, Leverkusen 2021

»Qualitätskommission zur Schulqualität in Berlin: Empfehlungen zur Steigerung der Qualität von Bildung und Unterricht in Berlin«. Abschlussbericht der Expertenkommission (2020)

Arnz, Siegfried/Klieme, Torsten, *Warum wir so nicht sein wollen! Schulaufsicht neu denken.* In: Huber, Stephan Gerhard/Arnz, Siegfried/Klieme, Torsten (Hrsg.), *Schulaufsicht im Wandel*, Stuttgart 2020

Hochschild, Helmut, *Keine Zukunft für einen überholten und nicht reformfähigen Steuerungsansatz.* In: Huber, Stephan Gerhard/Arnz, Siegfried/Klieme, Torsten (Hrsg.), *Schulaufsicht im Wandel,* Stuttgart 2020

Teil III: Auswege aus dem Bildungsdesaster

1. Lehrermangel

Betschka, Julius, *Stets bemüht.* In: Der Tagesspiegel (23. 01. 2021)

Demski, Theresa, *Heimische Schulen spüren Lehrermangel.* In: Bergische Morgenpost – Hückeswagen (19. 08. 2021)

Domschke, Nora, *Freie Schule in Dresden: ›Wir finden keinen Deutschlehrer‹.* In: Sächsische Zeitung (23. 08. 2021)

Klemm, Klaus/Zorn, Dirk, »Steigende Schülerzahlen im Primarbereich: Lehrkräftemangel deutlich stärker als von der KMK erwartet«, Bertelsmann Stiftung, 2019

Moritz, Tino, *Jeder fünfte Lehrer ist jetzt verbeamtet.* In: Chemnitzer Zeitung/Freie Presse (21. 01. 2020)

Munzinger, Paul, *Defizit mit System.* In: Süddeutsche Zeitung (12. 10. 2020)

Prokofev, Alexandra, *Viel Geld, wenige Lehrkräfte.* In: Neue Ruhr/Rhein Zeitung (23. 09. 2021)

Rackles, Mark, Lehrkräftebildung 2021: Wege aus der föderalen Sackgasse, Policy Paper 09/20, Berlin 2020

Weltmann, Stephanie, *Das wird kein normales Schuljahr*. In: Kölnische Rundschau (17. 08. 2021)

Internetpräsenz des Karriereportals für den Schuldienst in Mecklenburg-Vorpommern, »Verbeamtung – mit Sicherheit eine glänzende Zukunft«, https://www.lehrer-in-mv.de/lehrer/infos/verbeamtung/ (Zugriff 25. 11. 2021)

Burchard, Amory, *Ex-Bildungsstaatssekretär fordert bundesweite Steuerung*. In: Der Tagesspiegel (20. 09. 20)

2. Reformgau

Fahrun, Joachim, *Berliner Behörden werden umgebaut*. In: Berliner Morgenpost (29. 04. 2019)

»Qualitätskommission zur Schulqualität in Berlin: Empfehlungen zur Steigerung der Qualität von Bildung und Unterricht in Berlin«. Abschlussbericht der Expertenkommission 2020

Scheeres, Sandra, »Schreiben an alle Mitarbeiterinnen und Mitarbeiter über die Umstrukturierung der Senatsverwaltung für Bildung, Jugend und Familie« (01. 10. 2014)

Vieth-Entus, Susanne, *25 Jahre SPD-Bildungspolitik in Berlin – die Geschichte eines Versagens*. In: Der Tagesspiegel (01. 02. 2021)

3. Beliebigkeit

Internetpräsenz der Hansestadt Hamburg: https://www.hamburg.de/einschulung/ (Zugriff 25. 11. 2021)

Dietrich, Martina/Maritzen, Norbert, *Schulaufsicht im Datendschungel*. In: Huber, Stephan Gerhard/Arnz, Siegfried/Klieme, Torsten (Hrsg.), *Schulaufsicht im Wandel*, Stuttgart 2020

Vieth-Entus, Susanne, *Was kann Berlin von Hamburgs Schulen lernen?* In: Der Tagesspiegel (05. 11. 2018)

4. Marode Schulen

Gemeinsame Erklärung der Berliner Bezirke für einen 10-Punkte-Plan zur Kooperation im Rahmen der Schulbauoffensive aus der Klausurtagung am 6. November 2017

Vieth-Entus, Susanne, *Das Milliardenspiel: Berlins marode Schulen*. In: Der Tagesspiegel (19. 04. 2016)

Bericht der Senatsverwaltung für Finanzen an den Hauptausschuss: Schulbau und -sanierung in Berlin kurz-, mittel- und langfristig, Nr. 0496 (18. 07. 2016)

Vogt, Sylvia, *Was Berlin von Hamburger Schulen lernen kann*. In: Der Tagesspiegel (12. 10. 2016)

Vieth-Entus, Susanne, *Eltern beklagen Wirrwarr beim Schulbau*. In: Der Tagesspiegel (06. 08. 2017)

KfW Bankengruppe (Hrsg.), »KfW-Kommunalpanel 2021«, Frankfurt am Main 2021

5. Digitalisierung

Sekretariat der Kultusministerkonferenz (Hrsg.), »Strategie, Bildung in der digitalen Welt«. Beschluss der Kultusministerkonferenz vom 08.12. Berlin 2016

Forderungspapier vom Landeselternausschuss Berlin zur Koalitionsbildung für das Abgeordnetenhaus nach der Berlin-Wahl 2021 (22.10.2021)

Internetpräsenz »9+1 Vorschläge für eine innovative und digitale Verwaltung in Berlin«, https://machberlindigital.de/ (Zugriff 25.11.2021)

»KfW Research: 72% der Kommunen sehen großen Bedarf an Digitalisierungsmaßnahmen in Schulen«. Pressemitteilung der Kreditanstalt für Wiederaufbau (09.09.2021)

Senatsverwaltung für Bildung, Jugend und Familie (Hrsg.), »Digitalisierungsstrategie. Schule in der digitalen Welt«, Berlin 2021

»Senatorin Scheeres legt Digitalisierungsstrategie für Schule in der digitalen Welt vor: Zentrales Schulportal bündelt alle Aktivitäten«. Pressemitteilung der Senatsverwaltung für Bildung, Jugend und Familie (11.08.2021)

6. Schulen im sozialen Brennpunkt

Roll, Evelyn, *Das Wunder von Moabit.* In: Süddeutsche Zeitung (21.05.2010)

Internetpräsenz der Staatliche Gemeinschaftsschule Kulturanum/Kommunale Schule Jena, https://kulturanum.jena.de/ (Zugriff 25.11.2021)

Bühlchen, Stefanie, *Zweite Kommunalschule in Jena-Lobeda startet 2012/13.* In: Ostthüringer Zeitung (20.01.2012)

Beier, Thomas, *Richtfest in Jena-Lobeda: Drei Schulen beziehen neuen Komplex.* In: *Ostthüringer Zeitung* (08.12.2012)

Küppers, Jessica, *Aufstieg durch Bildung ermöglichen.* In: nds (11/12 2017)

Internetpräsenz der Robert Bosch Stiftung: »Entwicklungsnetzwerk zur Unterstützung für Schule in kritischer Lage. Akteur:innen aus Schulverwaltungen, -aufsichten, Landesinstituten und Projekten verschiedener Länder und Bundesländer arbeiten zusammen«, https://www.bosch-stiftung.de/de/projekt/entwicklungsnetzwerk-zur-unterstuetzung-fuer-schule-kritischer-lage (Zugriff 25.11.2021)

7. Migration und Bildung

Autorengruppe Bildungsberichterstattung (Hrsg.), *Bildung in Deutschland 2016: Ein indikatorengestützter Bericht mit einer Analyse zu Bildung und Migration,* Bielefeld, wbv Media, 2016

El-Mafaalani, Aladin, *Mythos Bildung: Die ungerechte Gesellschaft, ihr Bildungssystem und seine Zukunft,* Köln 2020

Qualitätskommission zur Schulqualität in Berlin: Empfehlungen zur Steigerung der

Qualität von Bildung und Unterricht in Berlin. Abschlussbericht der Expertenkommission, 2020

Skopek, Jan/Passaretta, Giampiero, *Socioeconomic Inequality in Children's Achieve-
ment from Infancy to Adolescence: The Case of Germany.* In: Social Forces, Vol-
ume 100, Issue 1, Oxford University Press, 2021

Spiewak, Martin, *Ungerecht von Anfang an. Kinder unterscheiden sich schon wenige
Monate nach der Geburt deutlich in ihren Fähigkeiten.* In: Die Zeit (10. 06. 2021)

Deutsche Akademie der Naturforscher Leopoldina e.V. (Hrsg.), *Stellungnahme zur
Frühkindlichen Sozialisation,* 2014

Research Institute on Lifelong Learning (RILLL): »Entwicklung frühkindlicher Bil-
dungsbedarfe in Berlin: Vom Platzmangel zu Bildungschancen«. Studie in Kooperation mit Kita-Stimme.berlin, 2021

Schleicher, Andreas, *Weltklasse. Schule für das 21. Jahrhundert gestalten,* Bielefeld 2019

8. Schulfinanzierung

Kluge, Jürgen, *Schluss mit der Bildungsmisere. Ein Sanierungskonzept,* Frankfurt am
Main 2003

Vieth-Entus, Susanne, *Bonusprogramm für Schulen. Zahl der Berliner Dauerschwän-
zer sinkt – angeblich.* In: Der Tagesspiegel (03. 02. 2017)

Vogt, Sylvia, *Bildung Bonusprogramm für Schulen bringt kleine Erfolge.* In: Der Tagesspiegel (21. 09. 2018)

Wortprotokoll der öffentlichen Sitzung des Ausschusses für Bildung, Jugend und Familie im Berliner Abgeordnetenhaus vom 18. März 2021

Vieth-Entus, Susanne, *Warum Berlins Schulsenatoren kein Glück haben.* In: Der Tagesspiegel (16. 04. 2019)

Gallersdörfer, Margarethe, *Bildungsverwaltung startet Brennpunkt-Zulage für Kitas.*
In: Der Tagesspiegel (08. 09. 2021)

9. Freie Schulen

»Übersicht über die Finanzierung der Privatschulen in den Ländern der Bundesrepublik Deutschland«, Zusammenstellung des Sekretariates der Kultusministerkonferenz (28. 11. 2019)

Klemm, Klaus/Hoffmann, Lars/Maaz, Kai/Stanat, Petra, *Privatschulen in Deutschland. Trends und Leistungsvergleiche,* Berlin, Friedrich-Ebert-Stiftung (Hrsg.)
(2018)

Schleicher, Andreas, *Weltklasse. Schule für das 21. Jahrhundert gestalten,* Bielefeld 2019

Statistisches Bundesamt (Destatis) (Hrsg.), *Privatschulen in Deutschland – Fakten
und Hintergründe,* Wiesbaden 2020

Wrase, M./Helbig, M., *Das missachtete Verfassungsgebot – Wie das Sonderungsverbot
nach Art. 7 IV 3 GG unterlaufen wird.* In: Neue Zeitschrift für Verwaltungsrecht,
Heft 22 (2016), S. 1591-1598

Schriftliche Anfrage zu LMB-Quoten ausgewählter Privatschulen von Joschka Langenbrinck (SPD), Drucksache 18/12044 (27. 07. 2017)

10. Schwache Leistung

Burchard, Amory/Warnecke, Tilmann, *Ländervergleich der Grundschulen. Berlin
bleibt unter den Schlusslichtern*. In: Der Tagesspiegel (13. 10. 2017)
»Qualitätskommission zur Schulqualität in Berlin: Empfehlungen zur Steigerung der
Qualität von Bildung und Unterricht in Berlin«. Abschlussbericht der Experten-
kommission, 2020
Schleicher, Andreas, *Weltklasse. Schule für das 21. Jahrhundert gestalten*, Bielefeld 2019
Stanat, Petra/Schipolowski, Stefan/Rjosk, Camilla/Weirich, Sebastian/Haag, Nicola
(Hrsg.), *IQB-Bildungstrend 2016. Kompetenzen in den Fächern Deutsch und Ma-
thematik am Ende der 4. Jahrgangsstufe im zweiten Ländervergleich*, Münster 2017
Stanat, Petra/ Schipolowski, Stefan/Mahler, Nicole/Weirich, Sebastian/Henschel, So-
fie (Hrsg.), *IQB-Bildungstrend 2018. Mathematische und naturwissenschaftliche
Kompetenzen am Ende der Sekundarstufe I im zweiten Ländervergleich*, Münster
2019
Arnz, Siegfried/Klieme, Torsten, *Warum wir so nicht sein wollen! Schulaufsicht neu
denken*. In: Huber, Stephan Gerhard/Arnz, Siegfried/Klieme, Torsten (Hrsg.),
Schulaufsicht im Wandel, Stuttgart 2020, S. 30ff.
Hochschild, Helmut, *Keine Zukunft für einen überholten und nicht reformfähigen
Steuerungsansatz*. In: Huber, Stephan Gerhard/ Arnz, Siegfried/ Klieme, Torsten
(Hrsg.), *Schulaufsicht im Wandel*, Stuttgart 2020, S. 74 f.
Internetpräsenz von Teach First, https://www.teachfirst.de/ (Zugriff 25. 11. 2021)